NOUVEAU

CODE DES DOUANES

ET

DE NAVIGATION.

Extrait du Décret du 19 Juillet 1793.

Aʀт. IV. « Tout Contrefacteur sera tenu de payer au véritable Propriétaire une somme équivalente au prix de 3000 exemplaires de l'Édition originale ».

Nous plaçons la présente Édition sous la sauve - garde des Lois, et déclarons qu'ayant rempli les formalités requises pour constater notre propriété, nous poursuivrons devant les Tribunaux tout Contrefacteur et Débitant d'Éditions contrefaites.

CET OUVRAGE SE TROUVE AUSSI:

A Bʀuxelles, chez Lecharlier, Libraire.
A Anveʀs, chez Vanderhey, Libraire.
A Cologne, chez Œdenkoven et Thiriart, Libraires.
A Gand, chez Hubert Dujardin, Libraire.
A Namuʀ, chez Charles Dujardin, Libraire.
A Stʀasbourg, chez Jung, Libraire.

NOUVEAU CODE

DES

DOUANES ET DE NAVIGATION,

CONTENANT

1º. Toutes les dispositions et modifications des Lois et Arrêtés, actuellement en vigueur, sur le fait des Douanes.

2º. Toutes celles relatives à la Navigation maritime et à celle de l'intérieur.

3º. L'extrait des priviléges, exemptions, etc. relatifs aux Douanes, renfermés dans les Traités de Commerce et d'Alliance existans entre la République Françoise et les diverses Puissances.

4º. Les juridictions et attributions des Commissaires des Relations commerciales, avec le nom des Villes où ils résident.

5º. Le Tarif des Droits d'ENTRÉE et celui de SORTIE, en tableaux à trois colonnes, indiquant les sommes à payer, la date des Lois qui établissent les perceptions et les valeurs sur lesquelles elles se font.

6º. Le Tarif des Denrées des Colonies Françoises.

7º. Celui des Denrées Coloniales étrangères.

8º. Le Tarif des Droits de Navigation maritime.

9º. Celui de la Navigation intérieure.

10º. Les Tarifs des Droits de TRANSIT.

11º. Celui du transport des Charbons de Terre.

12º. Le Tarif des Droits de l'OCTROI MUNICIPAL de Paris.

13º. Celui des Droits de Passe ou de Barrières.

14º. Le Tarif des Émolumens et Droits pécuniaires de Commissariat et de la Chancellerie des Commissaires François des relations commerciales près les diverses Puissances.

15º. Le Tarif des Droits de Patentes pour les différentes Villes de la République.

16º. Un Tableau des rapports des nouveaux Poids et Mesures avec les anciens.

OUVRAGE

RENFERMANT aussi le texte des dernières Lois et Arrêtés sur la Contrebande, les Armemens en Course, les Marchandises Angloises, et enfin tout ce qui peut être de quelque utilité au Commerce ; précédé d'un extrait des Discours et des motifs qui ont déterminé l'adoption de ces Lois.

LE TOUT ARRANGÉ PAR ORDRE DE MATIÈRES ET EN FORME DE DICTIONNAIRE.

A PARIS,

Chez DUJARDIN-SAILLY, Rédacteur du JOURNAL TYPOGRAPHIQUE ET BIBLIOGRAPHIQUE, rue de Corneille, nº. 2, près l'Odéon.

AN XII.

AVANT-PROPOS.

En rédigeant ce Code des Douanes par ordre de Matières, nous croyons avoir suivi la meilleure méthode; puisque, sans recherches fastidieuses, elle met chacun à portée de se procurer à l'instant les lumières dont il peut avoir besoin. Notre ambition d'ailleurs étoit moins de faire un gros Livre qu'un Livre utile ; et c'étoit un motif de plus pour adopter le plan que nous avons suivi. Il est beaucoup de Lois sur les Douanes, dont un petit nombre d'articles reste en vigueur, tandis que la majeure partie est abrogée par des Lois subséquentes : pourquoi ce qui n'existe plus occuperoit-il une place? Nous avons donc supprimé tout ce qui ne fait plus règle, et en même temps nous avons réuni à chaque article, dans l'ordre alphabétique, les dispositions qui, éparses dans diverses Lois, forment la Jurisprudence de ce qui fait l'objet de cet article. Il est aussi de ces Lois qui sont restées dans leur entier, parce qu'elles ne statuent que sur un point; telle est celle du 13 Floréal an 11 sur la contrebande. Enfin, ne voulant admettre que ce qui a un but d'utilité, nous avons cru devoir nous dispenser d'insérer ces nombreux Arrêtés, qui servant simplement à annoncer quelque augmentation ou modification dans les Droits perçus sur quelque Marchandise ou Denrée, ne peuvent pas proprement être regardés comme faisant partie de la Législation. Il suffit, dans ce cas, que la perception soit exacte au Tarif, et que la date de la Loi y soit indiquée.

Il est un autre objet sur lequel nous nous plairions à nous arrêter; c'est l'influence salutaire des Douanes sur le Commerce. Nous nous serions efforcés de détruire l'idée fausse et malheureusement trop commune, que cette institution n'est qu'une entrave et une charge ;

iv

mais qu'aurions - nous pu dire à cet égard qui ne l'ait été très-
éloquemment, et avec toute la force de la vérité, dans le sein des
premières Autorités de l'État, par le Citoyen Vanhulthem, Membre
du Tribunat, et le Conseiller d'État Collin?

Nous avons donc extrait de ces Discours tout ce qui a rapport à
notre Ouvrage ; écoutons d'abord le Conseiller d'État :

« Législateurs... (dit le Conseiller d'État Collin), le système des douanes se trouve
nécessairement lié à de si grands intérêts, que l'on commettroit une erreur bien funeste si on ne les
considéroit que comme une branche de revenu public. Leurs produits doivent être sagement combinés
avec les encouragemens dûs au commerce et à l'industrie nationale. Cette vérité ne pouvoit échapper à
un gouvernement impatient de faire le bien, à un gouvernement qui conçoit avec précision et exécute avec rapidité tout ce qui est grand et généreux, et dont les premiers pas dans cette carrière
nouvelle portent l'empreinte de ses vues libérales.

» Des entrepôts créés dans les principaux ports sont ouverts aux marchandises étrangères, et le négociant a le choix du moment qui lui convient, pour les mettre dans la consommation ou les destiner
à des spéculations lointaines. Ces établissemens, lorsque les navires de l'Inde enverront dans nos
ports, formeront pour les étrangers comme pour les nationaux, des marchés où ils pourront s'approvisionner des marchandises et denrées des deux Mondes. Celles que l'intérêt de nos manufactures
repousse, parce qu'elles peuvent les fournir à la France comme à ses voisins, ont été seules exclues
de la faculté de l'entrepôt.

» Cependant le commerce a demandé des exceptions en faveur de quelques marchandises destinées
à la traite ; elles lui ont été accordées.

» L'exception a été générale pour la ville de Marseille ; sans cet avantage elle ne pourroit se remettre en possession du commerce du Levant, qu'elle a fait avec tant de succès pendant plusieurs siècles ;
et sans entrepôt, elle ne pourroit rivaliser avec ceux de Gênes et de Livourne.

» La position de Cologne et Mayence sur le Rhin réclamoit la même facilité. Les bâtimens hollandois qui remontent ce fleuve sont chargés de marchandises de toutes espèces, dont une partie est destinée
pour l'Allemagne et la Suisse ; s'il leur étoit défendu d'aborder à Mayence et à Cologne, lorsqu'ils
portent quelques objets frappés de prohibition, ils seroient forcés d'abandonner ces ports, et bientôt le
commerce de transit et de commission qui alimente la rive gauche du Rhin, passeroit sur la rive
droite.

» Les denrées de nos colonies ont été assujetties à de nouveaux droits, tant à leur arrivée dans nos
ports qu'à leur entrée dans la consommation. Ceux imposés sur les sucres bruts pourroient être nuisi-
bles aux raffineries, en ce qu'ils appeleroient la concurrence des sucres raffinés étrangers. Leur importation a été prohibée. Ainsi l'industrie des raffineries n'aura plus de bornes, puisqu'elles seront
seules chargées de l'approvisionnement de la France. Le gouvernement a fait plus en leur faveur, il a
accordé à l'exportation des sucres raffinés une prime équivalente au droit perçu sur la matière première.

» Les sucres bruts, têtes et terrés, le café et le cacao tirés de l'entrepôt pour aller par mer à l'étranger,
sont assujettis à des droits, parce que dans l'état actuel de nos colonies, elles ne peuvent fournir les
quantités nécessaires à la consommation de la métropole, et que dès-lors nous n'avons point d'intérêt
à favoriser leur exportation ; mais ces droits ne sont que momentanés, et le gouvernement s'empres-
sera d'en proposer la suppression aussitôt que les circonstances seront plus favorables.

» Les sucres têtes et terrés, les cafés et le cacao des colonies françoises jouissent de la faculté du transit par terre. Leur destination ordinaire est pour la Suisse, les pays de la rive droite du Rhin, et l'Italie ;
elles n'ont été soumises qu'au droit de balance du commerce, parce que leur passage à travers la
France nous procure le bénéfice du transport et de la commission.

» Les besoins que nous éprouvons en ce moment ont déterminé l'admission des denrées coloniales étrangères dans les entrepôts ; mais si elles entrent dans la consommation , elles paient de plus forts droits que celles venant des colonies françoises.

» Le transit est ouvert aux marchandises non prohibées qui sont expédiées de l'Helvétie pour l'étranger, en passant par les bureaux de Bourg-Libre, Strasbourg et Oppenheim, et réciproquement : ce transit existoit avant la guerre , et on a dû le rétablir pour conserver aux départemens du Rhin une branche de commerce qui , sans cette mesure, passeroit sur la rive droite ; cependant les toiles peintes , les mousselines, les tabacs en feuilles en ont été exclus, à cause du danger des substitutions et l'intérêt de nos fabriques.

» Un semblable transit a été accordé aux marchandises expédiées de la Ligurie à destination de la république italienne, des états de Parme et de Plaisance, et réciproquement ; mais comme le commerce étranger ne peut éviter cet emprunt de territoire que par une longue déviation qui augmenteroit beaucoup les frais de transport , on a pu sans aucun inconvénient profiter de cette position et imposer un droit sur les objets qui transiteront.

» Le passage par Gênes offrant un débouché prompt et facile aux marchandises expédiées des départemens méridionaux de la France à destination de la république italienne et des états de Parme et de Plaisance , elles jouiront du même transit en exemption de droits.

» Les départemens du Golo et du Liamone étoient encore traités comme étrangers dans leurs relations commerciales avec la métropole. Ils ont été mis sous la loi commune , et peuvent maintenant recevoir de France et envoyer en franchise des marchandises et denrées provenant du cru ou des fabriques des deux pays. La même mesure a été adoptée pour les îles de Noirmoutier et Belle-Ile ; elle a été suspendue pour l'île d'Elbe.

» Le gouvernement , en créant les entrepôts, en permettant le transit sur quelques parties de nos frontières, n'a négligé aucuns des moyens propres à prévenir les abus , et à conserver les intérêts du véritable négociant qui paie exactement les droits.

» Ceux qui se livrent au commerce honteux de la contrebande ont déjà abusé de l'entrepôt. On déclare les marchandises entreposées pour la réexportation ; on les embarque sur de petits bâtimens qui , pouvant aborder sur tous les points de la côte, y font leur versement. Pour rendre le débarquement plus difficile , une des dispositions du projet de loi ne permet l'exportation des marchandises tirées de l'entrepôt , dont les droits d'entrée excèdent un pour cent de la valeur, que sur des bâtimens de cent tonneaux et au-dessus.

» La première section du titre VIII du projet de loi présente des mesures répressives d'une fraude qui s'est commise par le cabotage , et dont je vais donner un exemple. On déclaroit expédié d'un port à destination d'un autre port de France, des sucres ou des cafés ; mais les boucans étoient remplis de cendres , de sable ou de pierres, que l'on recouvroit sous la bande d'une foible quantité de sucres ou de cafés. Si la fausseté de la déclaration étoit découverte avant l'embarquement, on ne pouvoit, suivant la législation actuelle , saisir que les objets non déclarés ; et comme ils étoient de nulle valeur, le fraudeur jouissoit de l'impunité. S'il échappoit à la vérification, le navire abordoit à Gersey ou Guernesey : on y substituoit aux cendres, au sable ou aux pierres, du sucre ou du café , et à la faveur de l'expédition délivrée à la douane du port du départ, on les introduisoit dans celui de destination en exemption de droits.

» La loi accorde aux marchandises qui éprouvent en mer des avaries, une réduction de droits proportionnée à la diminution de leur valeur primitive. Le gouvernement , en vous proposant de maintenir une disposition que commande la justice , a cru devoir vous présenter en même temps des moyens qui s'opposeront aux abus.

» Quelques changemens , augmentations ou modifications ont été faits au tarif des douanes, tant à l'importation qu'à l'exportation.

» Les armes blanches à feu, venant de l'étranger, avoient été affranchies de tous droits pendant la guerre. Le retour de la paix devoit naturellement ramener à celui des principes protecteurs de l'industrie nationale. Un droit de 100 francs par 5 myriagrammes a été imposé sur les armes blanches , et celui de 36 francs a été rétabli sur les armes à feu.

» Les mêmes motifs ont déterminé une augmentation de droits sur les cuivres ouvrés , les feuilles transparentes de cornes, les cornes plates à faire peignes , le savon, le sel ammoniac et les toiles de coton blanches qui sont brodées ou brochées. L'importation par mer du charbon de terre, a été permise pour favoriser les usines et manufactures situées dans les départemens où la cherté des bois augmenteroit considérablement la main-d'œuvre ; mais on a cherché à concilier leurs intérêts avec ceux des propriétaires de ces mines. La quotité du droit a été fixée en proportion de l'éloignement où se trouvent les départemens maritimes des mines en exploitation. Nous devons même espérer que cette permission ne sera que momentanée, et que bientôt nous cesserons d'être tributaires de l'Angleterre pour cette matière combustible que la nature nous offre si abondamment.

» La pêche nationale, cette branche de commerce si précieuse, l'école de nos meilleurs matelots, a fixé l'attention particulière du gouvernement : une seule exception a été faite pour le stockfish, parce que les habitans des départemens réunis sont entraînés par une longue habitude à préférer cette espèce de poisson que nous ne préparons pas comme les Hollandois.

» Les vérifications les plus exactes ont prouvé que la cannelle commune étoit confondue dans le commerce avec le cassia lignéa, et que l'épicerie déclarée sous cette dernière dénomination n'étoit réellement que de la cannelle commune. Les deux espèces ont été soumises au même droit.

» Le gouvernement, informé que dans quelques départemens maritimes on faisoit des enlèvemens considérables de beurre pour l'étranger, a augmenté le droit d'exportation. La même mesure a été prise pour les pains ou tourteaux de navette, lin, chenevis et colza, qui servent à engraisser les bestiaux, et pour les meules à moulin dont les exportations continuelles, si elles n'étoient pas tempérées, épuiseroient nos carrières.

» L'intérêt de la pêche réclamoit la liberté d'exportation pour l'huile de poisson, la prohibition a été levée. Des bois de construction restoient sans être employés dans les ports voisins de l'Espagne. On a permis de construire des navires pour le compte espagnol, en payant 15 francs par tonneau ; cette disposition est favorable à la main-d'œuvre nationale et au trésor public.

» Les brais secs et gras, les résines, les cordages neufs, les cuivres ouvrés, les vins de Corse, les soies à coudre, les pierres à feu, comme produits abondans de notre sol ou de notre industrie, n'ont été soumis qu'à des droits très-modiques, ou à ceux de balance du commerce.

» La sortie des soies ouvrées de toutes espèces, propres à la fabrication, est défendue. Cette prohibition qui doit être maintenue pour les anciens départemens, ne pouvoit être appliquée à ceux qui formoient le ci-devant Piémont, dont la principale richesse est la culture des mûriers. Des renseignemens précis annonçoient qu'à l'époque où nos manufactures étoient florissantes, elles ne tiroient du Piémont que la moitié de ses soies. Le commerce de Lyon, consulté sur un objet d'un si grand intérêt, s'est expliqué avec une loyauté que doivent imiter tous ceux qui seront appelés à éclairer le gouvernement. Il a déclaré qu'il étoit juste et nécessaire d'ouvrir un débouché aux soies ouvrées du ci-devant Piémont, puisque nos fabriques ne pouvoient en employer qu'une partie.

» La sortie des soies ouvrées des départemens du Pô, du Tanaro, de la Sesia, de la Stura, de la Doire et de Marengo, à l'exception de celles teintes propres à la fabrication, a été permise, en payant des droits qui donnent une prime aux manufactures nationales sur celles étrangères.

» Les soies destinées à l'exportation devront être conduites à la douane de Turin, où, après vérification, elles seront expédiées pour Nice ou pour Lyon. Celles qui passeront par cette dernière ville seront présentées à un bureau de douane, où elles recevront leur destination ultérieure, après avoir acquitté les droits.

» Tels sont, citoyens législateurs, les changemens et modifications que le gouvernement a cru devoir faire au tarif général. Tout n'est pas fait, sans doute ; mais des erreurs sur un objet qui est aussi intimement lié à la prospérité de notre commerce et de notre industrie, seroient funestes : il est donc prudent de différer, de s'éclairer par l'expérience, de bien connoître les progrès de nos manufactures et les effets de l'impulsion qu'elles doivent recevoir d'un génie créateur de tout ce qui est utile, de tout ce qui peut remplir les hautes destinées de la France.

» Ces premières dispositions seroient insuffisantes et toute la sollicitude du gouvernement pour la restauration de nos fabriques resteroit sans effet, si de coupables spéculateurs, toujours prêts à sacrifier l'intérêt général à leur intérêt particulier, pouvoient encore introduire avec impunité, sur le territoire françois, les produits des fabriques étrangères, y paralyser notre industrie, et arrêter dans les mains d'un million d'ouvriers l'instrument qui les nourrit.

» En 1791, la police des douanes avoit été restreinte aux deux lieues des frontières de terre ;

l'expérience a démontré qu'un espace aussi court étoit facile à franchir, et que ce changement favorisoit la fraude.

» Le gouvernement a reconnu la nécessité d'étendre cette police aux quatre lieues, comme elle l'étoit autrefois. Les brigades des douanes ont été placées sur trois lignes dans cette étendue, et déjà la prime d'assurance pour la contrebande éprouve des augmentations progressives. Les assureurs sont réduits à former et à solder des bandes armées et vagabondes qui protègent les introductions : un projet de loi qui a pour objet d'atteindre ces brigands et leurs complices, vous sera incessamment soumis.

» Le gouvernement, citoyens législateurs, dont l'une des plus douces satisfactions est de voir entre les premières autorités de l'état un concert de volontés, de pensées généreuses et libérales qui toutes tendent au même but, et présentent à l'Europe étonnée le spectacle imposant d'une grande puissance assise sur des fondemens inébranlables, le gouvernement qui reçoit chaque jour des preuves de votre amour pour le bien public, de votre empressement à seconder tous ses efforts, est persuadé que vous reconnoîtrez l'utilité du projet que nous vous présentons. »

C'est ainsi que s'est exprimé le Conseiller d'Etat COLLIN, en présentant au Corps Législatif la Loi du 8 floréal an 11. En émettant le vœu d'adoption, de la Commission du Tribunat, le citoyen VANHULTHEM a donné encore des développemens qu'on ne lira pas avec moins d'intérêt.

» Tribuns, a-t-il dit, la loi du 29 floréal an 10, autorise le gouvernement à hausser ou baisser provisoirement les taxes des douanes, à établir ou défendre des entrepôts, à prohiber ou à permettre l'importation ou l'exportation de toutes marchandises, sous la condition de soumettre ces modifications en forme de projet de loi au corps législatif, à la législation la plus prochaine.

» Le gouvernement s'acquitte aujourd'hui de ce devoir en vous présentant un projet de loi sur les douanes, tant sur les modifications déjà faites à l'ancien tarif, que sur celles que l'avantage du commerce et de l'industrie nationale, et l'utilité de la république lui suggèrent de nouveau.

» Les douanes sont instituées pour protéger, et non pour entraver le commerce ; elles sont entre les mains du gouvernement le modérateur, le contrepoids qui doit toujours faire pencher la balance du commerce en notre faveur, ou du moins la maintenir égale entre nous et les autres peuples commerçans.

» Tels sont les principes adoptés par l'assemblée constituante, à laquelle peu de grandes conceptions en économie politique ont échappé, et c'est de l'application plus ou moins heureuse de ces principes que doit résulter l'avantage ou le désavantage du commerce et de l'industrie.

» Mais si des tarifs bien combinés sont un encouragement pour le commerce et l'industrie, but principal de l'établissement des douanes, le gouvernement ne doit pas négliger les ressources qu'ils peuvent procurer au trésor public, quoique cette idée doive toujours être subordonnée à la première.

» Tout état a ses dépenses nécessaires pour sa conservation et pour sa prospérité. Il faut des revenus publics pour fournir à ces dépenses. Ils sont produits par des impositions, et c'est du choix de ces impositions que résulte le plus ou le moins d'égalité dans la contribution. Les droits ou impositions dont la perception sera facile et répartie le plus également qu'il sera possible sur la totalité des contribuables, proportionnellement à leurs facultés et à leurs dépenses, seront sans doute les plus conformes aux vrais principes. Les droits qui, par leur nature, renferment le plus pleinement ces deux qualités, sont les droits de consommation, et dès-lors paroissent préférables à tous autres. Or, les droits d'entrée ne sont pas autres choses que des droits de consommation. En effet, la marchandise qui les paie, augmente d'autant ; si le négociant en avance le paiement, il se rembourse bientôt sur le consommateur qui acquitte définitivement cette imposition à proportion de ses facultés et de ses dépenses, c'est-à-dire, à proportion de sa consommation. Cette imposition est donc égale pour tous les contribuables.

» Si ces droits établis d'après une juste proportion peuvent être considérés comme une imposition indirecte, avancée par le commerce et payée définitivement par le consommateur, ils offrent un but bien plus utile dans la protection qu'ils donnent d'une manière efficace à notre industrie manufacturière et agricole, en lui assurant une concurrence avantageuse sur celle de l'étranger.

» Le gouvernement, convaincu de cette vérité, s'occupe sans relâche de tout ce qui peut donner le plus grand développement à nos productions territoriales, perfectionner les ouvrages de l'art et étendre leur consommation.

» Il sait que la fertilité des campagnes, les progrès de l'agriculture, l'activité des fabriques et l'étendue du commerce, sont les premières bases de la grandeur et de la stabilité de l'état.

» Il veut, par la restauration et l'accroissement de nos manufactures, atteindre le double but de procurer des ressources à des millions de François non propriétaires, et de rétablir la balance du commerce qui nous est si défavorable depuis le désastre de nos colonies d'Amérique.

» Le projet de loi qui vous est présenté n'établit pas un nouveau tarif ; le tarif qui s'exécute encore pour les droits d'entrée, est celui qui fut décrété par l'assemblée constituante dans les séances du 31 janvier, 1 février, 1 et 2 mars 1791, et sanctionné le 15 mars de la même année, avec quelques changemens et modifications apportés par des lois subséquentes, surtout par celles du 1 août 1791, du 19 mars 1793, du 9 floréal an 7.

» S'il y a des lois sujettes au changement, ce sont surtout celles qui ont pour objet les droits d'entrée et de sortie ; mille circonstances trop nombreuses pour être énumérées ici, y peuvent nécessiter des changemens ou des modifications. La fixation de ces droits demande une connoissance exacte des véritables intérêts de l'agriculture et du commerce général de l'état. C'est uniquement dans des vues utiles aux productions du sol et de l'industrie que ces fixations doivent être faites.

» La France n'est pas seulement riche des productions de son industrie, elle l'est aussi par les minéraux renfermés dans son sein. Un grand nombre de mines de charbon de terre sont exploitées dans plusieurs départemens, d'autres n'attendent pour l'être que des rivières ou des canaux navigables. La Belgique, qui dans un espace très-circonscrit offre le tableau de l'agriculture la plus florissante, y ajoute les richesses minérales. L'importation par mer du charbon de terre a été permise pour favoriser les usines et les manufactures situées dans les départemens, où la cherté des bois augmentoit considérablement la main-d'œuvre ; mais on a cherché à concilier leurs intérêts avec ceux des propriétaires de nos mines : le droit a été fixé en proportion de l'éloignement où se trouvent les départemens maritimes, des mines en exploitation. Ainsi dans la Belgique, où ces mines sont abondantes, où le charbon se transporte facilement par les rivières et les canaux, il est de 15 francs par tonneau depuis Anvers jusqu'au département de la Somme, depuis ce département jusqu'aux Sables-d'Olonne ; et dans les ports de la Méditerranée, il n'est que de 10 francs, et de 8 francs seulement dans les autres ports de la France.

» S'il est utile que le superflu de notre industrie agricole et manufacturière soit exporté à l'étranger, cette exportation doit être modérée ou entièrement prohibée, lorsqu'elle a pour objet des productions nécessaires à notre nourriture, ou des matières premières nécessaires à nos manufactures, dont la valeur s'augmente par le prix de la main-d'œuvre. Tels sont les principes qui ont guidé le gouvernement en fixant les droits de sortie sur le beurre, sur les pains de navette, lin, chenevis et colza, qui servent à engraisser les bestiaux, sur les meules de moulin, dont les exportations continuelles, si elles n'étoient pas tempérées, épuiseroient nos carrières.

» Les peuples dont le commerce a le plus prospéré, ont adopté le système d'entrepôt.

» L'utilité de l'entrepôt consiste à ne pas payer les droits à l'arrivée, mais à profiter de la durée du crédit accordé, soit pour mettre dans la consommation le tout ou une partie des objets entreposés, soit quand le transit est autorisé, pour faire passer par l'intérieur pour l'étranger, les objets entreposés, soit enfin pour les réexporter.

» Le projet de la loi reconnoît deux espèces d'entrepôts, l'entrepôt fictif où seront admises les productions coloniales, et l'entrepôt réel de marchandises étrangères, coloniales et autres ».

On auroit désiré que les principales villes de la Belgique fussent comprises dans l'énumération de celles auxquelles le gouvernement a accordé des entrepôts réels.

» Malgré les révolutions, la fureur des guerres civiles qui désolèrent ce pays au seizième siècle, malgré les désavantages du traité de Munster, de 1648, qui assura l'indépendance aux Bataves et donna des chaînes à l'Escaut, le commerce de la Belgique fut porté insensiblement par l'industrie et l'activité de ses habitans à un haut degré de splendeur ; il se soutint par les entrepôts internes et par la liberté qu'ont toujours eu les villes de communiquer avec la mer par des canaux intérieurs, de recevoir directement dans leurs bassins les bâtimens expédiés directement de tous les points de l'Europe et de les réexpédier de même.

» Ce pays est plus avantageusement situé que la Hollande et que Hambourg, pour le transit des marchandises destinées pour l'Allemagne et la Suisse ; il avoit, au moyen de ses entrepôts, enlevé cette branche de spéculation à ses voisins. Le gouvernement autrichien en connoissoit toute l'importance ; aussi l'a-t-il constamment favorisé et protégé.

» Tout ce pays n'est qu'une seule et vaste manufacture ; ses produits immenses sont pour la plupart exportés à l'étranger ; les mêmes navires qui venoient les chercher, apportoient dans ses entrepôts des denrées étrangères qui, ensuite, étoient réexportées en grande partie en Allemagne et dans la Suisse.

» Si on enlève à ce pays les facilités dont il a besoin pour son commerce et ses fabriques, comment y fera-t-on subsister cette immense population qui n'est égalée par aucun pays de l'Europe de la même étendue, et qui, dans mon département (celui de l'Escaut), sur un espace de 148 lieues carrées, a 3776 habitans par lieue carrée ? (C'est près de 4000 habitans par lieue carrée.) Comment y fera-t-on payer ces impositions exorbitantes, qui, comme dans les départemens de l'Escaut et de la Lys, n'ont aucune proportion avec celle des autres départemens de la république ; tandis que ce pays a été épuisé par les désastres d'une longue guerre, par des contributions militaires, par des réquisitions de tout genre et de toute espèce, et qu'il n'a que son commerce pour réparer toutes ces pertes.

» Qu'oppose-t-on contre le rétablissement de ces entrepôts ?......

» Sans doute on fraude sur les frontières de la Belgique, comme on fraude sur le Rhin, dans le Piémont et sur toutes les autres frontières ; mais c'est surtout dans ces immenses bruyères situées entre la ville d'Anvers et la République batave que se commet le plus de fraudes : c'est-là que souvent des contrebandiers armés attaquent les troupes françoises, et tâchent d'introduire, par la violence, des marchandises prohibées. Ces excès ne sauroient être assez réprimés. La fraude prive la république des droits qui lui sont dûs : elle est nuisible à l'industrie nationale, et empêche l'honnête négociant, qui paie exactement les droits, d'entrer en concurrence avec celui qui trouve le moyen de s'y soustraire. Aussi le gouvernement ne néglige rien pour empêcher la contrebande et pour punir ces frauduleux spéculateurs ; mais jamais ces fraudes ne se commettent dans l'intérieur du pays, par les moyens des entrepôts ; les précautions établies par l'arrêté du directoire exécutif les rendoient impossibles dans les départemens réunis.

» On a encore parlé de fausses déclarations d'avaries ; mais le trésor public ne peut être lésé par ces fausses déclarations, que par la connivence des préposés de la douane, et ces déclarations peuvent se faire dans les entrepôts situés aux frontières, comme dans ceux qui sont dans l'intérieur du pays.

» Si la faculté qu'avoient les habitans de l'intérieur de la Belgique, de naviguer vers tous les ports de l'Europe, et d'en recevoir les navires, a suffi pour soutenir avec succès leur commerce ; si même lorsque l'Escaut étoit fermé du côté de la mer, et que le gouvernement espagnol et autrichien sacrifioit encore, par des considérations politiques, le reste des avantages naturels du pays, à la cupidité angloise et batave ; si, avant l'esclavage de l'Escaut, malgré l'étroite circonscription de la Belgique, malgré son isolement et les guerres cruelles dont elle fut si souvent le théâtre, la même liberté de navigation avoit porté son commerce à un haut point de splendeur ; à quel degré de prospérité ne peut-elle point espérer de parvenir, aujourd'hui que ses destinées sont indissolublement liées à celles de la plus éclairée, de la plus puissante nation, que les chaînes de l'Escaut sont brisées sans retour, que l'activité et l'industrie de ses habitans ne pourront plus être paralysées par de pusillanimes conventions, et que la paix et sa position la garantissent pour toujours du ravage de la guerre ?

» Mais cette liberté de navigation qui doit faire prospérer les départemens réunis, seroit illusoire, et tomberoit bientôt d'elle-même pour toutes les villes de l'intérieur, sans la conservation de ces entrepôts. Anvers seul recueilleroit tous les fruits de la réunion et de l'affranchissement de l'Escaut ; pour tout le reste des départemens réunis de la république, la navigation de ce fleuve, seroit moins libre qu'auparavant ; il n'auroit cessé d'être fermé du côté de la Hollande, que pour commencer à l'être de notre côté, et la suppression des entrepôts fermeroit l'Escaut en sens inverse du traité de Munster.

» Nous n'envions pas à la ville d'Anvers les avantages que lui donnent la nature et son heureuse position ; nous avons vu avec plaisir rompre les chaînes de son superbe fleuve, et nous la félicitons de tout notre cœur de la prospérité que lui procure la liberté de son commerce ; mais cette ville ne peut pas envier non plus aux autres villes de l'intérieur, de jouir des avantages de leur position et des magnifiques bâtimens élevés à l'utilité du commerce, par leurs travaux et leur industrie.

» Vous me pardonnerez, mes collègues, de vous avoir entretenu un moment des intérêts de mon pays, quand vous penserez que ces intérêts sont aussi les intérêts de la république.

» Continuons l'examen de la suite du projet.

» Les denrées de nos colonies sont assujetties à de nouveaux droits, tant à leur arrivée dans nos ports qu'à leur entrée dans la consommation ; vous verrez que le gouvernement leur accorde une grande faveur sur celles des colonies étrangères. Néanmoins votre section avoit pensé que le droit d'entrée et de consommation de 15 francs pour le sucre brut par 5 myriagrammes, et 25 francs pour le sucre tête et terré, le café et le cacao provenant de nos colonies, ainsi que ceux de 37 francs 50 centimes pour ces mêmes denrées provenant des colonies étrangères, étoient trop élevés, parce que ces denrées, quoiqu'à la rigueur on puisse les regarder comme des objets de luxe, semblent cependant, par l'usage habituel qu'en fait le peuple, être devenues d'une nécessité presqu'absolue ; parce que des droits trop forts deviennent souvent dangereux, en donnant trop d'appât à la fraude et à la contrebande qui sont les plus grands ennemis du commerce et de l'intérêt bien entendu de l'état. Ceci rappelle l'observation judicieuse de Swift, savoir : que, dans l'arithmétique des douanes, loin que deux et deux fassent quatre, le plus souvent quatre et quatre ne font que deux.

M. Vanhultem, en énonçant le vœu d'adoption émis par le Tribunat, a prononcé le même discours au corps législatif. L'orateur du gouvernement a encore présenté quelques observations sur une opinion contraire au système des douanes, et qui repose sur des erreurs qu'il importe de faire connoître.

» Dans un moment où le gouvernement redouble d'efforts pour réprimer le contrebande ; dans un moment où ses efforts entièrement dirigés vers la prospérité de l'industrie nationale doivent être secondés par toute la force de l'opinion publique, on ne peut pas voir sans regret que le principe protecteur et conservateur de ces grands intérêts ait été attaqué dans le sein de l'une des premières autorités de l'état.

» On se plaint de la rigueur des lois relatives à la contrebande ; mais que l'on examine le système des douanes chez tous les peuples de l'Europe, et l'on se convaincra que la France est encore l'une des nations où leur régime est moins sévère.

» Si, par un mouvement spontanné, tous nos voisins se déterminoient à supprimer leurs douanes, et à donner la libre entrée à toutes les marchandises étrangères, sans distinction, le gouvernement françois auroit encore à examiner s'il doit suivre cet exemple, et si un pays d'une population de trente-trois millions d'habitans veut devenir tributaire d'une nation dont la prépondérance actuelle de ses manufactures seroit, par cette mesure, à jamais conservée.

» Cependant on donne pour motif d'une opinion contraire à l'institution des douanes et à l'accroissement de l'industrie manufacturière, qu'en Angleterre cette industrie y est nuisible à la nation, puisqu'elle est forcée de vendre les produits de ses fabriques pour avoir du pain. Certes, l'exemple ne pourroit pas être plus mal choisi. Personne n'ignore que la véritable source de la puissance angloise est dans son commerce et dans son industrie ; personne n'ignore que c'est avec les immenses bénéfices qu'ils produisent, que dans la dernière guerre elle a pu couvrir les mers de ses vaisseaux, faire seule le commerce du monde, et solder les armées des nations coalisées contre la France. Qu'importe donc que la Grande-Bretagne ne récolte pas assez de grains pour sa consommation, si elle peut s'en procurer en abondance, non pas avec ses capitaux, mais avec les produits des fabriques. Les droits de douanes y sont beaucoup plus élevés qu'en France, puisque les recettes nettes de l'an 10 sont de plus de cent quatre-vingt millions, et cependant on n'a jamais entendu dans le parlement Britannique émettre un seul vœu pour leur suppression.

» On dit encore que le sol négligé de l'Angleterre ne fournit plus à la subsistance de ses habitans, et que cet état de choses est le résultat de l'accroissement inconsidéré de ses manufactures. La citation n'est pas heureuse, car il n'est pas de pays où l'agriculture soit portée à un plus haut degré de perfection.

» Sans doute les douanes peuvent n'être plus utiles à de petits états. Je suppose un moment qu'une république, dont le territoire n'auroit que quelques mille toises d'étendue, se trouvât à l'une des extrémités de la France ; si ses habitans portoient leurs spéculations sur le commerce interlope, si les capitalistes, attirés par le bénéfice qu'il présente, employoient leurs fonds, alors ce pays seroit intéressé à appeler dans son sein les marchandises étrangères destinées à être introduites en fraude sur notre territoire.

» Il seroit possible que Genève, avant sa réunion, se fût trouvée dans une semblable position : mais si, raisonnant par analogie, on prétendoit qu'un tel système convient à la France, l'erreur seroit si évidente qu'elle n'auroit pas besoin de démonstration.

» Puisque j'ai cité Genève , je m'arrêterai un instant sur la situation actuelle de son commerce. Je suis loin de penser que sa réunion à la France lui a été désavantageuse : en effet, l'une des principales branches de son industrie est l'horlogerie , et si cette ville étoit encore étrangère, elle ne seroit pas aujourd'hui en possession de nous vendre ses montres et ses pendules :

» Les mêmes ouvrages passent librement à l'étranger, et il est difficile de concevoir comment on a pu présenter comme un obstacle à l'exportation le droit presque nul de la balance , qui n'est que de 15 centimes par 100 fr. de valeur.

» Genève a aussi des manufactures de toiles peintes. Avant la réunion, ces toiles ne pouvoient entrer en France qu'en payant des droits considérables ; maintenant elles entrent librement dans la consommation , et jouissent de la même faveur à l'exportation ; mais , a dit un habitant de Genève, les toiles de coton blanches étrangères sont grevées d'un droit qui nuit aux manufactures de toiles peintes de cette ville. Cette observation est très-mal fondée , puisque les droits perçus sur les toiles de coton blanches sont restitués aux fabricans de Genève et de son territoire, si après l'impression elles sont renvoyées à l'étranger.

» On présente comme un moyen contre l'institution des douanes , que sur un produit brut de 42 millions , le quart a été employé en frais de régie. On ne peut trop répéter qu'elles ne doivent pas être considérées sous le seul rapport de la fiscalité , mais comme un établissement conservateur de l'industrie nationale , et souvent même de nos subsistances ; car si les douanes n'existoient pas , il faudroit dans les années où la récolte des grains n'est pas abondante, former sur nos frontières un cordon de troupes pour éviter la famine.

» Un membre du tribunat, après avoir passé en revue les manufactures de vingt-cinq départemens, en a tiré la conséquence que le régime des douanes étoit contraire à l'intérêt des papeteries, des savonneries , des tanneries , de notre coutellerie. Cependant , s'il n'y avoit pas de douanes, la matière première de nos papeteries passeroit à l'étranger, ainsi que nos cuirs en poil ; s'ils n'y avoit pas de douanes , les savons étrangers entreroient en exemption , et nos savonneries ne pourroient soutenir la concurrence : s'il n'y avoit pas de douanes , nos manufactures de draps et autres étoffes de laine , de velours de coton , de basins, de bonneterie, de toiles peintes , nos filatures de coton, nos rafineries seroient bientôt anéanties : enfin , les fabriques de Lyon , qui commencent à sortir de leurs ruines , éprouveroient le même sort, et nos soies grezes , dont la qualité contribue à la beauté des étoffes, nous seroient enlevées par l'Angleterre, qui s'empresseroit de profiter de nos fautes, et d'accroître sa puissance de toutes les pertes que nous feroit essuyer un système aussi funeste.

» Pour combattre l'institution des douanes , on a dit qu'elle n'existoit point en Suisse. Si le fait étoit exact, on répondroit que cette république ne peut, sous aucun rapport politique ou commercial, être comparée à la France ; mais cette assertion est encore une erreur. La Suisse a des douanes et des péages , non comme en France , sur ses frontières , mais dans tous ses cantons.

» Dans le canton de Berne , les droits portent sur les personnes, sur les marchandises et les denrées , sur les chevaux et bestiaux. Ils montent jusqu'à trente schellings, suivant la nature et la quantité des marchandises , denrées et bestiaux.

» Le canton de Lucerne perçoit les mêmes droits ; mais les négocians étrangers qui vont de foire en foire , paient encore deux sous par florin du montant de leur vente.

» La plus forte partie des revenus du canton de Fribourg consiste dans les droits de douane.

» Dans le canton de Bâle , chaque négociant paie un droit sur la valeur des marchandises qu'il fait passer à l'étranger. Le marchand forain paie cinq deniers par florin de toutes celles qu'il achète, qu'il vend et fait vendre dans le pays.

» L'artisan paie, pour l'ouvrage qu'il envoie au-dehors, un quart pour cent de la valeur , et le cultivateur deux sous par quintal des denrées qu'il débite hors du canton ; enfin, tous les autres cantons ont également leurs droits de douane et leurs péages.

» Nota. Les faits que je viens d'exposer sont consignés dans les Mémoires de M. Moreau de Beaumont, sur les importations et droits établis en Europe.

» Les systèmes les plus faux , présentés avec toutes les formes oratoires, peuvent faire impression sur quelques esprits amis de la nouveauté ; mais , citoyens législateurs, ils ne peuvent soutenir la discussion dans une assemblée qui, sans s'arrêter à l'intérêt de quelques localités , ne voit , ne désire que l'intérêt général, et qui sait distinguer les écarts de l'imagination et les paradoxes les plus brillans, des véritables principes de l'économie politique ».

Le titre seul de cet Ouvrage en démontre l'utilité, par l'exposé de tout ce qui s'y trouve réuni, et qui intéresse essentiellement toutes les classes du Commerce.

Dans des temps où les relations commerciales de peuple à peuple sont si intimes, il doit être également important pour les Négocians François de connoître les Tarifs des Douanes de tous les pays frontières de la République ; nous les avons rassemblés, et ils formeront un Code qui fera la suite de celui-ci. Etant à-peu-près en mesure de le faire paroître, nous invitons le Commerce à nous adresser ses demandes.

A PARIS, DE L'IMPRIMERIE DE CLOUSIER, RUE SAINT-JACQUES, N°. 30.

NOUVEAU
CODE DES DOUANES.

A

ABANDON. *L'abandon* se fait, lorsque l'on pense que le droit seroit égal à la valeur de la marchandise, ou en laissant des marchandises dans une Douane sans les réclamer ou sans en faire la déclaration en détail.

Dans le premier cas, si l'abandon est fait par écrit, par celui à qui la marchandise est adressée, il est dispensé d'en payer les droits. Les marchandises sont vendues, et on dispose du produit de la même manière qu'il est réglé pour les marchandises non réclamées. *Loi du 22 août* 1791, *titre* 1, *article* 4.

Dans le second cas, c'est-à-dire, s'il n'y a pas de réclamant ou de déclaration en détail, les ballots, balles, malles et futailles, doivent être inscrits, dans la huitaine du jour de leur dépôt, sur un registre *ad hoc*, où l'on mentionne les marques, numéros et adresses qu'ils peuvent porter. Le Receveur et le Contrôleur signent chaque article du registre. *Loi du* 22 *août, titre* 9, *article* 1.

Avant de procéder à la vente des marchandises, il est cependant accordé un délai de deux mois, pendant lequel les propriétaires des marchandises peuvent les réclamer et en fournir la déclaration en détail. Dans ce cas, outre les droits, ils sont tenus de payer un pour cent de droit de magasinage, pour les objets restés en dépôt à la Douane. Mais, si après ce délai, ils ne se sont point présentés, les marchandises doivent être vendues au profit de la république. *Loi du* 4 *germinal an* 2, *titre* 2, *article* 9.

Le Juge de paix, assisté du Commissaire du gouvernement et du Greffier, présidera à l'ouverture des balles et ballots, et fera dresser l'inventaire de ce qu'ils contiennent. *Loi du* 22 *août, titre* 9, *article* 3.

Le même article de la loi veut que, s'il y a des papiers, il en soit dressé un état, et que ces papiers paraphés par le Juge soient déposés au Greffe du tribunal, où ceux à qui ils appartiendront, pourront les retirer sans frais. Il est enjoint en conséquence, au Préposé de la régie de donner avis à ceux que le contenu des papiers pourra faire regarder comme en étant les propriétaires.

Des affiches apposées à la porte du Bureau, et aux autres lieux accoutumés, rendront d'abord public l'inventaire; et après le délai, annonceront la vente, s'il y a lieu, et le jour auquel elle a été fixée. *Loi du* 22 *août* 1791, *titre* 9, *article* 4.

Au jour indiqué, les effets seront vendus à l'enchère, en présence du Préposé à la perception, ou de celui qui le remplace, à la charge d'acquitter les droits, s'il en est dû, ou de faire réexporter à l'étranger, les marchandises dont l'entrée pourroit être prohibée. *Loi du* 22 *août* 1791, *article* 5.

Le produit net de la vente sera versé, comme tous les autres produits, au trésor public. *Même article.*

Il ne sera passé aucuns honoraires au Juge et au Commissaire du gouvernement pour avoir assisté à cette opération, et l'ordonnance qui autorisera la vente sera rendue gratuitement. Il sera alloué au Greffier seulement, tant pour l'inventaire que pour l'expédition qu'il en fournira à la régie, une taxe déterminée par le Juge, sur le produit de la vente, mais qui ne pourra excéder dix centimes par franc de ce produit. *Loi du* 22 *août, titre* 9, *article* 6.

ABRÉVIATIONS. Elles sont absolument interdites sur les registres et dans l'expédition des procès-verbaux et autres actes relatifs aux Douanes. *Loi du* 22 *août, titre* 13, *article* 26.

ABROGATION. Le titre 10 de la loi du 22 août 1791, l'article 19 du titre 6 de la loi du 4 germinal an 2, et les articles 1, 2, 3, 4 et 9 de celle du 14 fructidor an 3, ont été abrogées par *l'article* 18 *du titre* 4 *de la loi du* 9 *floréal an* 7.

A

ACCOMMODEMENT. C'est un acte par lequel on termine une saisie, ou toute autre affaire litigieuse. On expliquera au mot *remises*, les cas où cet acte peut avoir lieu.

ACCUSATEUR PUBLIC. L'article soixante-trois du titre cinq de l'acte constitutionnel, défère au Commissaire du gouvernement près le Tribunal criminel, les fonctions qu'exerçoit auparavant l'Accusateur public.

ACQUIT. On donne ce nom à une expédition de bureau, qui atteste qu'on s'y est présenté pour satisfaire aux règlemens qui prescrivent cette formalité.

Il y a deux sortes d'acquits : *l'acquit-à-caution et l'acquit de paiement.*

L'acquit-à-caution a pour but d'assurer l'arrivée d'une marchandise à sa destination. Toute marchandise sujette à des droits de sortie doit être expédiée avec cette formalité, lorsque pour arriver à sa destination elle doit passer sur le territoire étranger, afin que sous ce prétexte, les marchandises ne puissent rester à l'étranger en fraude des droits. *Loi du 22 août 1791, titre 3, article 2.*

Si les marchandises à transporter sont prohibées à la sortie, la destination en sera de même assurée par un acquit-à-caution. *Même loi, article 4.*

Les marchandises dont la sortie est défendue ou sujette à des droits et qui seront transportées par allége d'un lieu où il y aura un Bureau, dans un autre lieu où il y aura aussi un Bureau, devront également être expédiées par acquit-à-caution. *Loi du 22 août, titre 13, article 11.*

Ce qui transite, doit de même être expédié par acquit-à-caution, pour prévenir les versemens sur la route.

Les armes importées dans l'intérieur de la république, devront être accompagnées d'un acquit-à-caution pris à la frontière. *Loi du 22 août 1792.*

Pareil acquit sera également nécessaire pour la circulation des drilles et chiffons dans le rayon des Bureaux ; la sortie de ces objets étant interdite. *Loi du 3 avril 1793.*

Les marchandises angloises provenant de prises, celles saisies pour contravention à la loi du dix brumaire an 5, seront aussi expédiées pour l'étranger, par acquit-à-caution, afin qu'elles ne restent pas sur le territoire de la république.

Les tabacs en feuilles ne pourront circuler dans les deux myriamètres des côtes et frontières, sans acquit-à-caution. *Loi du 29 floréal an 10.*

Obligations de l'Expéditeur. 1°. Déclarer les marchandises et les faire vérifier. *Loi du 22 août 1791, titre 3, article 2.*

2°. Faire soumission de rapporter, dans le délai fixé d'après la distance des lieux, un certificat d'arrivée ou de passage des marchandises au Bureau désigné, sous les peines portées par la loi. *Même article.*

3°. Donner caution solvable, qui s'oblige solidairement avec l'Expéditeur, au rapport du certificat, à moins qu'il ne veuille consigner le droit auquel la marchandise peut être sujette, ou si sa sortie est prohibée, le montant des condamnations qu'il pourroit encourir. Dans ce cas, il est énoncé sur le registre et sur l'acquit-à-caution, quelle somme a été consignée. *Même article.*

Un capitaine de bâtiment, chargé d'approvisionner une escadre en biscuit, doit s'engager à rapporter un certificat de réception du commandant de l'escadre.

Obligations des Commis. Ils doivent refuser l'expédition, si le transport peut se faire par le territoire de la république. *Arrêté du directoire du 5 prairial an 5, article 1.*

S'il est indispensable d'emprunter le territoire étranger, l'acquit désignera le Bureau où les marchandises devront être représentées. *Article 2.*

Si ce sont des objets dont l'exportation est prohibée, leur estimation doit être énoncée dans la soumission. *Loi du 22 août 1791, titre 3, article 4.*

Le dispositif de la loi est le même pour les marchandises provenant de prises ou de saisie, et dont l'importation et la consommation sont défendues

Les Préposés exigeront que l'Expéditeur se soumette, à défaut du rapport du certificat de décharge, à payer la valeur des marchandises, et l'amende triple de cette valeur.

Ils refuseront l'acquit à défaut de caution ou de consignation.

Les acquits seront délivrés gratuitement, sauf le remboursement du droit de timbre. *Loi du 22 août 1791, titre 1, article 7.*

Les Juges ne pourront en délivrer, ni les Tribunaux y suppléer par des jugemens. *Même loi, titre 2.*

Plombage des marchandises expédiées par acquit-à-caution. Les caisses, balles et ballots des marchandises, qui passeront par l'étranger pour aller par terre d'un lieu à un autre de la république, ou qui seront expédiés d'un port à un autre de France, seront cordés et plombés, soit que la marchandise soit soumise à un droit de sortie, ou que la sortie en soit défendue. La même chose s'observera pour les étoffes, toilerie, passementerie, quincaillerie et autres marchandises qui, bien qu'exemptes de droit de sortie, paieroient au moins 10 pour 100 de la valeur à l'entrée si elles venoient de l'étranger. *Loi du 22 août, titre* 3, *article* 3.

Par ce même article, les métaux non ouvrés, les eaux-de-vie, huiles et autres liquides sont exceptés ; mais cependant cette exception n'a lieu pour les liquides qu'autant qu'ils sont en futailles, d'après une décision du 22 *décembre* 1791.

Les poissons salés et leurs issues, provenant de pêche nationale et expédiés en barils ou futailles, par les ports pêcheurs, sont également exceptés. *Décret du* 16 *novembre* 1792.

L'Expéditionnaire fournit les cordes à ses frais, et paie en outre chaque plomb à raison de 15 centimes. *Loi du 22 août* 1791, *titre* 3, *article* 5.

Certificat de décharge. Les Capitaines de navires sur lesquels il est expédié des marchandises par acquit-à-caution, ou les Voituriers chargés de leur transport par terre, devront présenter lesdites marchandises en même quantité et qualité qu'il est énoncé dans l'acquit ; les premiers au bureau de la destination, les autres au bureau de leur passage.

L'acquit ne sera déchargé qu'après vérification des cordes et plombs, du nombre des ballots et des marchandises y contenues ; car les cordes et plombs ayant pu être dérangés et replacés, il faut constater l'état de la marchandise. *Loi du 22 août* 1791, *titre* 3, *article* 6.

Tous les Commis du bureau et deux Employés de la brigade signeront ces certificats. *Lettre du* 15 *floréal an* 6.

Ils seront au surplus expédiés gratuitement, en vertu de la *loi du 22 août.*

Les formalités prescrites par les acquits-à-caution étant remplies, les Préposés délivreront sans délai les certificats, sous peine de dépens, dommages et intérêts. S'ils s'y refusoient, le Conducteur des marchandises en feroit dresser acte, qui seroit incontinent signifié au Receveur du bureau, la preuve testimoniale n'étant point admise en pareil cas. *Loi du 22 août* 1791, *titre* 3, *article* 8.

Les Préposés sont autorisés à refuser les certificats de décharge, si la marchandise est présentée au bureau de destination ou à celui de passage, après l'expiration du terme porté par l'acquit-à-caution. *Même loi, article* 7.

Mais alors les Capitaines de bâtimens ou les Conducteurs par terre, sont admis à justifier des accidens et causes de retard, les premiers en produisant des procès-verbaux dressés à bord et signés des principaux de l'équipage, ou des rapports faits et affirmés devant les Juges de paix du lieu de la destination et déposés au bureau des Douanes ; les autres en exhibant des procès-verbaux faits par les Juges de paix ou les Officiers municipaux des lieux où ils auront été retenus. Sur ces pièces, les acquits-à-caution auront leur effet. *Loi du 22 août* 1791, *titre* 3, *article* 8.

Aucune preuve autre que les rapports ou procès-verbaux, ne sera admise pour obtenir les certificats de décharge, qui ne pourront être délivrés par les Juges ni leurs Huissiers, ni suppléés par aucun jugement. *Loi du 22 août* 1791, *titre* 11, *article* 2.

Toute marchandise expédiée par mer ou par terre en empruntant le territoire étranger, qui sera présentée après le délai au bureau de destination ou de passage, sera soumise au droit d'entrée comme si elle venoit de l'étranger. *Loi du 22 août* 1791, *titre* 3, *article* 7.

Devoirs des préposés lorsqu'une marchandise est présentée après le délai fixé, ou trouvée autre qu'il n'est spécifié. Si lors de la visite au bureau, les marchandises ne sont pas trouvées de même nature qu'il est énoncé en l'acquit-à-caution, elles seront saisies, et la confiscation prononcée contre les Conducteurs, avec amende de 100 francs, sauf leur recours contre les Expéditionnaires. *Même loi, article* 9.

Si la quantité seulement en est moindre, le certificat ne sera délivré que pour la quantité existante : mais si elle excède, cet excédant paiera un double droit d'entrée.

Si la marchandise est prohibée à l'entrée, elle sera confisquée avec amende de 500 francs. *Même loi, article* 9.

Toutes ces mesures sont indépendantes des condamnations qui seront poursuivies au bureau du départ contre les Soumissionnaires et leurs cautions. *Même article.*

Formalités à remplir en rapportant le certificat de décharge. Le Soumissionnaire qui rapporte, dans le délai, un acquit-à-caution déchargé, doit certifier au dos la remise qu'il en fait. Il doit, de plus, déclarer le nom, la demeure et la profession de celui qui lui a remis le certificat de décharge, afin que dans le cas de falsification ou altération, les poursuites puissent être dirigées soit contre les Soumissionnaires ou les porteurs d'expéditions. Mais dans ce dernier cas, les Soumissionnaires ne sont tenus que des condamnations purement civiles. *Loi du 22 août* 1791, *titre* 3, *article* 10.

Les Soumissionnaires et leurs cautions sont garans de la fidélité du certificat de décharge pendant quatre mois pour le commerce en France, et six en Europe; mais après ce terme la régie n'est plus recevable à intenter aucune action. *Loi du 4 germinal, titre* 7, *article* 3.

Lorsque les Soumissionnaires et leurs cautions rapporteront les certificats de décharge en bonne forme, les soumissions seront annulées sur les registres, en leur présence, et les droits consignés leur seront rendus. *Loi du 22 août, titre* 3, *article* 11.

Si le certificat de décharge est rapporté après le délai. Si dans le cours des six mois après l'expiration du délai fixé par l'acquit-à-caution, les Soumissionnaires présentent des certificats délivrés en temps utile, ou les procès-verbaux du refus des Préposés; les droits, amendes et tout ce qu'ils auront payé leur sera restitué, sauf la retenue des frais faits par la régie jusqu'au jour du rapport.

Les six mois expirés, ils ne seront plus admis à réclamer lesdites sommes qui seront versées au trésor public. *Loi du 22 août, titre* 3, *article* 14.

Si le certificat n'est point rapporté. L'Expéditionnaire qui fait transporter des marchandises d'un port françois à un autre port françois, doit se soumettre à en payer la valeur; plus, une amende de 600 francs si le certificat de décharge n'est pas rapporté dans le délai fixé par l'acquit-à-caution. *Loi du 4 germinal an 2, titre* 7, *article* 1.

Le délai ne sera cependant pas fatal si les Capitaines justifient, ainsi qu'il est prescrit, des causes de retard. *Article* 2.

A défaut de cette justification, le délai expiré, les Préposés décerneront contrainte contre les Soumissionnaires et cautions, pour amende de 600 francs et valeur des marchandises. *Article* 4.

Quant aux objets expédiés par terre, et dont l'exportation est permise, si le simple droit n'a pas été consigné, la contrainte ne sera décernée que pour l'acquit du double droit de sortie. *Loi du 22 août, titre* 3, *article* 12.

Si la marchandise est prohibée à la sortie, la contrainte sera décernée pour la valeur et pour l'amende de 500 francs. *Article* 13.

S'il est question de marchandises de prise, expédiées en transit et admises à l'entrée en payant le droit, il ne sera exigé que le double droit.

Si ce sont des marchandises angloises et provenant soit de prise, soit de saisie, la poursuite sera exercée pour le paiement de leur valeur, et pour une amende triple de la valeur. *Loi du 10 brumaire an 5.*

L'ordonnance de la marine article 58, voulant que les assureurs soient tenus de payer l'assurance d'un navire, si, après l'expiration d'un an à dater du jour de son départ, on n'en a aucunes nouvelles, la soumission doit être annulée si l'Expéditionnaire justifie du paiement de l'assurance. Il en est de même s'il justifie de la prise du navire.

Cela a encore lieu, s'il prouve que les scellés ont été apposés sur les papiers du correspondant qui devoit transmettre l'acquit déchargé.

Acquit de paiement. C'est la quittance des droits payés pour les marchandises qu'elle accompagne.

Il devra y être énoncé en vertu de quel titre se fait la perception du droit reçu. *Loi du 22 août, titre* 13, *article* 29.

Lorsqu'ils seront délivrés pour marchandises expédiées par terre, on indiquera les bureaux par où elles devront passer, et les conducteurs seront tenus d'échanger dans ces bureaux leurs acquits contre des brevets de contrôle. Le tout se fera sans frais. *Titre* 2, *article* 25.

ACTIONS. S'il y a lieu à la procédure criminelle , on se conformera aux dispositions du code pénal et aux lois sur la justice criminelle. *Loi du 4 germinal an 2 , titre 6 , article 20.*

Pour tous les autres cas , la manière d'intenter et de poursuivre les actions relatives aux Douanes , sera développée aux articles *appel et compétence.*

En parlant des fins de non recevoir et de la prescription , on déterminera les délais après lesquels il n'y a plus lieu à intenter des actions.

ADJUDICATION. C'est la délivrance que l'on fait des marchandises vendues à l'enchère , à celui qui a été le plus haut enchérisseur et qui devient adjudicataire du moment que les marchandises lui restent.

Il y a d'autres choses à observer pour l'adjudication des marchandises naufragées ou de prise , il faut voir pour cela : *naufrages et prises.*

ADMINISTRATION. L'administration ou régie des douanes est responsable du fait de ses Préposés , pour tout ce qui est relatif à leurs fonctions. *Loi du 22 août 1791 , titre 13 , article 19.*

Elle est tenue de remettre chaque année au greffe du tribunal de commerce du chef-lieu de chaque direction, un rôle des noms et surnoms de ceux qui montent ses bâtimens. *Titre 13 , article 6.*

Ses régisseurs doivent rendre, *par chaque trimestre*, un compte général des recettes et dépenses qui auront lieu. *Loi du 22 messidor an 4 , article 5.*

Les marins employés sur les bâtimens de la régie , sont exclusivement soumis aux ordres de l'administration. *Loi du 25 thermidor an 10 , article 1.*

Ils ne peuvent être requis pour un autre service , ni supporter d'autre retenue , sur leur solde , que celle fixée par la *loi du 2 floréal an 5, et l'arrêté du 25 thermidor an 11.*

Le directeur des Douanes fera remettre , dans le premier mois de chaque année , au préfet maritime de chaque arrondissement , l'état nominatif des employés au service des douanes , susceptibles d'être classés dans l'arrondissement. *Article 4.*

Les directeurs seront tenus de faire au moins une fois l'an , une tournée dans leur direction , pour s'assurer de l'exactitude du service. *Loi du 3 floréal an 3 , article 2.*

Les bureaux de perceptions seront composés de receveurs , visiteurs , commis aux déclarations et aux expéditions. Dans les principaux bureaux maritimes il y aura en outre un commis-principal pour la navigation. *Article 3.*

Les receveurs auront la direction et la surveillance du service de leurs bureaux et en répondront. Ils seront tenus de viser les manifestes et déclarations ; de percevoir les droits de douane et de navigation ; de former les états de comptabilité , et de correspondre pour tout ce qui est relatif à leurs fonctions. *Article 4.*

Le commis-principal sera chargé de tout ce qui concerne la navigation , et signera les expéditions avec le receveur. *Article 5.*

Les visiteurs feront la jauge des bâtimens de mer , vérifieront les marchandises , liquideront les droits de douane et tiendront les registres de visite. Dans les lieux où il y a des entrepôts ou dans ceux où il en sera établi , ils seront suivis par des visiteurs qui en feront alternativement le service. *Article 6.*

Les contrôleurs des visites et entrepôts surveilleront les opérations des visiteurs , et même le service extérieur s'il est jugé convenable. *Article 7.*

Le service des commis aux expéditions, consistera à tenir les registres des passavans, d'acquits-à-cautions, de certificats de décharge , d'importation ou d'exportation ; à aider à la transcription des déclarations , à délivrer les expéditions relatives à la perception et à la navigation , et à copier les états et la correspondance du receveur. *Article 8.*

En cas d'insuffisance dans le nombre des visiteurs , il y sera suppléé par des commis aux expéditions , qui reprendront ensuite leurs fonctions. *Article 9.*

Nul ne pourra être employé dans le lieu de sa naissance , si ce n'est pour une recette dont le traitement soit au-dessous de 800 francs. *Article 10.*

La gendarmerie , les troupes et tous fonctionnaires publics peuvent arrêter les marchandises entrant ou sortant en contravention aux lois ; mais ce n'est qu'à la requête de l'administration des Douanes , que l'on peut poursuivre la vente ou la confiscation desdites marchandises. *Loi du 15 août 1791, article 3.*

Un arrêté du 25 thermidor an 11 porte que la retenue de trois deniers pour livre sur les appointemens des administrateurs et préposés des douanes, ordonnée par la loi du 2 floréal an 5, *pour faire des fonds de retraite*, sera, à compter du premier thermidor an 11, portée à 2 centimes par franc sur leurs traitemens, afin d'assurer des pensions aux veuves des administrateurs et préposés. --- Les conditions de l'admission des veuves à la pension, sont, 1°. que les préposés aient trente ans de service au moment de leur décès, ou 25 ans pour ceux attachés à la partie active; 2°. que les veuves aient été mariées pendant cinq ans, et qu'elles ne soient pas divorcées. Les pensions des veuves seront de moitié de celles auxquelles auroient eu droit leurs maris.

Il existe sur les frontières de terre deux lignes de bureaux; les plus voisins de l'étranger sont appelés de *première ligne*; ceux éloignés d'environ quatre lieues des frontières, sont nommés de *deuxième ligne*.

Nous plaçons ici l'état, par direction, des différens bureaux de douane et de navigation; les principaux sont en gros caractères, et nous faisons connoître ceux ouverts à certaines marchandises et à quelque branche particulière de commerce.

DIRECTION DE BAYONNE,

Dont les bureaux de terre touchent au territoire espagnol.

Principalité de Cierp.

Première ligne. Couldoux --- Fos --- Bagnères-de-Luchon --- Loudenvielle --- Vielle.

Deuxième ligne. St.-Béat --- CIERP --- Arreau.

Principalité de Luz.

Première ligne. Gèdre --- Cauteretz --- Arrenx.
Deuxième ligne. LUZ-EN-BARRÈGES.

Principalité de Bedous.

Première ligne. Larrunx --- Urdos --- Arriète --- Larreau.

Deuxième ligne. BEDOUS --- Lescun --- Licq.

Principalité de Saint-Jean-Pied-de-Port.

Première ligne. Lecumbery --- St.-Michel --- Roqueloux --- Arneguy --- Lasse --- Baigorry --- les Aldudes --- St.-Martin d'Arossa --- Bidarraye.
Deuxième ligne. SAINT-JEAN-PIED-DE-PORT.

Principalité de Saint-Jean-de-Luz.

Première ligne. Itzatzou --- Espelette --- Ainhoa, ouvert à la sortie des denrées coloniales expédiées pour l'Espagne, en transit --- Sarre --- Olhette --- Behobie (comme celui d'Ainhoa) --- Hendaye --- SAINT-JEAN-DE-LUZ.
Deuxième ligne. Surraïde.

--- BAYONNE, ouvert aux retours des colonies, au commerce d'Afrique, à l'entrepôt des marchandises étrangères, et à l'importation des tabacs en feuilles.

DIRECTION DE BORDEAUX.

La Tête-de-Buch --- Pauillac --- BORDEAUX, ouvert au retour des colonies, au commerce d'Afrique, à l'entrepôt des marchandises étrangères, aux tabacs et aux mousselines.

LIBOURNE. --- Cussac.

BLAYE --- Mortagne --- Royan.

DIRECTION DE LA ROCHELLE.

La Tremblade --- Chatresac --- Riberon --- Lecgua --- MARENNES.

ROCHEFORT, ouvert aux retours des colonies --- Charente.

LA ROCHELLE (comme Bayonne).

MARANS --- St.-Michel --- Moricq --- Latranche.

CHATEAU-D'OLÉRON --- St.-Pierre-d'Oléron --- St.-Denis.

La Flotte --- SAINT-MARTIN-ÎLE-DE-RHÉ --- Ars.

SABLES D'OLONNE --- Croix-de-Vicq.

DIRECTION DE NANTES.

NOIRMOUTIERS --- Barredemont --- Beauvoir.

Boin --- Bourgneuf --- Pornic --- PAIMBOEUF.

Le Pellerin --- Coueron --- NANTES, ouvert aux mêmes commerce, marchandises et entrepôt que Bordeaux.

Méans --- Saint-Nazaire --- Pouliguen --- LE-CROISIC --- Mesquer --- Roche-Sauveur --- Rhedon.

DIRECTION DE LORIENT.

Vieille-Roche --- Biliers --- Penerf --- Sarzeau --- Port-Navalo --- VANNES --- Auray --- Lomariaquer --- la Trinité --- Quiberon --- Jntel --- Belle-Ile-en-mer --- Hennebond.

LORIENT, ouvert aux retours de l'Inde, à ceux des colonies françoises d'Amérique, au commerce du Sénégal, aux mousselines, à l'entrepôt des marchandises étrangères, et aux tabacs. --- PORT-LIBERTÉ.

Quimperlé --- Poulduc --- Pontavenne --- Concarneau --- la Forêt --- QUIMPER --- Benaudet --- Pont-l'Abbé --- Audierne --- Douarnenez --- Port-Launay.

DIRECTION DE BREST.

Camaret --- Lanvoc --- Landevenec --- le Faou ---Daoulas --- Plougastel --- Landerneau -- BREST, ouvert au commerce des colonies --- le Conquet --- Labérildut --- Argentôn --- Kersaint.

Roscoff, ouvert à l'entrepôt des eaux-de-vie de genièvre --- Abreverack --- Pontusval --- Kernic --- MORLAIX, ouvert aux tabacs et aux retours des colonies françoises --- St.-Pol-de-Léon --- Loquirec --- Lannion --- Perros --- Treguier --- Lézardrieux --- Pontrieux.

DIRECTION DE SAINT-MALO.

Bréhat --- Paimpol --- Portrieux --- Binic --- LE LÉGUÉ --- Erqui --- Dahouet --- Port-à-le-Duc --- St.-Cast --- Leguildo --- St.-Briac --- Saint-Servan --- ST.-MALO, ouvert à l'importation des tabacs, à l'entrepôt des eaux-de-vie de genièvre, à celui des marchandises étrangères, et au commerce du Sénégal --- Cancale --- Levivier --- Pas-au-Bœuf.

DIRECTION DE CHERBOURG.

Pontorson --- Courtils --- St.-Léonard --- GRANVILLE --- Regneville --- St.-Germain-sur-E.

Port-Bail --- Carteret --- Dillette --- Omonville --- CHERBOURG, ouvert aux retours des colonies, au commerce d'Afrique, à l'entrepôt des marchandises étrangères non prohibées ; à celui des eaux-de-vie de genièvre, rhum et taffia --- Barfleur --- la Hougue --- Quineville --- Carentan.

Isigny --- Grand-Camp --- Port-en-Bessin --- Courseulles --- CAEN --- Sallenelles --- Dives.

DIRECTION DE ROUEN.

Le Quai-au-Coq --- Touques --- Villerville --- HONFLEUR, ouvert aux retours des colonies --- St.-Sauveur --- St.-Samson --- Quillebeuf.

Aisier --- Lamailleraie --- la Bouille --- ROUEN, ouvert aux retours des colonies, avec un entrepôt de marchandises étrangères non prohibées --- Dieppedalle --- Duclair --- Caudebec.

Tancarville --- St.-Jacques --- Harfleur --- LE HAVRE, ouvert aux retours des colonies, au commerce d'Afrique, à l'entrepôt des marchandises étrangères, et aux tabacs --- Etretat --- Fécamp, ouvert à l'entrepôt des eaux-de-vie de genièvre.

DIRECTION DE St.-VALLERY-SUR-SOMME.

St.-Vallery-en-Caux --- DIEPPE, ouvert aux tabacs et à l'entrepôt des eaux-de-vie de genièvre --- Tréport.

St.-VALLERY-SUR-SOMME, ouvert aux retours des colonies --- Abbeville --- le Crotoy.

DIRECTION DE BOULOGNE.

Berck --- ÉTAPLES.

BOULOGNE, ouvert aux retours des colonies et à l'entrepôt des eaux-de-vie de genièvre.

CALAIS (comme Boulogne).

DIRECTION DE DUNKERQUE.

Gravelines, ouvert à l'entrepôt des eaux-de-vie de genièvre --- DUNKERQUE, ouvert aux retours des colonies, au commerce d'Afrique, aux tabacs, à l'entrepôt des marchandises étrangères non prohibées, et à celui des eaux-de-vie de genièvre.

Nieuport --- Slykens --- OSTENDE, ouvert aux mêmes commerce et entrepôts que Dunkerque --- Blankemberg --- As-de-Grave --- l'Ecluse --- Ardembourg.

BRUGES, douane d'entrepôt en *deuxième ligne*, où on arrive par Ostende.

DIRECTION D'ANVERS.

Principalité de Sas-de-Gand.

Première ligne sur l'Escaut. Cassandria --- Breskens --- Hoofplaaten --- Biervliet --- Philippine.

Deuxième ligne. SAS-DE-GAND --- Oosbourg --- Caprycke --- Erwelden.

Principalité d'Hulst.

Première ligne sur l'Escaut. Axel --- Ter-Neusen --- Zaamslaag --- HULST --- Welzorden --- Kildrecht --- Doel.

Deuxième ligne. Morbecke --- St.-Nicolas.

Principalité d'Anvers.

ANVERS, ouvert aux retours des colonies, au commerce d'Afrique, à l'entrée des tabacs, et à l'entrepôt des marchandises étrangères --- Lillo sur l'Escaut, en avant d'Anvers.

Deuxième ligne. Saint-Antoine.

Principalité de West-Wesel.

Sandvliet --- Putte --- Achterbroeck -- WESTWESEL --- Meersel --- Hoogstraaten --- Bar-le-Duc --- Poppel.

Principalité de Turnhout.

TURNHOUT --- Arendonck --- Postel --- Baelen. *Deuxième ligne.* Gierlé --- Casterlé - - Ghéel.

GAND, douane d'entrepôt fictif, établie le 27 thermidor an 11.

BRUXELLES.

LOUVAIN.

DIRECTION DE CLÈVES.

Principalité de Wéert, en première ligne.

Kerkoven --- Holvenne --- Néerpelt --- Achel --- Hamont --- Loussen --- WEERT --- Bossooven --- Hussooven --- Nederweert.

Principalité de Meuven, en deuxième ligne.

Tessenderlo --- Beringen --- Solder --- Helecteren --- MEUVEN --- Grotroy --- Neercetterén --- Neerjtteren --- Beyden.

Principalité de Venloo.

Première ligne. Meyel --- Helden --- Bray --- Horst --- les Hayes --- Venrayo --- Meersel --- Geesteren.

Deuxième ligne. Ruremonde --- le Rœver --- Stael --- VENLOO --- Artsen --- Gueldres.

Principalité de Cranembourg.

Première ligne. Well --- Berghen --- Afferden --- Heyden --- Gennep --- Moock --- Grasweg --- CRANEMBOURG --- Zephelick --- Kekerdom.

Deuxième ligne. Kevelaer --- Goch.

Principalité de Clèves.

Première ligne. Bimen --- l'Ecluse --- Griethuysen --- Hurindick --- Griet --- Neermorenter --- Winem --- Beck.

Deuxième ligne. CLÈVES --- Calcar --- Santen.

Principalité de Mœurs.

Première ligne. Genderick --- Burick --- Ossemberg --- Rhinberg --- Orsoy --- Baerl --- Homberg --- Essemberg --- Emmerick --- Fremersheim.

Deuxième ligne. MŒURS --- Neukirken --- Schaffousen --- Huls --- St.-Antonis.

DIRECTION DE COLOGNE.

Principalité de Neuss.

Première ligne sur le Rhin. Urdingen --- Langst --- Herds --- Obercassel --- NEUSS --- Grimlinghausen --- Stéorselberg --- Zons --- Dormagen.

Deuxième ligne. Crevelt --- Worst --- Niersen --- Gladbach --- Rheidt --- Neukirken --- Jalzveilers --- Caster.

Principalité de Cologne.

Première ligne sur le Rhin. Worringen --- Rhincassel --- COLOGNE, ouvert à l'importation des tabacs, et dont une portion des quais est affranchie de la police des douanes --- Suirdt --- Wiessling.

Deuxième ligne. Betburg --- Quadrath --- Mutherath --- Lechenich --- Abrem.

Principalité de Bonn.

Première ligne sur le Rhin. Hersel --- BONN --- Godesberg --- Milheim --- Oberwinter --- Reimagen --- Zinzig.

Deuxième ligne. Frissem --- Grosbulessem --- Rhinbach --- Aldernarh.

Principalité de Coblentz.

Première ligne sur le Rhin. Andernach --- Weisseinthurn --- St.-Sébastien --- COBLENTZ --- Warscheim --- Brissich --- Rées.

Deuxième ligne. Kempenich --- Mayen --- Polich --- Hatzenforth.

DIRECTION DE MAYENCE.

Principalité de St.-Goar, sur le Rhin.

Oberspey --- Boppart --- ST.-GOAR --- Oberwesel --- Baccarach.

Principalité de Bingen, sur le Rhin.

Heimbach - - BINGEN --- Galsheim --- Weinsheim --- Heydesheim --- Budenheim.

Principalité de Mayence, sur le Rhin.

Première ligne. MAYENCE, ouvert à l'importation des tabacs, et dont une portion des quais est affranchie de la police des douanes --- Weissenau.

Principalité de Creuznach, deuxième ligne.

Burgen, sur la Moselle --- Domershansen --- Castellane --- Simmeren --- Mengerscheidt --- Wirtenburg --- Weinsheim --- CREUTZNACH --- Wilstein --- Arnsheim.

Principalité de Worms, sur le Rhin.

Nierstein --- Oppenheim, ouvert au transit, de Strasbourg à Mayence --- Geimsheim --- Eich --- Hamm --- Rhinturckeim --- WORMS --- Franckenthal.

Principalité de Spire, sur le Rhin.

Friesenheim --- Oggersheim --- Mundenheim --- Neuhoffen --- Otterstad --- SPIRE --- Mechtersheim --- Lingenfeld.

Principalité d'Alzey, deuxième ligne.

Eichloch --- Enzheim --- ALZEY --- Oberflelsheim --- Dalsheim --- Wachenheim --- Groschienheim --- Grunstadt --- Kirckheim.

Principalité de Durckheim, deuxième ligne.

Kalbstadt --- DURCKHEIM --- Wachenheim, près Durckeim --- Deidesheim --- Newstadt --- Didesfeld --- Edenkoben --- Rochebach.

DIRECTION DE STRASBOURG.

Principalité de Lauterbourg.

Guermersheim — Hœrdt — Leimersheim — Wœrth — Neubourg — LAUTERBOURG — Munichausen — Seltz — Neuheusel (sur ou près du Rhin).

Deuxième ligne. Landau — Scweighoffen — Altstatt — Rittershoffen — Haguenau.

Principalité de Strasbourg.

Première ligne sur ou près du Rhin. Reschwoog — Druseinheim — Offendorff — la Wantzenau — Pont-du-Rhin — STRASBOURG , ouvert à l'importation des tabacs, et à la sortie des denrées coloniales transitant, et ayant un entrepôt de marchandises étrangères.

Deuxième ligne. Brumath — Schnersheim — Wirdickheim — Egersheim — Altdorff.

Principalité de l'Ile-de-Paille.

Première ligne. Krafft — Rhinau — Schœnau — Marckolsheim — Artzheim — l'ILE-DE-PAILLE — Schalampé.

Deuxième ligne. Niderenheim — Benfeld — Schelestatt — Ilheusseren — Horbourg — Sainte-Croix — Ensisheim.

Principalité de Bourg-Libre.

Première ligne. Huningue — BOURG - LIBRE , ouvert à l'importation des mousselines et des toiles peintes , et à la sortie des denrées coloniales expédiées en transit, comme encore au transit accordé par l'arrêté du 4 pluviôse an 11 — Bourg-Feld — Hegenheim — Alschwiller — Oberwiller — Rheinach.

Deuxième ligne. Mulhausen — Dagsdorff — Ferrette.

Principalité de Délemont.

Première ligne. Lauffon — Brislach — DÉLEMONT — Montsevilliers — Mervilliers — Wermes — Crémines — Court.

Deuxième ligne. Glovilliers.

DIRECTION DE BESANÇON.

Principalité de Bienne.

Première ligne. Perle --- BIENNE --- La Neuveville --- Nods (Haut - Rhin) --- les Pontains --- Renans --- la Cibourg.

Deuxième ligne. Montfaucon --- Bellelay.

Principalité de Flangebouche.

Première ligne. Blanche-Roche --- Levillers --- les Sarrasins --- les Gras.

Deuxième ligne. Saint-Gorgon ---Nods (Doubs) ---Passonfontaine --- FLANGEBOUCHE --- Pierrefontaine --- Saint-Maurice --- Saint-Hippolyte --- Indevilliers.

Principalité de Pontarlier.

Première ligne. Les Allemands --- Verrières-de-Joux , ouvert à l'importation des mousselines et des toiles peintes , et à la sortie des productions de nos colonies , expédiées en transit --- les Fourgs , --- Jougne --- Rochejean --- Mouthe --- Chauneuve.

Deuxième ligne. Bonnevaux ---PONTARLIER (par lequel on pénètre dans l'intérieur en venant par Jougne et les Verrières) Sombaccourt --- Chaffois --- Fraroz.

Principalité de Morez.

Première ligne. Bois-d'Amont --- La Cure --- Mijoux.

Deuxième ligne. Les Planches --- Morillon --- Chaux du Dombief --- MOREZ --- Saint-Claude.

DIRECTION DE GENÈVE.

Principalité de Versoix.

Première ligne. Crassier ---Sauverny ---VERSOIX, ouvert aux mêmes importations et exportations que le bureau de Verrières.

Deuxième ligne. Saint-Genix.

Principalité de Genève.

Première ligne sur le lac Léman. --- GENÈVE --- Bellerive --- Hermance.

Deuxième ligne. Bernex —Saint-Julien ---Drize --- Annemasse.

Principalité de Thonon.

Première ligne sur le lac Léman. Nernier ---Bonnatray --- THONON --- Amphion --- Evian --- Latourronde --- Milleray ---Saint-Gingolph.

Principalité de Samoëns.

Abondance --- Châtel --- Morzine --- SAMOENS --- Valorzine --- Argentières.

DIRECTION DE TURIN.

TURIN (douane intérieure, conservée par arrêté du 5 brumaire an 10 , pour certaines expéditions).

Principalité d'Aouste.

Saint-Remy (ouvert au transit entre les républiques cisalpine , ligurienne , helvétique , et les états de Parme) --- Valpellina --- AOUSTE --- Etroubles.

Principalité de Gattinara.

Première ligne. Cervola --- Agnmona --- Serravalle --- Ventebbio --- GATTINARA --- Lenta.

Deuxième ligne. Andorno --- Crevacuore --- Lossolo.

Principalité d'Arborio.

Première ligne. Ghislarengo --- ARBORIO --- Albano.

Deuxième ligne. Rasio --- Burouzo --- Colobiano.

Principalité de Verceil.

Première ligne. Belot --- VERCEIL (comme Saint-Remy) --- Prarolo --- Caresana --- Motta-de-Conti --- Terra-Nova.

Deuxième ligne. Cassina-Dextra --- Dezzana --- Stroppiana --- Villa-Nova.

Principalité de Valence.

Première ligne. Valmacca --- Pomaro --- Monte --- VALENCE --- Pecetto --- Assignana --- Grava --- Salle (comme Saint-Remy) --- Guazora.

Deuxième ligne. Frazinetto --- Cazal --- Occimiano.

Principalité d'Alexandrie, en deuxième ligne.

St.-Salvatore --- Castel-Ceriolo --- Provera --- ALEXANDRIE --- St.-Guiliano --- la Spinetta.

Principalité de Pozzolo.

Première ligne. Bettole --- POZZOLO (ouvert au transit entre les républiques cisalpine, ligurienne, helvétique, et les états de Parme) --- Bosco --- Fressonara --- Bassaluzzo --- Pasturana --- Francavilla.

Deuxième ligne. 4 Cassines --- Retorto --- Pedresso --- Capriata.

Principalité de Cassano-Spinola.

Première ligne. CASSANO-SPINOLA --- Cuquello --- Somy --- Vignole --- Pont-de-Scraval --- Monteggio --- Abbazia-Dimolo.

Deuxième ligne. Paderna --- Monteginocco --- Castellania.

Principalité de Tortone, en deuxième ligne.

Tore de Galo-Soli --- Vighizole --- Villa-Romagnano --- Rivalta --- TORTONE.

Principalité de Casatisme.

Première ligne. Gerola --- Silvano --- Cerano --- Cervesina --- Bastida (comme St.-Remy) --- Dispancara --- Cassina-Bella --- CASATISME --- Réa.

Deuxième ligne. Castel-Novo de Scriva --- Voghère.

Principalité de Stradella.

Première ligne. Venezia --- Mezzano --- St.-Cypriano --- Port-Albera --- Arena --- STRADELLA --- Parpanèze --- Cardazzo --- Rovescala. --- Douelasco.

Deuxième ligne. Broni --- Montalto.

Principalité de Zavetierello.

Première ligne. Soriasco --- Volpara --- Caminata --- Trebecco --- Poggio-Gabionne --- Romaguèse.

Deuxième ligne. Bolgoratto --- Rosedalbera --- ZAVETIERELLO --- Varsi.

Principalité de Bobbio.

Première ligne. BOBBIO --- Confiente --- Montarzolo --- Saucta-Marguarita.

Deuxième ligne. Vaccarezza.

Principalité de Saint-Sébastien.

Première ligne. Fejo --- Giarolo --- Galedassy St.-SÉBASTIEN --- Gabella --- Dernice (comme St.-Remy).

Deuxième ligne. Brignano.

Principalité de Sylvano-Adorno.

Première ligne. Bizio --- Santo - Cristofaro --- Castelladorno --- SYLVANO-ADORNO --- Montaldeo --- Mornese --- Perma --- Tagliolo.

Deuxième ligne. Prato Arborato.

Principalité d'Acqui.

Première ligne. Roccagrimaldi --- Tresobbio --- Botte --- Cremolino --- Mollare --- Morbello --- Ponzono.

Deuxième ligne. Cartozio --- ACQUI --- Pedaggiera --- Carpenetto.

Principalité d'Altare.

Première ligne. Ferrania --- ALTARE --- Mallère --- Cosseria --- Millesimo --- Biestro --- Muriatto.

Deuxième ligne. Montezemolo --- Salicetto --- Cairo.

Principalité de Pontivrea.

Première ligne. Mioglia --- Miojola --- PONTIVREA --- Montenotte.

Deuxième ligne. Dego, Giuwalle --- Spigno.

Principalité de Mondovi.

Première ligne. Perlo.

Deuxième ligne. Ceva --- Saint-Michel --- Monasterolo --- MONDOVI.

Principalité de Guessia.

Première ligne. Bagnasco --- Priola --- Bardinetto --- Nasino --- Oruéa.

Deuxième ligne. Casotto --- GARESSIA --- Sancta-Anna.

Principalité de la Chiusa.

Première ligne. Frabouza --- Roccaforte --- Rastello --- Casadipesio --- LA CHIUSA.

Deuxième ligne. Perveraguo.

DIRECTION DE NICE.

Principalité de Nice.

Première ligne de terre. Tende --- Labrigue --- Gorgio --- Le Breuil --- Sospello --- Pigne --- Dolce Aqua --- Perinaldo --- Garavan.

Menton --- Monaco --- Saint-Hospice --- Villefranche et NICE, sur la Méditerranée. Nice est ouvert aux retours des Colonies.

Deuxième ligne. La Turbie.

Principalité d'Antibes.

Cros-de-Cagne --- ANTIBES --- Golfe-Jouan --- Cannes --- Ile Ste.-Marguerite --- Théoule.

DIRECTION DE TOULON.

Principalité de Saint-Tropez.

Les Agayes --- Saint-Rapheau --- Ste.-Maxime --- SAINT-TROPEZ --- Cavalaire.

Principalité de Toulon.

Lavandon -- Léoubes --- les Salins-d'Hières -- Porte-Cros --- Gien --- Carqueranne --- Gros-George --- TOULON, ouvert aux retours de l'Inde, à ceux des Colonies, et même à ceux du Levant --- la Seyne --- St.-Elme --- le Bruscq --- Sanary --- Bandol.

INSPECTION DE BASTIA. (Corse).

Principalité de Bastia.

BASTIA --- Capraïa --- Rogliano, ou Macciaggio --- Cervione, ou Aleria -- Saint-Florent, ou Nouza.

Principalité de l'Ile-Rousse.

ILE-ROUSSE --- Algajola --- Calvi.

Principalité d'Ajaccio.

AJACCIO --- Bonifacio --- Propriano --- Tizanno --- Larghèse --- Porto-Vecchio.

DIRECTION DE MARSEILLE.

Principalité de la Ciotat.

Les Lecques --- LA CIOTAT --- Cassis.

MARSEILLE, ouvert aux retours des Colonies françoises, au commerce du Sénégal, à l'entrepôt des marchandises étrangères, à l'importation des tabacs, et par sa position et son lazaret, presque

exclusivement réservé aux retours du commerce du Levant.

Principalité de Martigues.

Carry --- LES MARTIGUES --- Port-de-Bouc.

Principalité d'Arles.

ARLES --- les Maries.

DIRECTION DE CETTE.

Principalité de Cette.

Aigues-Mortes --- CETTE, ouvert aux retours des Colonies, au commerce du Sénégal, à l'entrepôt des marchandises étrangères, et à l'importation des tabacs.

DIRECTION DU PORT-LA-VICTOIRE.

Principalité de Narbonne.

NARBONNE --- la Nouvelle.

Principalité de Perpignan.

Sur la côte, Saint-Laurent de la Salanque --- Canet.

Deuxième ligne. PERPIGNAN --- Thuir --- Saint-Martial --- Villefranche --- Olette --- Py.

Principalité du Port-la-Victoire.

Collioure --- PORT-LA-VICTOIRE --- Bagnols.

Principalité de Ceret.

Première ligne. Le Perthus --- Saint-Laurent de Cerda --- Pratx de Mollo.

Deuxième ligne. Saint-Genis --- le Boulou --- CERET --- Arles.

DIRECTION D'AX.

Principalité de Saillagousse.

Première ligne. La Cabanasse --- SAILLAGOUSSE --- Estavar --- Palau --- Hix --- Portes --- Carols.

Deuxième ligne. Puy-Valador.

Principalité de Tarascon.

Première ligne. Merens --- Ax --- Aston --- Siguer --- Auzat.

Deuxième ligne. Prades-de-Montaillon --- TARASCON --- Massat.

Principalité de Seix.

Première ligne. Aulus --- Uston --- Conflens --- Bordes --- Senteim --- Orles --- Saint-Lary ; (il touche à Couldoux, le premier des bureaux de la Direction de Bayonne).

Deuxième ligne. SEIX --- Monlis.

PARIS.

Douane d'expédition pour ce qui y est présenté pour être exporté, et où la vérification et le plombage dispensent de toute autre visite à la sortie.

AFFAIRES MIXTES. Ce sont celles qui ont pour objet deux contraventions découvertes en même temps, et dont l'une est du ressort du Juge de paix, et l'autre de celui du tribunal de première instance.

Dans ce cas, on dresse deux procès-verbaux, on y fait mention des objets qui ont été arrêtés avec ceux qui font la matière principale de chaque procès-verbal, et les deux actions sont poursuivies devant les autorités compétentes.

AFFICHES. Les unes servent à annoncer l'établissement d'un bureau, et on en parlera plus au long en traitant des bureaux.

Les autres servent à rendre publics les rapports, jugemens ou ventes. (Voyez *rapports*, *signification des jugemens et ventes.*

AFFIRMATION. C'est l'acte par lequel ceuxqui ont dressé un rapport, attestent par serment devant le Juge de paix, que tout ce qui est contenu, dans ce rapport, est la vérité.

Deux des saisissans au moins, affirmeront ce rapport devant le Juge de paix, ou l'un de ses assesseurs, dans le délai fixé pour comparoître. On énoncera dans l'affirmation, que lecture en a été faite aux affirmans. *Loi du 9 floréal an 7, titre 4, article 10.*

L'affirmation faite devant l'agent municipal d'une commune, ou tout autre officier public, que ceux ci-dessus désignés, seroit insuffisante.

Les affirmations des rapports, étant une suite et comme le complément de ces mêmes rapports, ne sont point soumises à l'enregistrement. *Loi du 22 frimaire an 7, titre 11, article 70, section 3, § 10.*

AGENS. Les agens ou préposés des propriétaires pour la conduite des marchandises, seront seuls mis en cause, dans la poursuite en confiscation. *Loi du 22 août, titre 12, article 1.*

Les propriétaires ne pourront revendiquer les marchandises confisquées, ni aucuns créanciers le prix d'icelles, sauf leur recours contre les agens et auteurs de la fraude. *Même loi, titre 12, article 5.*

La régie sera responsable du fait de ses préposés pour ce qui concerne leurs fonctions. *Titre 13, article 19.*

Les propriétaires des marchandises seront civilement responsables du fait de leurs facteurs, agens, serviteurs et domestiques, en ce qui concerne les droits, confiscations, amendes et dépens. *Titre 13, article 20.*

ALLÉGES. Le transport des marchandises du port dans les navires ou des navires dans le port, ne pourra se faire par le moyen d'alléges, qu'avec un permis du bureau, qui énoncera les quantités dont chaque allége est chargée. *Loi du 22 août, titre 13, article 11.*

Si les marchandises sont prohibées à la sortie ou assujéties à un droit, elles devront être expédiées d'un lieu dans un autre, par acquit-à-caution. *Même article.*

Dans tous les cas les commis devront être présens aux versemens de bord à bord, et aux déchargemens à terre, sous peine de saisie, de confiscation et de 100 francs d'amende. *Même article.*

AMENDE. C'est une peine pécuniaire prononcée par la loi, en cas de contravention à ce qu'elle prescrit.

Si dans la rédaction du procès-verbal, il y avoit un vice de forme qui annulât la procédure, il ne pourroit être prononcé aucune amende, quand même il s'agiroit d'objets prohibés à la sortie. *Loi du 15 août 1793, article 4.*

Si plusieurs individus sont condamnés à une amende, ils deviennent solidaires l'un pour l'autre. *Loi du 22 août, titre 12, article 3.*

Les juges ne peuvent les modérer ni en ordonner l'emploi, sous peine d'être pris à partie. *Article 4.*

La quotité des amendes est fixée selon la nature des délits.

On verra, en parlant des *propriétaires*, ce qui est prescrit pour la garantie de celles prononcées contre les agens.

Le recouvrement des amendes, en matière de douanes, se fait par les employés dans cette partie : le directoire l'ayant décidé, contre la disposition de l'article 190 du code des délits et des peines, qui sembloit en attribuer le droit aux receveurs de l'enregistrement.

On verra aux *répartitions*, quelques autres dispositions relatives aux amendes.

APPEL. C'est un acte, par lequel une partie qui se croit injustement condamnée par un jugement, demande que son affaire soit portée devant un tribunal supérieur à celui qui a déjà rendu un jugement.

Les appels ne peuvent être interjetés que par ceux qui ont été parties dans la première instance.

Les tribunaux de première instance et criminels, jugent en dernier ressort sur appel en matière de douanes, mais on peut se pourvoir en cassation.

Appel au civil. Il doit être notifié dans la huitaine de la signification du jugement, sans citation préalable au bureau de paix. Après ce délai il n'est plus recevable, et le jugement doit être exécuté purement et simplement. *Loi du 14 fructidor an 3, article 6.*

La déclaration d'appel contiendra assignation à trois jours, devant le tribunal civil dans le ressort duquel se trouvera le juge de paix, qui aura rendu le jugement. *Même article.*

Le délai est augmenté d'un jour par chaque myriamètre de distance qu'il y a entre le lieu où est la justice de paix et celui où siége le tribunal qui juge sur l'appel. *Loi du 9 floréal an 7, titre 4, article 14.*

Pour les appels des jugemens des Juges de paix, le tribunal est tenu de prononcer dans la huitaine fixée par la loi. *Loi du 14 fructidor, article 6.*

Appel au criminel. En matières de douanes, les appels au criminel se font d'après le mode établi par le code des délits et des peines.

Le condamné, la partie plaignante et le commissaire du gouvernement ont la faculté d'appeler. *Article 193.*

Ils sont tenus préalablement d'en faire la déclaration au greffe du tribunal de première instance, au plus tard le dixième jour après celui qui suit la prononciation du jugement. *Article 194.*

Pendant ces 10 jours, il est sursis à l'exécution dudit jugement.

Dans les 10 jours accordés pour appeler, la requête doit être remise au greffe du tribunal de première instance ; elle doit être signée de l'appelant ou de son fondé de pouvoir, et dans ce cas le pouvoir peut être annexé à la requête, à peine de déchéance de l'appel. *Article 195.*

Le commissaire du gouvernement envoie la requête d'appel au greffe du tribunal criminel du département, le lendemain du jour où elle a été remise à celui du tribunal de première instance. *Article 196.*

Il faut voir au mot *pourvoir* tout ce qui est relatif à l'appel en cassation.

APPOINTEMENS. Les appointemens des préposés de la régie sont saisissables jusqu'à concurrence du cinquième sur les premiers mille francs et toutes les sommes au-dessous, du quart sur les cinq mille francs suivans, et du tiers sur la portion excédant 6000 francs, à quelle que somme qu'elle s'élève, et jusqu'à l'entier acquittement des créances.

Par le mot *saisissable* on entend, que le traitement ne peut être arrêté que par voie de saisie, ce qui impose au créancier l'obligation d'avoir un titre, soit exécutoire, soit sous seing privé, revêtu de l'ordonnance du juge. Ainsi les receveurs ne pourroient avoir égard à une simple opposition, pour arrêter le traitement des préposés. *Circulaire de l'administration du 17 germinal an 9.*

Aucune personne ne sera recevable à former contre la régie, une demande sur les appointemens des préposés, deux ans après leur échéance. *Loi du 22 août, titre 13, article 25.*

APPRÉCIATION. C'est l'évaluation que l'on fait des marchandises qui paient en raison de la valeur.

ARMEMENS EN COURSES. Voyez *Navigation.*

ARRESTATION. On peut arrêter en flagrant délit ceux qui contreviennent à la loi du 10 brumaire an 5. *Même loi, article 15.*

Ceux trouvés saisis de marchandises naufragées, par les préposés des douanes, doivent être conduits par ceux-ci à la maison d'arrestation. Le procès-verbal sera remis dans le même jour au Juge de paix le plus prochain, et les frais, dans aucun cas, ne seront à la charge de la régie. *Loi du 22 août, titre 7, article 7.*

ASSIGNATION. Après la saisie de marchandises pour contraventions aux lois, si le prévenu du délit est présent, le rapport énoncera que lecture lui en a été faite, qu'il a été interpelé de signer, et assigné pour comparoître dans les 24 heures devant le Juge de paix. *Loi du 9 floréal, titre 14, article 6.*

L'assignation en conciliation n'est plus nécessaire lorsqu'on appelle d'un jugement. *Loi du 14 fructidor an 3, article 6.*

ASSURANCE. Les assureurs d'un navire étant tenus, d'après l'ordonnance de la marine, de payer l'assurance dudit navire, si on n'en a aucune nouvelle après un an expiré du jour de son départ, la soumission doit être nulle, si l'expéditionnaire justifie du paiement de l'assurance. *Décision du ministre du 25 mai 1792.*

Il en est de même s'il justifie de la prise du navire, ou s'il administre la preuve que les scellés ont été mis sur les papiers du correspondant chargé de faire parvenir l'acquit déchargé.

AVARIES. Aucune réduction de droits ne sera accordée pour cause d'avaries, que dans le cas d'échouement ou autre accident de mer, constatés suivant les formes prescrites et qui emporteroient droit de recours contre les assureurs.

Les experts pour faire les estimations de ces avaries seront nommés par le directeur ou le receveur des douanes ; ils y procéderont dans les 24 heures de la déclaration d'avaries ; ils établiront, par le rapport, la valeur primitive des marchandises au cours du jour, et la perte résultant de l'avarie.

Ledit rapport sera communiqué aux parties intéressées, ou à leur représentant, qui dans le délai de 24 heures, pourront donner eux-mêmes aux marchandises, une estimation supérieure aux experts. Les préposés des douanes ne pourront user du droit de préemption qu'à l'expiration de ce délai, et seulement d'après la nouvelle valeur, s'il en a été donné une par les parties intéressées ou leurs représentans, si non, que d'après la valeur résultante du rapport des experts.

Si les préposés des douanes reconnoissent que les experts ont donné aux marchandises dont les droits se paient au poids, une estimation supérieure à leur valeur primitive, avant qu'elles eussent été avariées, le paiement des droits et la remise des marchandises entre les mains du propriétaire ou consignataire seront suspendus ; des échantillons seront levés, mis sous le cachet des experts et du receveur, et adressés au directeur général des douanes, qui les soumettra à l'examen du ministre de l'intérieur. Cependant, si le propriétaire ou le consignataire désire avoir la libre disposition des marchandises, elles pourront lui être remises, sous soumission valablement cautionnée de payer les droits, conformément à la décision du ministre de l'intérieur. *Loi du 8 floréal an 11, section 3 du titre 8.*

B

BALLES ET BALLOTS. Aucune marchandise ne sera importée par mer, sans un manifeste où seront spécifiés en toutes lettres les numéros et marques des caisses, balles, barils, boucauts, etc. *Loi du 4 germinal, titre 2, article 1.*

Trois jours après l'arrivée des bâtimens, il sera fourni un état des marchandises, où on détaillera les marques et le nombre des balles, ballots, etc. *Article 4.*

Les préposés des douanes peuvent aller à bord de tout bâtiment, soit de commerce ou de guerre, y demeurer jusqu'au déchargement ou au départ, et ouvrir toutes armoires, caisses, balles, ballots, etc. *Article 8.*

Pour les ballots trouvés au-dessus ou au-dessous de la quotité énoncée, et pour ceux contenant des marchandises frappées de prohibitions locales, il faut voir : *déficit, excédant* et *prohibition.*

BARRIÈRES. Elles peuvent être établies sur le terrain qui sera jugé convenable, en payant par la nation au propriétaire du fond, la valeur de gré à gré, et en cas de difficulté, sur le pied réglé par le préfet, ou d'après l'avis d'experts. *Loi du 22 août, titre 13, article 4.*

BATEAUX. Les propriétaires de bateaux sur le Rhin, les rameneront au coucher du soleil, pour être cadenassés par les préposés des douanes, qui ouvriront les cadenats chaque jour au lever du soleil. *Arrêté du préfet du Bas-Rhin du 29 floréal an 8.*

Tout bateau chargé de marchandises prohibées ou sujettes aux droits d'entrée, qui abordera aux quatre départemens réunis , entre les deux soleils , sera saisi comme introduisant des marchandises en fraude. *Arrêté du commissaire du gouvernement dans les 4 départemens , du 20 thermidor an 6 , article 2.*

BATIMENS DE MER. Les préposés peuvent aller à bord , y rester jusqu'au déchargement ou à la sortie , visiter et faire fermer les écoutilles au coucher du soleil , pour n'être ouverte qu'en leur présence. *Loi du 4 germinal an 2 , titre 2 , article 5.*

Ces dispositions regardent également les vaisseaux de guerre , mais il en est d'autres qu'on verra à l'article *vaisseaux de guerre.*

Il sera perçu dans les bassins à flot du Havre, Ostende et Bruges , sur les navires admis à y séjourner le droit ci-après :

Bâtimens étrangers.	75 cent. par mois et par tonneau.
Bâtimens françois.	30 *idem.*
Bâtimens de petit cabotage. .	15 *idem.*

Ce droit sera perçu en entier pour chacun des premiers mois ; la moitié pour les troisième et quatrième , et le quart pour les suivans. *Arrêté du 4 floréal an 11.*

BESTIAUX. Les bestiaux d'aucune espèce ne pourront circuler dans les deux lieues frontières , sans être accompagnés de passavans. *Arrêté du directoire du 25 thermidor an 6 , article 1.*

Pour faire paître des bestiaux , mules , mulets , chevaux et jumens au-delà des bureaux placés du côté de l'étranger , il faut prendre des acquits-à-caution portant soumission de représenter lesdits bestiaux. *Article 2.*

Si quelque pièce de ce bétail meurt , la déclaration doit en être faite au bureau où a été pris l'acquit-à-caution , et les préposés se transporteront pour constater la vérité du rapport , sur quoi la soumission sera annulée. *Arrêté du directoire du 1 brumaire an 7.*

BREVET DE CONTROLE. Les brevets de contrôle seront délivrés sans frais aux conducteurs de marchandises , en échange de leurs acquits-à-caution. Les porteurs de ces brevets pourront pendant une année se faire représenter les acquits originaux ; mais passé ce délai , les préposés n'y seront plus tenus. *Loi du 22 août, titre 2 , article 25.*

BUREAUX. Les bureaux placés sur les côtes servent également à la perception des droits d'entrée et de sortie. A l'égard des frontières de terre , les droits d'entrée seront acquittés dans les bureaux les plus voisins de l'étranger , et ceux de sortie dans les bureaux placés sur la ligne intérieure. Ces bureaux se surveillent mutuellement. *Loi du 22 août , titre 1 , article 1.*

Le tarif des droits et les lois qui les fixent seront déposés dans chaque bureau pour être communiqués à ceux qui le requerront. *Titre 13 , article 3.*

Des affiches apposées dans l'intérieur des bureaux , indiqueront les formalités que le commerce a à remplir pour ses diverses expéditions. *Même article.*

Pour changer des bureaux , ou en supprimer d'inutiles , la régie requiert l'autorisation du ministre , dont la décision est publiée dans les quatre communes environnantes. *Même article.*

Si le bureau est transporté dans un autre lieu , les marchandises ne sont sujettes à confiscation , pour n'y avoir pas été présentées , que deux mois après la publication de la décision. *Article 2.*

Les bureaux peuvent être placés dans les maisons les plus convenables pour le service , non cependant celles occupées par les propriétaires. Le loyer sera payé sur le prix des baux , ou d'après estimation ; et on accordera les dédommagemens d'usage envers les locataires déplacés avant l'expiration de leurs baux. *Même article.*

Les bureaux doivent être ouverts du 12 germinal an 8 vendémiaire , depuis 7 heures du matin jusqu'à midi , et depuis deux heures après midi , jusqu'à 7 heures. Du 9 vendémiaire au 11 germinal , depuis 8 heures du matin jusqu'à midi , et depuis 2 heures jusqu'à 6 heures du soir. *Article 5.*

Les préposés s'y trouveront aux heures indiquées , sous peine de répondre des dommages des redevables qu'ils auroient retardés. *Même article.*

S'il arrive des marchandises après l'heure des bureaux , elles seront déposées dans les dépendances desdits bureaux.

C

CABOTAGE. Les particuliers qui seront trouvés transporter de nuit ou sans passavans des grains ou farines, sur la Meuse, l'Escaut, le Hondt, etc. ou sur ces fleuves et leurs bras sans un permis du bureau des douanes, outre les amendes et confiscations encourues, seront détenus jusqu'à ce qu'il en ait été autrement ordonné.

Pour le cabotage des grains d'un port à un autre, il faut outre l'autorisation du ministre, un cautionnement de la valeur totale du chargement. *Arrêté du 4 frimaire an 9.*

Les négocians ou commissionnaires qui expédieront des marchandises d'un port françois à destination d'un autre port françois, seront tenus d'en déclarer la valeur au bureau de la douane du lieu de l'enlèvement; et si lors de la vérification au départ, les préposés reconnoissent que la quantité est inférieure à celle portée sur la déclaration, et que le déficit excède le vingtième des marchandises ou denrées déclarées, la valeur des quantités manquantes sera réglée suivant le prix courant du commerce, au moment de l'expédition, et le déclarant obligé de payer, à titre de confiscation, la somme ainsi réglée, et de plus l'amende de 500 francs.

Si les marchandises se trouvent être d'espèces différentes de celles déclarées, elles seront saisies et confisquées, et le déclarant condamné à payer, à titre de confiscation, une somme égale à la valeur des objets portés dans la déclaration suivant le prix courant du commerce, et une amende de 500 francs.

Dans le cas où, lors de la visite au bureau du port de destination, les préposés reconnoîtroient une quantité plus considérable que celle énoncée sur l'expédition délivrée au bureau du lieu du départ, cet excédant sera saisi, et la confiscation en sera prononcée avec amende de 500 francs.

Cependant si l'excédant n'est que du vingtième de la quantité portée sur l'expédition, il n'y aura lieu qu'à la perception des droits imposés sur les marchandises ou denrées de même nature venant de l'étranger. *Loi du 8 floréal an 11.*

CAISSES. Tout ce qui a été dit pour les ballots s'applique aux caisses et futailles.

CAPITAINE. Le capitaine ou maître d'un vaisseau arrivé dans les deux myriamètres de la côte, remettra, dès qu'il en sera requis, une copie de son manifeste au préposé des douanes. *Loi du 4 germinal an 2, titre 2, article 3.*

Il ne pourra se mettre en mer, ou sur les rivières y affluentes, sans être porteur de l'acquit de paiement des droits ou autres expéditions, suivant les circonstances. *Loi du 22 août, titre 2, article 13.*

Il lui est enjoint, sous peine de cassation et de 500 francs d'amende, de recevoir à bord les préposés des douanes, pour y faire la visite, et en cas de refus, lesdits préposés requerront l'assistance d'un juge pour ouvrir les chambres et armoires en sa présence, et tous les frais seront à la charge du capitaine ou maître de navire. *Même loi, titre 13, article 8.*

CAUTION. Dans le cas d'une saisie pour toute autre cause que prohibition des marchandises, il sera offert main-levée sous caution solvable, ou en consignant la valeur des objets saisis. *Loi du 9 floréal an 7, titre 4, article 5.*

La trésorerie ni aucune caisse d'administration ne peuvent faire de paiement, en vertu d'un jugement attaqué en cassation, qu'au préalable ceux qui auront obtenu le jugement, ne fournissent caution, pour les sommes qui leur sont adjugées. *Loi du 16 juillet 1795.*

CERTIFICAT. En parlant des acquits-à-caution, on a dit tout ce qui étoit à observer pour l'expédition des certificats de décharge.

Certificat de bonnes mœurs. Les préposés de la régie sont tenus à leur admission, de présenter des certificats de bonnes mœurs, soit de leur municipalité, soit des corps où ils pourroient avoir servi. *Loi du 22 août, titre 13, article 12.*

Certificat d'origine. C'est une pièce qui accompagne une marchandise, pour constater de quel pays elle est, et qu'en conséquence elle n'est pas prohibée, et ne paie pas le même droit qu'elle pourroit payer, venant d'un autre pays.

Par l'arrêté du 1 messidor an 11, le gouvernement a prononcé sur cet objet les dispositions suivantes:

Article 1. **A** dater de la publication du présent arrêté, il ne sera reçu dans les ports de la république aucune denrée coloniale provenant des colonies angloises, ni aucune marchandise venant directement ou indirectement d'Angleterre.

En conséquence, toutes denrées et marchandises provenant de fabrique ou de colonies angloises, seront confisquées.

2. Les bâtimens neutres destinés pour les ports de la république, devront être munis d'un certificat, délivré par le commissaire ou agent des relations commerciales de la république au port d'embarquement, lequel certificat portera le nom du vaisseau, celui du capitaine, la nature de la cargaison, le nombre d'hommes d'équipage et la destination du bâtiment.

Dans cette déclaration, le commissaire certifiera qu'il a vu le chargement s'opérer sous ses yeux, et que les marchandises ne sont point de fabriques angloises et ne proviennent ni de l'Angleterre ni de ses colonies.

Un double de cette déclaration sera adressé au ministre de l'intérieur par le commissaire de la république, le jour même du départ du bâtiment.

3. Tout capitaine qui, par oubli de formes ou par changement de destination, ne se trouvera pas muni d'une semblable déclaration, ne sera admis dans les ports de la république qu'à condition de charger en retour, en produits des manufactures françoises, pour une valeur égale à celle de sa cargaison.

Le directeur des douanes enverra au préfet du département l'état de la cargaison et celui des marchandises prises en retour. Sur cet état, le préfet délivrera le permis de sortir du port.

CHARGEMENT. Les navires ne peuvent être chargés et déchargés que dans l'enceinte des ports, où les bureaux d'entrée et de sortie sont établis, sauf les cas de force majeure, qui seront justifiés par un rapport. *Loi du 22 août, titre* 13, *article* 9.

Les chargemens et déchargemens ne pourront se faire qu'en plein jour, entre le lever et le coucher du soleil, sur un permis par écrit des préposés des douanes et en leur présence. *Loi du 4 germinal an* 2, *titre* 6, *article* 1 *et titre* 2, *article* 13.

Hors le cas d'urgente nécessité, par rapport à la sûreté du bâtiment, les navires seront déchargés à tour de rôle, suivant la date de leur déclaration, et en aussi grand nombre que pourra le permettre la quantité d'employés. *Loi du 22 août, titre* 2, *article* 13.

CHARTE-PARTIE. C'est le contrat passé entre un capitaine ou maître de navire et un marchand, pour le prix du fret d'une cargaison.

On l'appelle sur l'Océan, *affrétement*, et sur la Méditerranée *nolissement*.

Les capitaines abordant dans un port, devront représenter leur charte-partie, dans le délai de 24 heures, sous peine de 500 francs d'amende. Le délai fixé ne court point les jours de dimanche et de fête. *Loi du 22 août, titre* 2, *article* 4.

CHEMINS. Ceux qui voudront faire sortir des marchandises, seront tenus de les conduire au premier bureau. Il leur est défendu de prendre aucuns chemins tendans à tourner et éviter les bureaux. *Loi du 22 août, titre* 2, *article* 3.

CIRCULATION. Les marchandises qui circulent par mer ou par terre d'un lieu à un autre de la république, ne sont sujettes à aucun droit d'entrée, ainsi que celles qui, pour arriver par terre à leur destination, empruntent le territoire étranger. Mais les unes et les autres devant être accompagnées d'un acquit-à-caution ou d'un passavant, celles qui arrivent sans l'une de ces expéditions, doivent être traitées comme étrangères.

Celles sujettes à des droits de sortie ou prohibées, doivent être expédiées par acquit-à-caution, et sont soumises à d'autres formalités que l'on a vu à l'article *acquit-à-caution*.

CITATION. C'est un acte judiciaire, par lequel un prévenu est sommé de comparoître devant un tribunal.

Lorsque la citation est donnée directement au prévenu par la partie plaignante, elle doit contenir la plainte. *Code pénal, article* 181.

La citation ne peut être signifiée et n'a d'effet vis-à-vis le tribunal, qu'après que le directeur du jury, s'étant assuré que l'affaire est de la compétence du tribunal de première instance, a donné son visa. *Code pénal, article* 182.

CLEFS DES MAGASINS. Après la décharge d'un bâtiment naufragé, les clefs du magasin où seront déposées les marchandises, devront être remises aux préposés des douanes. *Loi du 22 août, titre 7, article 2.*

Il en est de même pour les marchandises de prises.

COLLUSION. Tout préposé des douanes qui recevra directement ou indirectement quelque récompense, gratification ou présent, sera puni d'après ce qui est réglé au code pénal contre les fonctionnaires qui se laissent corrompre. *Loi du 4 germinal an 2, titre 3, article 2.*

Voyez les nouvelles dispositions, à l'article *Contrebande.*

COMMERCE DES COLONIES. Les droits sur les denrées et productions des colonies françoises, seront perçus conformément *au tableau n°. 2*, qui est à la fin de ce volume.

Les droits d'entrée et de consommation portés audit tableau, seront perçus au net sur les sucres bruts, têtes et terrés, café, cacao et poivre.

La tare à déduire sera, pour les sucres bruts en futailles, de 15 pour 100 ; pour les sucres têtes et terrés, le café, le cacao, les poivres aussi en futailles, de 12 pour cent ; elle ne sera que de 3 pour cent sur les café, cacao et poivre en sac.

L'admission desdites denrées n'aura lieu que par les ports qui ont un entrepôt fictif, savoir : Nice, Toulon, Marseille, Cette, Bayonne, Bordeaux, Rochefort, la Rochelle, Nantes, Lorient, Brest, Morlaix, Saint-Malo, Granville, Cherbourg, Rouen, Honfleur, le Hâvre, Fécamp, Dieppe, Saint-Valery-sur-Somme, Boulogne, Calais, Dunkerque, Ostende, Bruges et Anvers.

Les droits désignés au tarif sous le nom de *droits d'entrée*, seront acquittés à l'arrivée.

Les denrées et productions assujetties au droit désigné au tarif sous le nom de droit *de consommation*, jouiront de la faculté de l'entrepôt, sous la soumission cautionnée de les réexporter, ou de payer ledit droit au moment où elles sortiront de l'entrepôt pour la consommation.

La durée de l'entrepôt ne pourra excéder le terme d'une année.

Les négocians et autres qui déclareront pour l'entrepôt les sept espèces de denrées des colonies françoises, formant l'état n°. 2, seront tenus de déclarer aux bureaux des douanes, avant la mise en entrepôt, les magasins où ils renfermeront leurs marchandises, et de faire leur soumission, de les représenter en mêmes qualités et quantités, toutes les fois qu'ils en seront requis, avec défense de les changer de magasin sans déclaration préalable et permis spécial de la douane, à peine de payer immédiatement les droits en cas de mutation non autorisée, et du double droit dans le cas de soustraction absolue, indépendamment d'une amende qui pourra s'élever au double de la valeur de la marchandise soustraite.

Les denrées et productions ci-dessous désignées, qui sortiront de l'entrepôt pour passer par mer à l'étranger, paieront un nouveau droit, savoir :

Par 5 myriagrammes,	sucre brut.	4 fr. 50 cent.
Idem.	sucre tête et terré. .	7 50
Idem.	café.	6 0
Idem.	cacao.	7 0

Il sera payé aux raffineurs pour les sucres raffinés en France qui seront exportés à l'étranger, une prime de 25 francs par 5 myriagrammes.

L'exportation ne pourra être faite que par les ports indiqués, ou par les passages de Lans-le-Bourg, Versoix, Bourg-Libre, Strasbourg, Mayence, Cologne, le Sas-de-Gand, Verceil et Pozzolo.

La prime ne pourra être réclamée qu'autant que l'expédition sera accompagnée d'un certificat du raffineur, dûment légalisé. Ce certificat sera renvoyé au directeur-général des douanes, avec le certificat de sortie à l'étranger, pour ordonner le paiement de la prime sur une des caisses de recette des douanes.

Les marchandises non dénommées au tableau n°. 2, et qui seront justifiées provenir du cru des colonies françoises, paieront moitié des droits imposés sur les mêmes objets venant de l'étranger. *Loi du 8 floréal an 8.*

Les droits extraordinaires de sortie payés à Saint-Domingue sur les denrées coloniales exportées sur bâtiment françois, seront déduits à l'arrivée desdits bâtimens dans un port de France sur les droits d'entrée et ceux dits de *consommation. Arrêté du 5 frimaire an 11.*

COMMERCE DES COLONIES ÉTRANGÈRES. Les denrées coloniales étrangères formant le *tableau n°. 3*, seront assujetties aux droits qui y sont portés.

Ces droits seront payés à l'arrivée, à moins que les marchandises ne soient mises en entrepôt réel, qui ne pourra excéder un an.

Lesdites denrées qui seront mises en entrepôt, ne devront à leur entrée que le droit de balance du commerce; et en cas de réexportation, elles seront exemptes de tous droits à la sortie.

En sortant de l'entrepôt pour entrer dans l'intérieur, elles acquitteront les droits portés au tableau n°. 3. *Loi du 8 floréal an 11.*

Voir pour le surplus à *certificats d'origine* et à *entrepôt*.

COMMERCE DU LEVANT. Un entrepôt de 18 mois est accordé dans le port d'arrivée, aux marchandises provenant du commerce françois du Levant. *Loi du 11 nivôse an 3.*

COMMERCE DE L'INDE. Les toiles rayées ou à carreaux, et les guinées bleues du commerce françois au-delà du cap de Bonne - Espérance, jouissent d'un entrepôt de cinq années. Celui accordé aux autres marchandises du même commerce n'est que de deux années. *Loi du 6 juillet 1791.*

COMMERCE DU SÉNÉGAL. Les guinées bleues étrangères, destinées pour ce commerce, sont admises sans certificat d'origine en entrepôt. *Loi du 8 floréal an 10.*

Les autres marchandises à la même destination, qui, quoique prohibées pour la consommation de l'intérieur, étoient admises en entrepôt par les anciennes lois relatives au commerce de la côte d'Afrique, jouissent de la même faculté. *Même loi.*

Ces marchandises sont: les couteaux de traite, les flacons de verre, les rassades et autres verroteries, la grosse quincaillerie, le tabac du Brésil à fumer, et les toiles dites guinées. *Loi du 11 thermidor an 10.*

Cet entrepôt ne peut avoir lieu que dans les ports de Marseille, Cette, Bayonne, Bordeaux, la Rochelle, Nantes, Lorient, Saint-Malo, Cherbourg, le Hâvre, Dunkerque, Ostende, Anvers, 11 *thermidor an 10*, et Rouen, 3 *pluviôse an 11*. Ce sera dans ces ports que se feront exclusivement les armemens du Sénégal. *Loi du 13 fructidor an 10.*

Les faveurs rétablies pour l'exploitation du commerce des François au Sénégal, s'étendent aux expéditions pour tous les autres comptoirs de la côte d'Afrique.

COMMISSAIRES DU GOUVERNEMENT. En matières de douanes, ils se portent comme parties au nom de la régie. *Loi du 26 ventôse an 8.*

Ils ne peuvent, sous aucun prétexte, prendre d'arrêté au sujet de l'entrée ou de la sortie, ni donner aucune autorisation. *Arrêté du directoire du 9 germinal an 4.*

COMMISSIONS. Les préposés des douanes dans leurs fonctions seront toujours munis de leurs commissions et tenus de les exhiber à la première réquisition. *Loi du 22 août, titre 13, article 16.*

Leur prestation de serment sera inscrite sur lesdites commissions. *Même loi.*

Tout préposé destitué ou démissionnaire, remettra de suite sa commission à la régie ou à son fondé de pouvoir. *Article 24.*

COMMUNES. Tous les habitans de la même commune sont garans civilement des attentats commis sur leur territoire contre les personnes ou les propriétés. *Loi du 10 vendémiaire an 4, titre 1.*

Chaque commune est responsable des délits commis à force ouverte sur son territoire, par des attroupemens armés ou non armés. *Titre 4, article 1.*

Ces dispositions sont applicables aux communes où il se commettroit quelqu'acte de violence contre les employés des douanes.

Si les habitans de la commune ont pris part au délit commis, elle sera tenue de payer une amende égale à la réparation principale. *Titre 4, article 2.*

Tout délit affirmé par les employés des douanes, n'aura pas besoin d'être constaté par la municipalité, lesdits employés étant reçus à attester tout ce qui a trait à leurs fonctions, et leur témoignage valant en justice sans autre formalité, jusqu'à inscription de faux.

Si, dans un rassemblement ou attroupement, un individu, domicilié ou non sur une commune, y est pillé, maltraité ou homicidé, les habitans sont tenus de lui payer ou à sa veuve et à ses enfans en cas de mort, des dommages-intérêts. *Loi du 10 vendémiaire an 4, titre 4, article 6.*

COMPÉTENCE. C'est le droit qu'a un tribunal de connoître d'une affaire qui par sa nature est dans ses attributions.

Les saisies pour contravention aux lois des douanes sont de la compétence du Juge de paix, et on en appelle au tribunal de première instance du même ressort. *Loi du 4 germinal an 2, titre 6, article 12, et 14 fructidor, article* 3.

Les contraventions à la loi du 10 brumaire an 5, sont portées devant le tribunal de première instance dans l'arrondissement duquel le délit a été commis. *Loi du 10 brumaire an 5, article* 15.

Il en est de même pour les grains et farines circulant sur les frontières. *Loi du 26 ventôse an 5, article* 6.

Les tribunaux spéciaux connoissent du fait de contrebande. *Loi du 8 floréal an* 11.

COMPTABILITÉ. Pour ce qui concerne la remise des pièces de comptabilité, voyez *Administration*. Les directeurs des douanes adresseront au ministre, tous les mois, un bordereau des versemens effectués au trésor public. *Loi du 27 prairial an 10, article* 2.

La première partie de ces bordereaux présentera un tableau indicatif desdits versemens, et la seconde la nature et l'origine des recettes, le montant des dépenses acquittées, et les fonds restans. *Article* 3.

Tout receveur général et particulier, et tout comptable convaincu de ne s'être pas chargé en recette sur les bordereaux de situation, sera destitué et poursuivi conformément à l'article 11 du code pénal. *Art.* 4.

CONCUSSION. Action d'exiger d'un redevable plus qu'il ne doit.

Les préposés énonceront dans leurs acquits de paiement, le titre en vertu duquel ils auront perçu les droits, et en justifieront s'ils en sont requis. Il leur est défendu de percevoir d'autres et plus forts droits que ceux fixés, à peine de concussion. *Loi du 22 août, titre 13, article* 29.

CONFISCATION. Les règles à cet égard étant liées avec celles qui concernent les *déclarations, importations, manifestes, navires, prohibitions,* il faut voir ces divers articles.

Quand le rapport est annulé, la confiscation ne peut avoir lieu, si ce n'est pour les marchandises prohibées. *Loi du 15 août* 1793.

Pour ce qui regarde les marchandises prohibées à l'entrée, il doit être procédé à la confiscation, malgré la nullité du rapport. *Loi du 22 août, titre 10, article* 23.

CONGÉS. Les juges et leurs greffiers ne peuvent expédier de congés, passavans, etc. ni rendre aucun jugement qui en tienne lieu. *Loi du 22 août, titre 11, article* 2.

On peut voir au mot *chargement* à quoi les congés ou *permis* sont nécessaires.

CONNOISSEMENT. Le connoissement sert à la même fin que la charte-partie; mais il en diffère en ce qu'il n'est que pour régler le transport soit pour l'aller ou le retour, tandis que la charte-partie règle le fret d'un bâtiment pour l'aller et le retour tout-à-la-fois.

Les capitaines font le même usage du connoissement que de la charte-partie, et en cas d'inobservation sont soumis aux mêmes peines.

Dans la Méditerranée on l'appelle *manifeste* ou *police de chargement*.

Il doit être signé du capitaine ou de l'écrivain du navire, indiquer la quantité et la qualité des marchandises, les marques et numéros des balles et caisses, les noms de celui qui les a chargées, et de celui à qui elles doivent être remises, l'endroit d'où le vaisseau est parti, celui où les marchandises doivent être déchargées, le nom du maître, celui du bâtiment et le prix convenu pour le port.

Chaque connoissement doit être fait triple. Un pour celui qui a fait le chargement, l'autre pour être envoyé à celui à qui les marchandises doivent être remises, et le troisième pour rester entre les mains du capitaine ou de l'écrivain.

Les préposés pourront sur leurs pataches faire la visite des bâtimens au-dessous de cent tonneaux, qui seront trouvés en mer à la distance de deux myriamètres des côtes, et se faire représenter les connoissemens. *Loi du 22 août, titre 13, article* 7.

CONTRAINTE. Les jugemens portant condamnation au paiement des droits, à celui de la valeur des objets remis provisoirement et confisqués, ou de l'amende lorsqu'il n'aura pas été prononcé de confiscation, ou enfin à la restitution des sommes que la régie auroit été forcée de payer, seront exécutés par corps : cela aura lieu pareillement contre les cautions, seulement pour le prix des choses confisquées. *Loi du 22 août, titre 12, article* 6.

La contrainte a lieu encore contre tout redevable qui refuse ou est en retard pour le paiement des droits. *Titre 13, article* 31.

Elle aura lieu contre les soumissionnaires et leurs cautions, pour le paiement des droits et de l'amende, s'ils ne rapportent pas les certificats de décharge des acquits-à-caution. *Titre 3, article* 12.

L'exécution des contraintes ne peut être suspendue par aucune opposition , si ce n'est celles décernées pour défaut de rapport des certificats de décharge , auxquelles il sera sursis si on dépose le simple droit. *Article* 33.

Les contraintes décernées par les préposés ou leurs fondés de pouvoir doivent être visées sans frais par le juge du tribunal de paix. *Article* 32.

Les préposés destitués ou démissionnaires , peuvent en cas de refus être contraints par corps de remettre leurs commissions à la régie.

Aucune loi ne s'expliquant à l'égard des marchandises prohibées , il n'est pas douteux que c'est la valeur qui doit être consignée ; si les tribunaux de paix , sans l'exiger , vouloient prendre connoissance des affaires , on devroit appeler de leurs jugemens.

CONTRAVENTION. Deux préposés de l'administration des douanes , ou deux autres citoyens , suffisent pour constater une contravention aux lois relatives à l'importation , exportation et circulation. *Loi du* 9 *floréal an* 7 , *titre* 4 , *article* 1.

Dans toute action sur saisie , les preuves de non contravention sont à la charge du saisi. *Loi du* 4 *germinal* , *titre* 6 , *article* 7.

CONTREBANDE. Les tribunaux spéciaux connoîtront exclusivement du crime de contrebande avec attroupement et port d'armes. *Loi du* 13 *floréal an* 11 , *article* 1.

Sont marchandises de contrebande , celles prohibées à l'entrée ou à la sortie , ou celles qui passibles d'un droit et ne pouvant circuler dans le territoire soumis à la police des douanes, sans acquit-à-caution ou passavans, sont saisies sans ces expéditions. *Article* 2.

La contrebande est avec attroupement et port d'armes , lorsqu'elle est faite par trois personnes ou plus , et que dans le nombre l'un est porteur d'armes telles que fusils , pistolets et autres armes à feu ; sabres, épées, poignards, massues et tous instrumens tranchans, perçans ou contondans. *Article* 3.

Les cannes ordinaires sans dards ni ferremens, et les couteaux fermans , ne sont pas réputés armes.

Tous contrebandiers avec attroupement et port d'armes , et leurs complices , sont punis de mort. *Article* 4.

Sont complices et punis comme tels , les assureurs de la contrebande.

Sont aussi complices et punis comme tels , ceux qui sciemment auroient favorisé ou protégé les coupables dans les faits qui ont précédé ou suivi la contrebande ; s'ils ignoroient que la contrebande fût faite avec attroupement et port d'armes , ils ne pourront être condamnés qu'à quinze ans de fers au plus , et dix au moins , selon les circonstances. *Même article.*

Lorsque les contrebandiers n'auront pas fait usage de leurs armes , les tribunaux pourront ne prononcer que la peine portée à l'article précédent contre ceux qui ignoroient que la contrebande fût faite avec attroupement et port d'armes. *Article* 5.

Tous préposés des douanes et tous ceux chargés de leur prêter main-forte , qui seroient convaincus d'avoir favorisé les importations ou exportations d'objets de contrebande , même sans attroupement et port d'armes, seront punis de la peine des fers, qui ne pourra être prononcée pour moins de 5 ans et pour plus de 15. Si la contrebande a été faite avec attroupement et port d'armes , ils seront punis selon la disposition de l'*article* 4 ci-dessus.

Dans tous ces cas, la connoissance des délits des préposés et des personnes chargées de leur prêter main-forte , est attribuée aux tribunaux spéciaux. *Même article.*

On se conformera pour les formes à suivre , aux dispositions de la *loi du* 18 *pluviôse an* 11 , relative à l'établissement des tribunaux spéciaux. *Article* 7.

Les lois relatives à la contrebande continueront d'être exécutées en tout ce qui n'est pas contraire à la présente. *Article* 8.

CONTREFACTION. Si les plombs ou marques de la régie , ou la signature des préposés ont été contrefaits , il y a lieu à poursuite criminelle.

COPIE DES RAPPORTS. Dès l'instant que le rapport est fait , il doit en être donné copie à la partie si elle est présente, sinon, cette copie sera affichée dans le jour à la porte du bureau. *Loi du* 9 *floréal an* 7, *titre* 4 , *article* 6.

CORDES ET PLOMBS. Dans le cas où les marchandises devront être expédiées sous plomb , les cordes seront aux frais des expéditionnaires , qui paieront en outre pour chaque plomb 15 centimes. *Loi du 22 août , titre* 3 *, article* 5.

CORRUPTION. Les préposés qui se laissent corrompre sont jugés d'après les dispositions du code pénal , et la loi sur la contrebande. *Lois du* 4 *germinal an* 2 *, et* 8 *floréal an* 11.

Si un des coupables dénonce la corruption , il sera absous des peines , amende et confiscation. *Article* 4.

COURRIERS DE MALLES. Les courriers sont soumis à la visite de chaque bureau, ils ne se chargent d'aucune marchandise , à peine de confiscation et de 300 fr. d'Amende. *Loi du* 4 *germinal an* 2 *, titre* 3 *, article* 7.

Les employés des douanes , lorsqu'ils feront la visite d'un navire, s'assureront si le capitaine et l'équipage ne seroient point porteurs de lettres qu'ils voudroient soustraire à la poste. *Décision du* 19 *germinal an* 9.

CRÉDIT DES DROITS. Lorsque le receveur aura fait crédit des droits , il sera , en cas de refus ou de retard des redevables , autorisé à décerner contrainte , en fournissant en tête , extrait du registre , qui contiendra la soumission des redevables. *Loi du 22 août, titre* 13 *, article* 31.

D

DATE DE LA SAISIE. Elle doit être énoncée. Voyez *rapport*.

DÉBALLAGE ET REMBALLAGE. Les déballage, remballage , pesage et transport des marchandises , seront aux frais des propriétaires. *Loi du* 4 *germinal, titre* 3 *, article* 9.

DÉCLARATION EN DÉTAIL. *Déclaration à l'entrée par mer.* On verra au *manifeste* ce que les capitaines auront à observer à cet égard. Trois jours après l'arrivée d'un bâtiment , l'armateur ou consignataire donnera par écrit un état signé de lui , de toutes les marchandises qui lui appartiennent ou qui lui sont consignées, il spécifiera les marques , nombre et contenu des balles, caisses, etc. ; les quantités et qualités , et énoncera les objets qui paient à la valeur. *Loi du* 4 *germinal an* 2.

A défaut de cette déclaration, Voyez *abandon*.

S'il ne s'agit que de dix caisses ou ballots , dont le conducteur ignoreroit le contenu , il peut en requérir l'ouverture et acquitter les droits sur les objets reconnus.

La déclaration des bâtimens doit être faite quand même ils seroient sur leur lest. *Loi du* 4 *germinal, an* 2.

Pour les bâtimens de l'état, Voyez *vaisseaux de guerre*.

Les rapports et déclarations seront comparés. Voyez *Manifeste*.

Déclaration à l'entrée par terre. A peine de confiscation et de 100 francs d'amende , tout conducteur de marchandises est tenu en arrivant dans les lieux où sont les bureaux, de faire sur le registre ou de présenter une déclaration signée des propriétaires ou de leurs facteurs , laquelle demeurera au bureau, et sera transcrite sur le registre et signée par les conducteurs. S'ils ne savent signer, il en sera fait mention.

Ces déclarations énonceront le poids, la mesure ou le nombre des marchandises selon qu'elles paient au poids, à la mesure ou au nombre, et la valeur de celles qui doivent le droit sur la valeur. Elles indiqueront en outre le lieu du chargement et celui de la destination.

A défaut de déclaration détaillée , Voyez *abandon*.

Déclaration à la sortie par mer. Ces déclarations se feront comme celles à l'entrée par mer.

Déclaration à la sortie par terre. Les voituriers ou conducteurs , feront à la sortie leur déclaration dans les mêmes formes qu'à l'entrée.

Déclarations relatives aux marchandises dans la distance d'un myriamètre. Voyez *police des frontières*.

Déclarations du poids et de la mesure des marchandises sujettes au coulage. Elles ne seront point exigées, on énoncera seulement le nombre et les numéros et marques des futailles. On les représentera dans les quantités et les qualités spécifiées aux expéditions relatives au chargement.

Toutes déclarations seront faites d'après le nouveau système des poids et mesures ; elles énonceront le lieu du chargement et celui de la destination ; si c'est dans un port , les noms du navire et du capitaine, et on notera en marge les marques et les numéros des balles , ballots, etc.

Il ne pourra rien être ajouté ni retranché à une déclaration une fois faite : la vérité ou la fausseté est jugée d'après ce qui a été déclaré en premier lieu. *Article* 12.

Cependant, dans le jour de la déclaration, et avant la visite, si les conducteurs ou propriétaires reconnoissent quelqu'erreur, ils peuvent la rectifier, en présentant néanmoins le même nombre de balles, caisses, etc. et les mêmes espèces de marchandises. Le jour passé, ils ne peuvent plus jouir de cette faveur. *Article* 12.

Les déclarations faites, et les marchandises pesées, mesurées, visitées, nombrées, les droits seront perçus. *Article* 14.

Déclarations fausses. Elles peuvent l'être, 1°. dans le nombre des balles; 2°. dans le nombre, le poids ou la mesure des marchandises; 3°. dans leur espèce ou leur qualité; 4°. enfin dans leur valeur.

Pour le premier cas, Voyez *déficit et excédant.*

Si les quantités sont inférieures aux déclarations, les droits ne se perçoivent que sur celles constatées par la vérification. S'il y a excédant, Voyez *excédant.*

Si c'est dans l'espèce des marchandises ou dans leur qualité que la déclaration est fausse, il y aura confiscation et amende de 100 francs dans le cas où le droit auquel on se seroit soustrait s'éleveroit à 12 fr. Si le droit est moindre, il n'y aura d'autre peine que l'amende. *Article* 21.

En cas de vol ou de substitution juridiquement prouvés, il n'y aura lieu à aucune de ces peines.

Les employés sont autorisés à retenir la marchandise, si la déclaration est fausse dans la valeur.

DÉFICIT. Si lors de la visite le nombre des balles ou caisses se trouve moindre qu'il n'est porté en la déclaration, les maîtres des bâtimens, les voituriers et ceux qui auront fait la fausse déclaration seront condamnés solidairement à 300 francs d'amende pour chaque caisse ou balle manquant. *Loi du 22 août, titre 2, article 22.*

Dans le cas de naufrage ou de vol après la déclaration donnée, il ne sera fait aucune poursuite, pour cause de déficit *Même article.*

DENRÉES COLONIALES. Voyez *commerce des colonies.*

DÉPLACEMENT. Les objets qui doivent être pesés ou jaugés ne pourront être enlevés du quai ou autre lieu de décharge, qu'après avoir été pesés ou jaugés sur un permis des préposés. *Loi du 4 germinal, titre 6, article 3.*

DÉPOT. Le dépôt des marchandises se fait entre les mains du receveur, et en son absence, en celles de l'employé qui remplace le contrôleur.

Le dépositaire signe en cette qualité l'original du rapport.

Dans le cas où il y a lieu à procéder criminellement, le dépôt du rapport doit être fait dans les trois jours de la rédaction.

DISPOSITION PÉNALE. Tous négocians et commissionnaires qui seront convaincus d'avoir importé ou exporté en fraude, des denrées et marchandises, ou d'avoir, à la faveur de l'entrepôt et du transit, effectué des soustractions, substitutions ou versemens dans l'intérieur, pourront, indépendamment des peines portées par les lois, être privés par un arrêté spécial du gouvernement, de la faculté de l'entrepôt et du transit, ainsi que de tout crédit de droits.

Les négocians et commissionnaires qui prêteroient leur nom pour soustraire aux effets de cette disposition ceux qui en auroient été atteints, encourront les mêmes peines. *Loi du 8 floréal an 11.*

DOMMAGES-INTÉRÊTS. Les préposés des douanes doivent des dommages-intérêts aux marchands ou voituriers s'ils ont refusé de leur expédier les permis, certificats de décharge, passavans, etc. *Loi du 22 août, titre 9, article 2.*

Si les préposés font détourner un voiturier de sa route sans qu'il y ait fraude ou contravention, ils pourront être condamnés à des dommages-intérêts. *Titre 3, article 16.*

S'il est fait une visite dans une maison, sans qu'il soit constaté qu'il y a entrepôt ni motifs de saisie, il sera payé 24 francs à celui chez qui la visite aura été faite, sauf les dommages-intérêts qu'il pourra être fondé à réclamer. *Titre 13, article 40.*

Si la saisie n'est pas fondée, le propriétaire a droit à un intérêt d'indemnité, à raison d'un pour cent par mois de la valeur des objets saisis, jusqu'à ce qu'on lui en fasse la remise ou l'offre de les lui remettre. *Loi du 9 floréal, titre 4, article 16.*

Les juges sont passibles de dommages-intérêts s'ils modèrent les confiscations et amendes. *Loi du 22 août, titre 12, article 11.*

DROIT ADDITIONNEL DE DIX CENTIMES PAR FRANC. Par une loi du 6 *prairial an* 7, il est établi un droit d'un décime par franc sur les droits de douane à l'importation, l'exportation et la navigation, comme subvention extraordinaire de guerre pour l'an 7.

La loi du 21 *ventôse an 9* ayant prorogé pour l'an 10 les contributions indirectes, le décime par franc continuera à être perçu.

DROIT DE BALANCE DU COMMERCE. Pour assurer l'exactitude des tableaux d'importation et d'exportation, et subvenir aux frais de leur confection, il sera perçu 15 centimes par 100 fr. de valeur sur les objets dont la sortie est permise, et qui ne sont pas assujettis à des droits; et le même droit ou 25 centimes par 5 myriagrammes, au choix du redevable, sur les productions étrangères qui jouissent d'une franchise absolue à l'entrée, les grains et les bestiaux exceptés.

Les grains destinés à être réexportés doivent ce droit, à raison du transit franc, mais il n'est point exigible sur ceux déchargés des navires qui entrent par relâche forcée.

On doit percevoir le droit en délivrant l'acquit-à-caution pour la réexportation.

Il faut prévenir les redevables qu'ils ont l'option entre le droit de 25 centimes par 5 myriagrammes ou celui de 15 centimes par 100 francs de valeur.

On ne doit que le fixe pour l'entrée.

Les navires de prises doivent ce droit.

Il en est de même des marchandises de prises affranchies des droits du tarif, et qui sont retirées de l'entrepôt pour la consommation, et de celles admises au retour. *Loi du 24 nivôse an 5.*

DROIT DE DOUANES. Il est défendu aux préposés d'avoir égard à aucun passe-port pour exempter des droits de douane, ni d'obéir à aucuns ordres particuliers qui pourroient être donnés sur cet objet. *Loi du 22 août, titre 1, article 1.*

Les déclarations faites et les marchandises visitées, pesées, etc., les employés peuvent en exiger les droits. *Titre 2, article 14.*

Ils seront payés comptant et sans délai. *Loi du 4 germinal, titre 3, article 11.*

Il ne pourra en être payé que le quarantième en monnoie de cuivre. *Arrêté du 14 nivôse an 4.*

Il n'en est pas dû pour les marchandises étrangères apportées dans un port de France pour un autre port françois. *Loi du 22 août, titre 1, article 6.*

Les droits seront payés comptant, et les marchandises ne pourront sortir des bureaux qu'après les avoir acquittés, soit à l'entrée ou à la sortie. *Titre 13, article 30.*

DROIT DE FABRICATION SUR LE TABAC. La taxe de 4 décimes par kilogramme, établie par la *loi du 22 brumaire an 7*, sera perçue uniformément sur toute espèce de tabacs fabriqués. *Loi du 29 floréal an 10, article 9.*

Elle sera acquittée pour les feuilles provenant de l'étranger, à la sortie de l'entrepôt; et ce, par moitié, en traites de six mois et un an de terme, suffisamment garanties. *Article 15.*

Elle n'est pas sujette au décime additionnel. *Décision du ministre, du 3 thermidor an 10.*

Elle ne varie pas, quelle que soit l'origine du bâtiment qui a apporté le tabac.

Toutes les opérations relatives à cette taxe sont faites par les préposés des domaines; ceux des douanes se bornent à en faciliter la perception.

Droit de fabrication, restitué sur le tabac fabriqué, exporté. Les tabacs fabriqués en poudre et en carotte, qui passent à l'étranger, jouissent du remboursement des deux tiers du droit de fabrication. *Loi du 22 brumaire an 7, article 20.*

L'exportation doit avoir lieu *par terre*, par les bureaux de Cologne, Coblentz, Mayence, Vorms, Spire, Strasbourg, Bourg-Libre, Bienne, Pontarlier, Morez, Versoix, Genève, Lans-le-Bourg, Pas-de-Béhobie, Ainhoa, Le Boulou, Mont-Libre et Ax.

Par mer, par Saint-Jean-de-Luz, Bayonne, Bordeaux, Rochefort, La Rochelle, Nantes, Lorient, Brest, Port-Malo, Cherbourg, Houfleur, Rouen, le Hâvre, Dieppe, Valery-sur-Somme, Boulogne, Calais, Dunkerque, Ostende, Anvers, Antibes, Nice, Toulon, Marseille, Cette, Agde et Port-la-Victoire. *Arrêtés des 11 nivôse et 23 pluviôse an 7.*

Ceux à fumer participent à la même faveur. *Loi du 9 prairial an 7.*

L'expédition doit être accompagnée d'un certificat d'origine de la manufacture, délivré par le fabricant, visé par l'administration de canton et le receveur du droit d'enregistrement, et déchargé à la sortie par les préposés des douanes. *Articles 21 et 22.*

(Cette attestation qui ne se délivre que lorsque le certificat est revêtu de tous les visa requis , doit être signée du receveur, de tous les commis du bureau, et d'un préposé de la brigade). *Circulaire de la régie.*

Le certificat d'origine, visé ensuite par l'administration du canton, ou par l'agent de la commune où est situé le bureau de sortie ou son adjoint, est remis au directeur de l'enregistrement du département où se trouve le bureau de recette où le droit a dû être acquitté. Le directeur transcrit à la suite du visa son ordonnance de restitution du droit, d'après laquelle le receveur qui a perçu le prix de la taxe, effectue le remboursement de la prime, qui dans aucun cas ne peut excéder les deux tiers. *Articles* 23, 24, 25 *et* 26.

DROIT DE GARANTIE SUR L'ARGENTERIE IMPORTÉE DE L'ÉTRANGER. Les ouvrages d'or et d'argent venant de l'étranger, doivent, indépendamment du droit de douane, un droit particulier pour la garantie de leur titre. *Loi du* 19 *brumaire an* 6, *article* 23.

Ils doivent être déclarés et pesés au premier bureau d'entrée, d'où ils sont expédiés, sous plomb et par acquit-à-caution, pour le bureau de garantie le plus voisin. *Même article.*

Le droit de garantie, qui remplace celui de contrôle et de marque, est fixé à 20 francs par hectogramme d'or, et un franc par hectogramme d'argent. *Article* 21.

Les bureaux pour l'apposition du poinçon *Et*, et la perception du droit sur les ouvrages venant de l'étranger, sont ceux établis dans les communes ci-après : Anvers, Maëstricht, Ruremonde, Liége, Luxembourg, Metz, Sarguemines, Strasbourg, Colmar, Montbéliard, Dijon, Besançon, Lons-le-Saulnier, Chambéry, Gap, Digne, Nice, Toulon, Marseille, Montpellier, Perpignan, Carcassonne, Foix, Tarbes, Pau, Bayonne, Bordeaux, la Rochelle, Fontenai, Nantes, Vannes, Quimper, Brest, Port-Brieux, Port-Malo, Saint-Lô, Valogne, Caen, Rouen, le Hàvre, Dieppe, Amiens, Arras, Saint-Omer, Lille, Dunkerque, Bruges. *Arrêté du Directoire, du* 27 *pluviôse an* 7.

A défaut de rapport de l'acquit-à-caution, on doit décerner contrainte contre le soumissionnaire, conformément à l'art. 12 du tit. 3 de la loi du 22 août. *Lettre du Ministre des Finances du* 12 *germ. an* 7.

La loi du 19 brumaire, article 23, exempte du droit de garantie :

1°. Les ouvrages d'or et d'argent appartenant aux ambassadeurs étrangers.

2°. Les bijoux d'or à l'usage personnel des voyageurs, et les ouvrages en argent servant au même usage, pourvu que le poids n'excède pas en totalité cinq hectogrammes.

Les ouvrages d'or et d'argent, fabriqués en France, qui passent à l'étranger, jouissent du remboursement de deux tiers du droit de garantie qu'ils ont acquitté, pourvu que l'exportation se fasse, si c'est *par terre*, par les bureaux de Pas - de - Behobie, Ainhoa, Turnhout, Cologne, Mayence, Coblentz, Strasbourg, Bourg-Libre, Pontarlier, Versoix et Laus-Lebourg.

Par mer : Bayonne, Bordeaux, la Rochelle, Nantes, Port-Malo, Rouen, le Hàvre, Vallery-sur-Somme, Boulogne, Calais, Dunkerque, Ostende, Anvers, Nice, Toulon, Marseille, Cette et Agde. *Arrêtés des* 5 *frimaire et* 23 *pluviôse an* 7.

Les ouvrages trouvés sortant sans la marque de garantie, doivent être saisis. *Lettre du Ministre, du* 18 *thermidor an* 3.

L'article 8 du traité de réunion, a dispensé les fabrications de Genève du droit de garantie.

Les expéditions doivent être accompagnées d'une déclaration descriptive, faite au bureau de garantie, où le droit a été acquitté, certifié par les préposés de ce bureau.

Ces déclarations et certificats, légalisés par les administrations municipales, et à Paris, par les administrateurs des monnoies, sont présentés à la douane de sortie, où, après une confrontation exacte, l'exportation est constatée par les receveurs et autres commis.

Le *visa* du directeur, dans l'arrondissement duquel se trouvent le bureau de sortie et le sceau de l'administration des douanes, complète les formalités exigées pour le remboursement que fait la régie de l'enregistrement, chargée de la perception du droit de garantie. *Lettres du Ministre, des* 22 *nivôse et* 22 *germinal an* 7.

Le droit de garantie est dû sur les vieux ouvrages, à moins qu'on ne consente à les briser au premier bureau, en présence des préposés. *Lettre du Ministre, du* 12 *prairial an* 7.

DROIT DE MAGASINAGE. Les propriétaires des marchandises qui, à défaut de déclaration détaillée, ont été déposées dans le magasin de la douane, sont tenus d'un droit particulier de magasinage d'un pour cent de la valeur. *Loi du 4 germinal an 2, titre 2, article 9.*

Le droit n'est que de demi pour cent sur les objets déchargés par suite d'une relâche forcée, et rechargés faute de vente. *Article 6.*

Le même droit de magasinage d'un pour cent de la valeur, est dû sur les marchandises prohibées, provenant de prises faites sur l'ennemi, ou de confiscation, après trois mois d'entrepôt. *Lettre du Ministre, du 28 floréal an 8.*

DROITS DE PASSE. *Voyez le tarif de ces droits à la fin de l'ouvrage.*

E

EAUX-DE-VIE DE PRISES. Les eaux-de-vie de prises, autres que de vin, peuvent être importées, en payant le même droit que les eaux-de-vie doubles. *Loi du 12 thermidor an 7.*

EMBALLEURS. Les propriétaires des marchandises se serviront, pour le transport et l'emballage, des emballeurs attachés aux douanes, ou de telles autres personnes qu'ils choisiront. *Loi du 22 août, titre 2, article 15.*

ENREGISTREMENT. Les droits d'enregistrement sont fixes ou proportionnels, selon la nature des actes. *Loi du 22 frimaire an 7, titre 1, article 2.*

Le délai pour l'enregistrement des rapports est de quatre jours. *Titre 3, article 20.*

S'il n'y a pas de bureau dans le lieu où il aura été fait un rapport par les employés des douanes, ni dans celui où siége le tribunal qui doit connoître de l'affaire, ledit rapport ne sera pas soumis à l'enregistrement; mais il y sera suppléé par le *visa* du juge de paix ou de l'agent municipal. *Loi du 9 floréal an 7.*

Le délai pour l'enregistrement des actes de vente est aussi de quatre jours; si on le laisse écouler, la peine est du montant du droit, mais ne peut pas être moindre de 50 francs, outre le paiement du droit. *Loi du 22 frimaire, titre 6, article 34.*

Le droit d'enregistrement des procès-verbaux et rapports des employés, est d'un franc fixe. *Loi du 22 frimaire, titre 10.*

ENTREPOT. Il y aura un entrepôt réel de marchandises et denrées coloniales et autres, dans les ports de Marseille, Cette, Bayonne, Bordeaux, la Rochelle, Nantes, Lorient, Saint-Malo, Cherbourg, Rouen, le Hàvre, Honfleur, Dunkerque, Ostende, Bruges et Anvers. Ledit entrepôt aura lieu, à la charge de réexporter ou de payer les droits à l'expiration de l'année.

Il pourra être reçu dans l'entrepôt réel, des marchandises prohibées, dites *de traite*, ci-après désignées; savoir: couteaux de traite, flacons de verre, rassades et autres verroteries, grosse quincaillerie, tabac de Brésil à fumer, toiles dites *guinées*, des bajulapaux, néganépaux, et autres toiles à carreaux des Indes; cauris, fers de Suède, pipes de Hollande, platilles de Breslau, vases de cuisine venant de Saxe, barbuts, moquet de fayence bariolée, poteries d'étain, rhum, taffia des colonies françoises ou de l'étranger, féveroles de Hollande, neptunes, bassins, chaudrons, baquettes, manilles, trompettes, cuivre rouge, clous de cuivre, verges rondes et barres plates, plomb de deux points, gros carton brun, de 43 à 49 centimètres sur 119 à 130 centimètres; les bonnets de laine, grelots, clochettes en métal, les bayettes.

Les villes auxquelles l'entrepôt est accordé, n'en jouiront qu'à la charge de fournir, sur le port, des magasins convenables, sûrs, et réunis en un seul corps de bâtiment, pour y établir ledit entrepôt; à l'effet de quoi le plan du local sera présenté au gouvernement qui, après avoir fait examiner s'il est propre à sa destination, l'y affectera, s'il y a lieu, par un arrêté spécial.

Tous les magasins servant d'entrepôt seront fermés à deux clefs, dont l'une restera entre les mains des préposés à l'administration des douanes, et l'autre dans les mains du commerce, qui fournira et entretiendra lesdits magasins.

La ville de Cherbourg aura en outre, aux conditions ci-dessus exprimées, la faculté d'entreposer les eaux dites de genièvre, les rhums et les taffias.

Les chaudières de cuivre, cuivre et clous à doublage, venant de l'étranger, et destinés pour les colonies, pourront être mis en entrepôt réel, à la charge du paiement de 6 francs par 5 myriagrames au moment de l'expédition pour les colonies. *Loi du 8 floréal an 11.*

Par arrêté du 27 messidor an 11, il y aura un entrepôt fictif dans la ville de Gand.

Entrepôt de la ville de Marseille. Il y aura un entrepôt de marchandises étrangères dans le port de Marseille.

L'entrepôt sera réel, 1°. pour toutes les marchandises et denrées dont l'entrée est ou sera prohibée, ainsi que pour celles qui sont ou seront soumises au certificat d'origine; 2°. pour les articles suivans :

Marchandises manufacturées de toute espèce, les savons compris.

Tabac en feuilles.	Poisson salé.	Vins.	Eaux-de-vie.	Liqueurs.
Huiles.	Sucres.	Cafés.	Indigo.	Cacao.

Et toutes autres denrées coloniales venant de l'étranger.

Les négocians qui présenteront des savons à l'exportation à l'étranger, et qui justifieront avoir payé des droits sur des huiles importées dans l'année, seront remboursés des trois quarts desdits droits dans la proportion de la quantité d'huile qui entre dans la fabrication des savons à exporter.

L'entrepôt sera fictif, sur la demande des négocians, pour toutes les marchandises et denrées dont l'entrée est permise, et qui ne sont pas désignées ci-dessus.

Les marchandises et denrées destinées pour l'entrepôt réel et fictif, seront, après vérification, portées sur deux registres particuliers, tenus par le receveur des douanes.

Les consignataires remettront entre les mains de ce receveur, une soumission valablement cautionnée, de réexporter dans l'année les marchandises et denrées mises en entrepôt fictif, ou d'en payer les droits.

La durée de l'entrepôt réel ne pourra excéder le terme de deux ans ; les marchandises et denrées dont l'entrée est ou sera prohibée, devront être réexportées dans ce délai ; les marchandises et denrées permises seront soumises à la même condition, ou acquitteront les droits.

Les navires qui arriveront à Marseille, chargés en totalité ou en partie de marchandises ou denrées prohibées, ne pourront aborder que dans la partie du port qui sera indiquée par le directeur des douanes, et où le débarquement s'effectuera.

Les marchandises et denrées prohibées, qui seront tirées de l'entrepôt pour la réexportation, seront embarquées dans le même local ; et les navires à bord desquels elles seront mises, ne pourront en sortir que pour mettre à la voile. *Loi du 8 floréal an 11.*

Dispositions particulières à l'entrepôt de Rouen. L'entrepôt de Rouen pour les marchandises et denrées étrangères non prohibées, coloniales ou autres, fera partie de celui du Hâvre. En conséquence, tout bâtiment chargé de marchandises destinées à l'entrepôt de Rouen, se présentera au Hâvre, pour y faire sa déclaration des quantités et qualités de marchandises qu'il se propose de verser dans l'entrepôt de Rouen, et le principal préposé des douanes du Hâvre donnera acte de cette déclaration.

Lorsque le principal employé des douanes n'aura pas de raison de suspecter la contrebande, il pourra exempter le bâtiment de l'entrée au Hâvre.

Les bâtimens venant du Hâvre à Rouen, seront tenus de présenter l'acte de déclaration précité aux préposés qui voudront les visiter, tant sur l'une que sur l'autre rive. Il y aura fraude dans tous les cas où l'état et l'existence des marchandises ne seront pas trouvés conformes à la déclaration. Les mêmes marchandises seront vérifiées à leur entrée dans l'entrepôt de Rouen, sur l'acte de déclaration délivré au Hâvre, et la fraude sera constatée, si la quantité de marchandises est supérieure ou inférieure à la déclaration.

Toute marchandise sortant de l'entrepôt de Rouen pour être réexportée, sera spécifiée, pour les poids et qualités, sur un manifeste délivré par le directeur des douanes de Rouen. Le manifeste suivra le bâtiment, et sera présenté au principal préposé des douanes du Hâvre, pour qu'il soit fait vérification de la marchandise ; et la fraude sera constatée, s'il y a plus ou moins de marchandises que celles portées sur le manifeste. *Loi du 8 floréal an 11.*

Dispositions particulières à l'entrepôt de Bruges. L'entrepôt de Bruges fait partie de celui d'Ostende : en conséquence, les capitaines de bâtimens chargés de marchandises destinées à l'entrepôt de Bruges, seront tenus de s'arrêter à Ostende, et de présenter à la douane le manifeste contenant la déclaration en détail des quantités et qualités de marchandises qui composeront leurs cargaisons. Cette formalité remplie, les écoutilles seront plombées, et les bâtimens expédiés par acquit-à-caution, seront montés par deux préposés des douanes, qui les accompagneront jusqu'à Bruges, et à chacun desquels il sera payé par les propriétaires des cargaisons 2 francs par jour pour leurs frais de route.

À l'arrivée des navires dans le bassin de Bruges, les marchandises seront déchargées, vérifiées et mises en entrepôt. Il y aura fraude dans tous les cas où les qualités et quantités desdites marchandises ne seront pas conformes à la déclaration faite à la douane d'Ostende.

Les marchandises qui sortiront de l'entrepôt de Bruges pour être réexportées, seront expédiées sous plomb, acquit-à-caution et convoi de deux préposés des douanes, qui resteront à bord des bâtimens jusqu'à leur arrivée à Ostende, où la vérification sera faite. Il y aura fraude, si les quantités et qualités des marchandises ne sont pas conformes à celles portées sur l'acquit-à-caution délivré par la douane de Bruges. *Loi du 8 floréal an 11.*

Entrepôt de Strasbourg. Les marchandises étrangères, autres que celles dont l'entrée est prohibée en France, importées par le pont du Rhin, à la destination de Strasbourg, pourront y être entreposées.

Les marchandises destinées pour lesdits entrepôts ne seront point vérifiées à leur passage au bureau du pont du Rhin ; mais les conducteurs seront tenus de représenter des lettres de voiture, indicatives des espèces, poids, quantités et marques de chaque colis, aux préposés dudit bureau, qui les viseront, plomberont les voitures par capacité, et les expédieront sous la conduite d'un employé, et sous la formalité d'un acquit-à-caution portant lesdites espèces, poids, quantités et marques pour la douane de Strasbourg, où les déclarations en détail fournies par les propriétaires ou consignataires, seront aussitôt transcrites.

Les objets déclarés, après vérification immédiatement faite par les visiteurs et autres préposés, seront portés sur un registre qui sera tenu par le receveur de l'entrepôt, et sur lequel chaque propriétaire ou consignataire signera pour les objets qui le concerneront.

Les marchandises étrangères arrivant à Strasbourg par le Rhin ou la rivière d'Ill, seront dispensées de la visite au bureau de la Ventzeno ; mais les bateliers seront tenus, avant l'abordage, d'en prévenir les préposés de la régie des douanes, et de représenter des connoissemens ou manifestes qui indiqueront les espèces, poids et quantités des marchandises, ainsi que la marque de chaque colis : ces connoissemens ou manifestes seront visés par les préposés de la Ventzeno, et les marchandises seront conduites par l'un d'eux avec acquit-à-caution, spécifiant les espèces, poids, quantités et marques à la douane de Strasbourg, où les déclarations détaillées, vérifications et enregistrement, se feront dans la forme indiquée par l'article précédent.

Pour empêcher les abus auxquels les facilités accordées par les articles précédens peuvent donner lieu, s'il y a déficit de colis, ou s'il est constaté qu'une marchandise a été substituée à celle qui aura été déclarée, le voiturier ou le batelier sera condamné à 2000 francs d'amende par chaque colis manquant, ou dans lequel on aura mis une marchandise autre que celle qui aura été déclarée ; pour sûreté de laquelle amende les voitures, chevaux et bateaux seront saisis. S'il s'agit de colis qu'on aura vu décharger dans le transport de la douane et à l'entrepôt, ou lors de la réexportation, dans le trajet de l'entrepôt à l'étranger, le colis sera saisi, et le voiturier ou batelier condamné à l'amende de 500 francs : si c'est un colis qu'on a voulu échanger, le colis qui aura été vu déchargé, et celui qui lui aura été substitué, seront saisis, avec pareille amende de 500 francs.

La durée de l'entrepôt sera de six mois, pendant lesquels les marchandises entreposées pourront être expédiées pour l'étranger par les bureaux du pont du Rhin et de la Ventzeno.

Chaque colis sera plombé, et les acquits-à-caution délivrés pour assurer le passage des marchandises à l'étranger, seront déchargés par les préposés desdits bureaux, après reconnoissance du nombre des colis, et d'un état des cordes et plombs. Les objets qui, pendant le même délai, passeront en France pour la consommation, ainsi que ceux qui s'y trouveront à l'expiration des six mois, seront passibles des droits d'entrée. *Loi du 8 floréal an 11.*

Entrepôt de Mayence et Cologne. Il y aura un entrepôt réel de marchandises et denrées étrangères, coloniales et autres, dans les ports de Mayence et de Cologne.

Tout ce qui est prescrit pour les bâtimens destinés à l'entrepôt et pour leur clôture, y sera observé.

La faculté de l'entrepôt s'étendoit aux marchandises prohibées ; *un arrêté du 7 thermidor an 11* défend de les y admettre.

Entrepôt de Cherbourg. Les eaux-de-vie de genièvre, les rhuns et tafias pourront être introduits dans le port de Cherbourg, et y être mis en entrepôt réel.

Lesdites marchandises ne pourront être introduites que par des bâtimens de 100 tonneaux et au-dessus.

Entrepôt de tabacs. Les tabacs en feuilles venant de l'étranger, peuvent être dix-huit mois en entrepôt sans payer le droit. *Loi du 29 floréal an* 10, *article* 5.

Les magasins doivent être sûrs, et autant qu'il sera possible, sans communication avec d'autres bâtimens. Les clefs seront entre les mains des préposés et du propriétaire. Pour transférer la marchandise d'un entrepôt à un autre, il faut en faire constater la nécessité, et avoir l'autorisation du directeur général des douanes.

Les tabacs arrivant à Bordeaux ne pourront être entreposés que dans les magasins situés aux lieux dits Bacalan et la Croix-Marou. *Lois des* 7 *frimaire et* 9 *thermidor an* 10.

Ces tabacs, avant d'être entreposés, seront vérifiés et pesés par les employés, aux frais des propriétaires.

La ville d'Anvers est comprise au nombre de celles par où le tabac en feuilles peut être introduit sur le territoire de la république. *Loi du* 8 *floréal an* 11.

L'usage de cette faculté est soumis aux formalités prescrites par la loi du 29 floréal an 10.

Les droits d'entrée sur les tabacs en feuilles venant de l'étranger, entreposés, seront perçus sur le poids net et effectif, constaté au moment de leur entrée audit entrepôt. *Même loi.*

Entrepôt des eaux-de-vie de genièvre. Les eaux-de-vie de genièvre jouissent à Roscoff, Morlaix, Saint-Malo, Cherbourg, Fécamp, Dieppe, Boulogne, Calais et Gravelines, d'un an d'entrepôt, pendant lequel on peut les réexporter à l'étranger en exemption de droits. *Loi du* 19 *octobre* 1791.

Par décisions des 18 ventôse et 18 germinal an 10, cet entrepôt a été étendu aux villes de Dunkerque et Ostende.

Les rhums et les tafias sont aussi admis en entrepôt dans le port de Cherbourg. *Loi du* 10 *frimaire an* 11, *article* 1.

Le commerce doit fournir, à ses frais, des magasins sûrs et réunis en un seul corps de bâtiment.

L'importation desdits rhums, tafias et eaux-de-vie de genièvre, ne peut être faite que par des bâtimens de 100 tonneaux et au-dessus. *Article* 3.

Les eaux-de-vie de genièvre de Hollande, actuellement en entrepôt à Dunkerque, Boulogne, Dieppe et Cherbourg, pourront être vendues dans l'intérieur de la république, en payant à la sortie de l'entrepôt le droit imposé par la *loi du* 9 *floréal an* 7, sur les eaux-de-vie doubles. *Arrêté du* 16 *messidor et* 8 *fruc. an* 11.

Les eaux-de-vie de genièvre, étrangères, déposées à l'entrepôt d'Ostende, pourront être vendues dans l'intérieur, en payant, à la sortie de l'entrepôt, le même droit que les eaux-de-vie doubles. *Arrêtés du* 16 *messidor et* 8 *fructidor an* 11.

Entrepôt sur les quais de Mayence et de Cologne. Les marchandises expédiées de la Hollande en Suisse et en Allemagne, et réciproquement, formant un objet très-important, et qu'il étoit avantageux d'attirer sur la rive françoise, le commissaire général rendit dans cette vue, les 22 floréal et 22 prairial an 10, des arrêtés confirmés par le gouvernement le 23 thermidor suivant, d'après lesquels lesdites marchandises peuvent, sans déclaration, visite et autre formalité, aborder, être déchargées, séjourner et être mises dans d'autres bateaux.

Entrepôt de sel. Les sels d'Espagne et de Portugal qui sont en ce moment à l'entrepôt d'Ostende, pourront être vendus pour la consommation de l'intérieur, à la charge d'acquitter 1 franc 25 centimes par 5 myriagrames.

ÉPOQUE OU LES DROITS SONT PERCEPTIBLES. Les droits de douane et de navigation sont perceptibles du jour où la loi qui les fixe a été enregistrée à la préfecture du département.

Ils seront perçus d'après la date de la déclaration. Ainsi une marchandise déclarée avant la promulgation d'une loi qui en augmente le droit, ne paie que l'ancien droit, quoique la vérification et le déchargement se fassent postérieurement à cette promulgation.

Conséquemment, quoiqu'une marchandise arrive dans un port avant la promulgation d'une loi qui en augmente le droit, elle doit ce droit augmentatif, si elle n'est déclarée qu'après que la loi est publiée.

Les droits de navigation, par la même raison, sont dûs dès le moment de la déclaration, quoique la jauge qui peut apporter des changemens dans la perception, ait été différée.

Une marchandise qui jouit de l'entrepôt , paie le droit existant au moment de sa déclaration pour la consommation , ou à l'expiration du délai d'entrepôt.

Une marchandise saisie doit le droit du jour où elle est retirée.

Pour celles dont l'acquit-à-caution n'est pas rapporté , le droit est du double ou simple , d'après la quotité de celui qui étoit perçu à l'époque où la déclaration a été reçue.

EXCÉDANT. Tout excédant quant au nombre de balles, ballots, caisses , tonneaux et futailles déclarés, sera saisi et confisqué, outre une amende de 100 francs. *Loi du 22 août, titre 2 , article 20.*

S'il s'agit de marchandises prohibées, elles seront également confisquées ; mais l'amende sera de 500 francs. *Titre 3 , article 9.*

L'excédant, quant au nombre, au poids, à la mesure, etc. n'est assujetti qu'à un double droit. Si cependant il n'est que du vingtième pour les métaux , et du dixième pour toute autre marchandise , il ne payera que le droit simple. *Titre 2 , article 18.*

EXEMPTION DE DROITS. Les marchandises qui ne paient pas de droit sont soumises à celui de balance du commerce. *Loi du 24 nivôse an 5 , article 2.*

Les vivres et provisions d'un bâtiment seront exempts de droits pour ce qui concerne le nécessaire. *Loi du 4 germinal , titre 2 , article 12.*

EXPÉDITIONS. Dans le cas où une saisie auroit été faite pour cause de faux ou d'altération des expéditions , le rapport énoncera le genre de faux , les altérations ou surcharges. *Loi du 9 floréal an 7 , titre 4 , article 4.*

S'il a été délivré copie d'expéditions perdues, on ne pourra pas , au moyen desdites copies , prolonger les délais fixés par les expéditions pour les chargemens et déchargemens des marchandises. *Loi du 22 août, titre 13 , article 26.*

EXPORTATION. Les marchandises qui devront être exportées par mer, seront conduites à l'endroit dont il sera convenu entre la régie et le commerce, pour y être vérifiées. S'il est impossible de les introduire dans un local particulier , la vérification se fera au lieu de l'embarquement. *Loi du 22 août, titre 2 , article 6.*

Immédiatement après que les droits auront été acquittés , les marchandises allant par mer seront embarquées ; les autres passeront de suite à l'étranger, sans qu'elles puissent être entreposées dans d'autres maisons, sous peine de confiscation, hors les cas d'avarie. *Titre 2 , article 26.*

F

FACTURE. La facture faite au lieu de l'exportation , sera jointe à l'évaluation donnée au lieu d'importation. *Loi du 4 germinal , titre 6 , article 5.*

FRAIS. Tous frais de transport , déballage et pesage, sont supportés par les propriétaires des marchandises. *Loi du 4 germinal , titre 3 , article 9.*

Dans le cas où il y auroit lieu à remettre à des particuliers les droits, amendes et autres sommes qu'ils auroient payées, ils seront toujours tenus des frais qu'auroit fait la régie. *Loi du 22 août, titre 3 , art. 14.*

FRAUDE. Les préposés pourront saisir la fraude en-deçà des deux lieues des côtes et frontières pourvu qu'ils l'aient vue pénétrer et qu'ils l'aient suivie sans interruption. *Loi du 22 août, titre 13, art. 35.*

Deux préposés ou autres citoyens suffisent pour constater la fraude. *Loi du 9 floréal an 7, titre 4, art. 1.*

FRONTIÈRES. Les habitans des frontières qui ont des propriétés du côté de l'étranger, peuvent transporter les meubles et effets à leur usage , en justifiant de la jouissance d'une propriété distante de trois ou quatre lieues. *Décision du 17 octobre 1791.*

Tout magasin ou entrepôt de marchandises manufacturées , ou dont le droit excède 12 francs par quintal , ou dont la sortie est prohibée ou assujettie à des droits, est défendue à la distance de deux lieues des frontières, à l'exception des lieux dont la population est au moins de deux mille âmes. *Loi du 22 août, titre 13 , article 37.*

Les marchandises entreposées seront saisies et confisquées , avec amende de 100 francs contre ceux qui les auront reçues. *Article 39.* Voyez pour le surplus *Police des Frontières.*

H

HUISSIERS. Toutes saisies que feroient les huissiers du produit des droits, entre les mains des rece-
eurs de la régie, ou en celles des redevables, seroient nulles, et ils encourroient l'interdiction,
nille francs d'amende, et des dommages-intérêts. *Loi du 22 août, titre 12, article 9.*

HYPOTHÈQUE. La régie a hypothèque sur les immeubles des comptables et redevables ; à l'égard
es premiers, du jour de leur serment ; quant aux autres, à compter du jour où leurs soumissions ont
té inscrites sur le registre, pourvu toutefois qu'elles aient été enregistrées dans le délai fixé pour les
ctes des notaires. *Loi du 22 août, titre 13, article 23.*

I

ILES FRANÇOISES EN EUROPE. Toutes les lois de la république françoise relatives aux impor-
ations et exportations, seront exécutées dans les départemens du Golo et du Liamone.

Les marchandises et denrées expédiées du continent françois pour ces deux départemens, ne seront
oumises à aucun droit de sortie et d'entrée.

Les marchandises et denrées du cru et des fabriques de ces deux départemens, seront également exemptes
es droits de sortie et d'entrée, lorsqu'elles seront envoyées sur le continent françois, et qu'elles seront
ccompagnées d'un certificat d'origine et d'une expédition de la douane du port d'embarquement.

Les objets dont l'exportation à l'étranger est prohibée, ne pourront être expédiés du continent pour
'île de Corse, que sur des permissions particulières qui seront accordées par le gouvernement.

Pour l'exécution des trois articles précédens, toutes les formalités prescrites par le titre 3 de la loi du
2 août 1791, lors de l'enlèvement, par mer, d'un port, à destination d'un autre port de France, seront
bservées.

Les marchandises étrangères dont l'importation n'est pas défendue, qui, après avoir été introduites
n Corse, seront expédiées pour le continent, n'y seront admises en exemption de droits, qu'en repré-
entant les acquits de paiement de ceux qui auront été perçus à leur entrée dans cette île, et une expédition
e la douane du port d'embarquement.

Les marchandises manufacturées en Corse, et de l'espèce de celles dont l'importation est défendue,
ui seront expédiées des départemens du Golo et du Liamone pour les ports du continent, n'y seront
dmises qu'en justifiant, par des certificats authentiques, qu'elles ont été fabriquées dans cette île.

Les droits d'entrée et de sortie ne pourront être perçus que dans les bureaux de Bastia, Maccinaggio,
'Ile-Rousse, Calvi, Saint-Florent, Servione, Ajaccio, Bonifacio, Porto-Vecchio et Propriano : les
ureaux de Nonza, Algajola, San-Pellegrino, Spadulella, Tizzano, Garghesse et Savone, ne pourront
ue délivrer ou décharger les acquits-à-caution, et percevoir les droits de navigation, lorsque des bâtimens
r arriveront en simple relâche ou sur leur lest.

Ile d'Elbe. Les ports et territoire de l'Elbe seront francs de droits de douane.

Iles de Noirmoutier et Belle-Ile-en-Mer. Toutes les dispositions relatives à l'île de Corse leur sont
ommunes.

Iles-d'Yeu, Ouessant, Mollène, Hédic et île des Saints. Ces îles ne sont point assujetties au tarif
énéral sur leur relation avec l'étranger ; cependant les sels et produits de leurs pêches seront
mportées en France en exemption de droit, à la charge d'être accompagné de certificat de munici-
alité, justificatif de leur origine, et elles peuvent également recevoir les bois nécessaires à leur
onsommation. *Loi du 10 juillet 1791.*

La loi du 4 germinal an 2, étend cette exemption aux autres denrées et productions du sol desdites îles ;
lle ordonne encore qu'il ne pourra être importé desdites îles aucun objet manufacturé, tant qu'il ne
era pas justifié qu'il y existe des manufactures reconnues par le corps législatif, dont lesdits objets
nanufacturés sont le produit.

Iles de Groix, de Bouin et de la Crosnière. La perception des droits de douane a lieu à l'entrée
t à la sortie des îles de Groix, de Bouin et de la Crosnière ; et cependant, pour empêcher qu'elles

servent d'entrepôt à des productions étrangères , qu'il seroit facile d'y débarquer frauduleusement , les habitans desdites îles peuvent seulement apporter, en exemption de droits, dans les ports de France , les produits de leur culture et de leur pêche. Toute autre importation seroit traitée comme étrangère , si elle n'étoit accompagnée d'un acquit des droits payés à l'entrée desdites îles.

Ils peuvent encore importer , en exemption , les autres denrées et productions de leur sol , mais non des objets manufacturés.

IMPORTATION. *Par mer.* Les marchandises dont l'entrée n'est pas défendue , pourront être importées par tous les bureaux maritimes. *Loi du* 12 *pluviôse an* 3, *article* 4.

Les mousselines et toiles peintes ne sont pas comprises dans cette disposition. *Loi du* 9 *floréal an* 7 , *titre* 1 , *article* 11.

Les formalités à remplir par les capitaines ou maîtres , ont été détaillées aux articles *Manifeste* et *Déclaration*.

Par terre. A l'exception des mousselines et toiles peintes qui ne peuvent entrer que par certains bureaux , toute marchandise dont l'entrée est permise , peut être importée par les bureaux de terre , placés sur les grandes routes. *Lois des* 12 *pluviôse an* 3 , *article* 4 , *et* 9 *floréal an* 7.

Les marchandises importées seront conduites au premier bureau d'entrée, à peine de confiscation et de 200 francs d'amende. *Loi du* 4 *germinal, titre* 3 , *article* 4.

Les voituriers se dirigeront sur le plus prochain bureau, à moins qu'ils ne portent que des fruits cruds et autres mennes denrées sur des routes où il n'y a pas de bureau. *Titre* 2 , *article* 1.

L'amende de 200 francs et la confiscation ont lieu lorsque les objets importés ont dépassé les bureaux, et lorsque, avant d'y être présentés, ils ont été traduits dans quelque maison ou auberge. *Lois des* 9 *floréal, titre* 2 , *article* 2 , *et* 4 *germinal, titre* 3 , *article* 5.

INCONNUS. Lorsqu'il aura été fait sur des inconnus des saisies d'objets prohibées , dont la valeur n'excédera pas 50 francs en argent , la régie pourra en demander la confiscation par une requête qui contiendra l'estimation , si toutefois lesdits objets n'ont pas été réclamés. *Loi du* 5 *septembre, art.* 5 *et* 6.

INDEMNITÉ. Elle est due aux locataires et propriétaires des maisons où sont établis les bureaux et les logemens des préposés. *Loi du* 22 *août, titre* 13 , *article* 4.

Si une saisie n'est pas fondée , il est dû une indemnité au propriétaire des marchandises. *Loi du* 9 *floréal an* 7 , *titre* 4 , *article* 16.

INSCRIPTION DE FAUX. Celui qui voudra s'inscrire en faux contre un rapport, devra en faire la déclaration, soit en personne ou par un fondé de pouvoir, passé devant notaire, au plus tard à l'audience indiquée par la sommation de comparoître devant le tribunal qui doit connoître de la contravention. Il devra , dans les trois jours suivans, faire au greffe dudit tribunal le dépôt des moyens de faux , et des noms et qualités des témoins qu'il voudra faire entendre ; le tout à peine de déchéance de l'inscription de faux. Cette déclaration sera reçue et signée par le juge et le greffier , dans le cas où le déclarant ne sauroit écrire ni signer. *Loi du* 9 *floréal an* 7 , *titre* 4 , *article* 12.

Dans les saisies de marchandises angloises et de grains, dont la connoissance appartient au tribunal de première instance , c'est au greffe de celui-ci que doit être fait le dépôt des moyens de faux.

Si les jurés d'accusation déclarent qu'il n'y avoit pas lieu à l'inscription de faux, elle ne peut être reproduite ni en première instance , ni en dernier ressort.

INSTRUCTION. En première instance , et sur l'appel, l'instruction sera verbale, sur simple mémoire , et sans frais de justice de part ni d'autre. *Loi du* 4 *germinal an* 2 , *titre* 6 , *article* 17.

INTENTION. Les juges ne pourront dans aucun cas arguer de l'intention pour excuser des contrevenans. *Loi du* 9 *floréal, titre* 4 , *article* 16.

Le tribunal de cassation, en conformité de cette loi , a annulé , dans diverses circonstances, des jugemens rendus en considération de l'intention.

J

JUGEMENS PRÉPARATOIRES. On ne pourra appeler d'aucun jugement préparatoire pendant l'instruction , et les parties seront obligées d'attendre le jugement définitif , sans qu'on puisse cependant leur opposer ni le silence , ni même les actes faits en exécution des jugemens de cette nature. *Loi du* 3 *brumaire an* 2 , *article* 6.

Tout jugement rendu sur une saisie sera signifié, soit à la partie, soit au préposé indiqué par le rapport. Les significations à la partie seront faites à son domicile, si elle en a un réel ou élu dans le lieu de l'établissement du bureau, sinon à celui du maire de la commune. *Loi du 14 fructidor, article 11.*

JUGES DE PAIX. Ils connoissent en première instance des affaires civiles concernant les douanes. *Loi du 9 floréal an 7, titre 4, article 6.*

L

LIGNE DES DOUANES. Les lois et règlemens sur le transport et la circulation des denrées et marchandises, dans l'étendue d'un myriamètre (deux lieues anciennes) des frontières de terre, seront exécutés dans les deux myriamètres (quatre lieues anciennes) desdites frontières.

Les étoffes de toute espèce, les toiles de coton blanches, teintes ou peintes, les toiles de Nankin, les mousselines, la bonneterie, la rubanerie, les sucres rafinés, bruts, têtes et terrés, les cafés et autres denrées coloniales, les poissons salés, les cotons filés, les tabacs en feuilles et fabriqués, ne pourront, pendant la nuit, être transportés et circuler dans la distance d'un myriamètre (deux lieues anciennes) des côtes.

Les mêmes objets ne pourront également être transportés et circuler de nuit, dans la distance d'un myriamètre (deux lieues anciennes) des rives des fleuves, rivières et canaux qui conduisent de la mer dans les ports intérieurs, mais seulement jusqu'au point où il existe des bureaux des douanes, à peine de confiscation et de 500 francs d'amende. *Loi du 8 floréal an 11.*

LOIS. Toutes celles relatives aux perceptions doivent être communiquées aux redevables, s'ils le requièrent.

M

MAIN-FORTE. Les commandans militaires, les préfets et les municipalités sont tenus de faire prêter main-forte aux préposés des douanes, et les troupes quelconques de la leur fournir à la première réquisition. *Loi du 22 août, titre 13, article 14.*

Il est expressément enjoint aux commandans militaires de faire prêter main-forte lorsqu'ils en sont légalement requis, et au moment même de la réquisition. *Loi du 12 pluviôse an 3.*

MAIN-LEVÉE. Il ne pourra être donné main-levée des marchandises saisies, qu'en jugeant définitivement. *Loi du 22 août, titre 12, article 2.*

Pour autre cause que prohibition, il sera offert main-levée des objets saisis, en en consignant la valeur. *Loi du 9 floréal an 7, titre 4, article 5.*

Il ne peut être donné main-levée des marchandises prohibées, quand même il y auroit un vice de forme dans un rapport. *Loi du 15 août 1793, et jugement du tribunal de cassation du 15 prairial an 8.*

MANIFESTE. C'est un état de chargement, sans lequel aucune marchandise ne peut être importée par mer d'un port françois ou d'un port étranger. Il doit être signé du capitaine, et désigner la nature de la cargaison, les marques, numéros des balles, ballots, etc. *Loi du 4 germinal an 2, titre 2, article 1.*

Il doit être signé et déposé dans les vingt-quatre heures. *Loi du 27 vendémiaire an 2, article 38.*

Copie doit en être remise aux préposés qui viennent à bord dans les deux myriamètres des côtes. *Loi du 4 germinal, titre 2, article 3.*

Le manifeste doit être présenté, soit qu'on aborde dans un autre port que celui de la destination, ou en cas de relâche forcée. *Titre 2, article 6.*

Si le manifeste n'est pas exhibé, si quelques marchandises n'y sont pas comprises, ou s'il y a différence, le capitaine sera condamné à une somme égale à la valeur des marchandises omises ou différentes, et à une amende de mille francs. *Titre 2, article 2.*

Les rapports des préposés sont comparés avec les manifestes, et la différence ou concordance mentionnée au registre.

E

MARCHANDISES ANGLOISES. L'importation et la vente des marchandises manufacturées, provenant soit de fabriques, soit du commerce anglois, sont prohibées dans toute l'étendue de la république. *Loi du* 10 *brumaire an* 5.

Sont encore réputés provenir des fabriques angloises, quelle qu'en soit l'origine, les objets ci-après importés de l'étranger :

Acier et airain ouvrés. Basins. Bonneterie de toute espèce, de coton ou de laine, unie ou mélangée. Boutons de toute espèce. Chapeaux anglois. Coton filé. Coutellerie. Cristaux. Cuirs tannés, corroyés ou apprêtés, ouvrés ou non ouvrés. Draps de laine, de coton ou de poil, ou mélangés de ces matières. Etoffes de laine, de coton et de poil, ou mélangées de ces matières.

Cette disposition ne s'applique point aux couvertures de laine, ni aux étoffes de fil et de coton du duché de Berg.

Fayence ou poterie connue sous la dénommination de terre de pipe ou grés d'Angleterre. Gazes d'Angleterre. Harnois et tous autres objets de sellerie. Horlogerie. Lainées filées.

On n'entend point par là les paines ou pennes qui sont essentiellement matière première.

Mousselinettes. Nankinettes. Ouvrages de peau, consistant en gans, culottes et gillets. Ouvrages en fer, acier, étain, cuivre, airain, fonte, tole. Ouvrages en fer-blanc ou autres métaux polis ou non polis, purs ou mélangés.

Les cuivres en planches, fonds et barres, ne sont pas compris dans cette prohibition, ni les traits argentés ou dorés.

Peaux pour gants, culottes et gilets. Piqués et plaqués de toute sorte. Poil filé.

Le poil de chèvre filé est excepté, il n'y a que les ouvrages de cette matière qui sont frappés par la prohibition.

Quincaillerie fine. Rubans anglois. Schalls anglois. Tabletterie. Tapis dits anglois. Velours de coton. Verrerie, autres que les verres servant à la lunetterie et à l'horlogerie. Voitures non montées.

Tout bâtiment qui entrera dans un port de la république, sous tel prétexte que ce soit, chargé en tout ou en partie de ces marchandises, sera saisi sur-le-champ, sauf l'application de la *loi du* 23 *brumaire an* 3, *article* 2.

Sont exceptés les bâtimens au-dessus de 100 tonneaux, dont la nécessité de la relâche sera constatée ; dans ce cas, le capitaine est tenu de remettre, aussitôt son arrivée, aux préposés, le manifeste indicatif des quantité, qualité et valeur des marchandises provenant des fabriques ou du commerce anglois, qu'il aura à son bord.

Les basins, piqués, mousselinettes, toiles, draps et velours de coton qui ne porteront pas la marque du fabriquant et l'estampille nationale, seront censés de fabrique angloise et confisqué. *Loi du* 3 *fructidor an* 9.

Toutes marchandises analogues à celles qui se fabriquent en Angleterre, seront aussi réputées angloises, si elles ne portent l'estampille nationale. *Arrêté du* 3 *fructidor an* 9.

Le gouvernement, en maintenant toutes les dispositions prohibitives des lois rendues sur les marchandises angloises, a ordonné, pour leur exécution, les suivantes par son *arrêté du* 4 *complémentaire an* 11.

Article premier. Il est enjoint à tous postes militaires, aux gendarmes nationaux, aux gardes nationales de service, et généralement à tous fonctionnaires, d'arrêter tous individus qui introduiroient des marchandises de fabrique ou de commerce anglois, ou qui les vendroient ou les entreposeroient dans l'intérieur de la république, ou qui tenteroient d'introduire des marchandises de contrebande, soit par versemens faits hors la présence des préposés des douanes, soit en évitant les bureaux frontières.

II. Si, pour l'exécution de l'article ci-dessus, il est nécessaire de faire des visites domiciliaires, les formalités ordonnées par les articles XI et XII de la loi du 10 brumaire an 5, seront observées : en conséquence, les visites ne pourront être faites que de jour et en présence du maire de la commune, par les préposés des douanes, dans la ligne des douanes ; et à l'intérieur, par les commissaires généraux ou commissaires de police dans les lieux où il y en a d'établis ; et partout ailleurs, par le juge de paix du canton.

III. Les prévenus seront conduits, à l'instant même de la capture, dans les prisons du lieu, pour être incontinent traduits devant le magistrat de sûreté ; et dans le cas où la capture auroit été effectuée par les préposés des douanes, commissaires de police ou autres fonctionnaires et officiers publics, les gendarmes , les troupes de ligne et les gardes nationales , seront tenus de leur prêter main-forte à la première réquisition.

IV. Si le délit est commis à force ouverte avec attroupement et port d'armes, les fraudeurs seront , ainsi que ceux qui les auront aidés et favorisés, poursuivis suivant les formes déterminées par la loi du 18 pluviôse an 9 , et traduits incessamment devant le tribunal spécial , conformément à la loi du 13 floréal an 11.

V. Dans le cas où il n'y auroit ni attroupement ni port d'armes, les fraudeurs et leurs complices seront poursuivis , ainsi qu'il est prescrit par les articles VI et XV de la loi du 10 brumaire an 5 , et dans la forme déterminée par la loi du 7 pluviôse an 9 , et seront en conséquence traduits , sans aucun délai, devant le tribunal d'arrondissement jugeant correctionnellement.

VI. Les procès-verbaux seront en conséquence , après avoir été duement affirmés dans trois jours au plus tard , à compter de celui où la fraude aura été constatée , remis, savoir : dans le cas de contrebande avec attroupement et port d'armes, au commissaire du gouvernement près le tribunal criminel ; et dans le cas de simple fraude, au substitut de ce commissaire , magistrat de sûreté pour l'arrondissement dans lequel la fraude aura été commise.

VII. Le commissaire près le tribunal criminel et son substitut , chacun en ce qui le concerne , seront tenus de décerner le mandat de dépôt contre les prévenus et leurs complices , s'ils ne sont pas déjà en arrestation ; de requérir la délivrance du mandat d'arrêt ; de dresser l'acte d'accusation lorsqu'il y aura lieu ; et toutes autres affaires cessantes , de faire traduire les prévenus et leurs complices , soit devant le tribunal spécial , soit devant le tribunal d'arrondissement jugeant correctionnellement , suivant la nature de l'affaire , le tout sans aucune espèce d'interruption ni de retard , et sous leur responsabilité personnelle.

VIII. Tous juges chargés de l'instruction ou du jugement des affaires relatives à l'introduction , vente ou entrepôt de marchandises de contrebande, seront également tenus d'y procéder sans délai, et toutes autres affaires cessantes.

IX. Dans le cas d'une inscription de faux contre un procès-verbal constatant fraude , si l'inscription est faite dans le délai et suivant la forme prescrite par l'article XII du titre IV de la loi du 9 floréal an 7 , et en supposant que les moyens de faux, s'ils étoient prouvés , détruisissent l'existence de la fraude à l'égard de l'inscrivant , le commissaire du gouvernement près le tribunal saisi de l'affaire , fera les diligences convenables pour y faire statuer sans délai.

Il sera sursis , conformément à l'article DXXXVI du code des délits et des peines , au jugement de la contravention, jusqu'après le jugement d'inscription de faux ; et néanmoins, en vertu de l'art. XIII du titre IV de la loi du 9 floréal an 7 , le tribunal saisi de la contravention , ordonnera provisoirement la vente des marchandises sujettes à dépérissement , et des chevaux qui auront servi au transport.

X. Lorsqu'une inscription de faux n'aura pas été faite dans le délai et suivant les formes déterminées par la loi du 9 floréal an 7 , il sera, sans y avoir aucun égard , passé outre à l'instruction et au jugement de l'affaire.

XI. Les substituts du commissaire du gouvernement près le tribunal criminel , rendront compte à ce commissaire de toutes les poursuites faites pour contravention aux lois qui prohibent les marchandises de contrebande ; et les commissaires du gouvernement près les tribunaux d'arrondissement , lui adresseront un expédition de tous les jugemens qui seront rendus, dans les trois jours de leur prononciation.

XII. Les commissaires près les tribunaux criminels sont spécialement chargés de surveiller la poursuite , l'instruction et le jugement de toutes les affaires concernant l'introduction frauduleuse de toute espèce de marchandise de contrebande, la vente ou l'entrepôt de marchandises angloises dans l'intérieur. Ils seront tenus de se pourvoir par voie de droit, dans les délais prescrits par la loi , contre tout jugement qui , au mépris de l'art. II, titre IV de la loi du 9 floréal an 7 , auroit admis la preuve testimoniale contre les procès-verbaux, ou prononcé d'autres nullités que celles admises par les 10 premiers articles du même titre ; enfin contre les jugemens qui, au mépris de l'art. XVI , auroient excusé les contrevenans sur l'intention.

Ils rendront tous les mois , au Grand-Juge ministre de la justice , un compte particulier de leurs diligences à ce sujet , et de chaque affaire, en lui adressant , ainsi qu'au ministre de l'intérieur , une expédition de tous les jugemens qui seront rendus en cette matière.

XIII. En conséquence de l'article IV du titre premier de la loi du 10 vendémiaire an 4, relative aux délits dont les communes sont responsables, les communes sur le territoire desquelles des attroupemens ou rassemblemens armés ou non armés, spécifiés par ladite loi, se seroient portés au pillage des bureaux des dépôts des douanes, et auroient exercé quelque violence contre les propriétés nationales ou privées, seront responsables de ces délits, et des dommages-intérêts auxquels ils donneront lieu.

XIV. Conformément à l'art. VI du même titre de la même loi, lorsque, par suite de ces rassemblemens ou attroupemens, un individu préposé aux douanes ou autre, domicilié ou non sur une commune, y aura été pillé, maltraité ou homicidé, tous les habitans seront tenus de lui payer, ou en cas de mort, à sa veuve et enfans, des dommage-intérêts.

XV. En conséquence de l'art. V du même titre, dans le cas où les rassemblemens auroient été formés d'individus étrangers à la commune sur le territoire de laquelle les délits ont été commis, et où la commune auroit pris toutes les mesures qui étoient en son pouvoir à l'effet de les prévenir et d'en faire connoître les auteurs, elle demeurera déchargée de toute responsabilité.

XVI. Dans le cas prévu par les art. XIII et XIV, la poursuite de la réparation et des dommages-intérêts ne pourra être faite qu'à la diligence du préfet du département, autorisé par le gouvernement, devant le tribunal civil de l'arrondissement dans lequel le délit aura été commis.

MARCHANDISES IMPOSÉES A LA VALEUR. Pour les marchandises que le tarif impose à tant pour cent de la valeur, le droit sera perçu sur la valeur déclarée; ou le préposé retiendra la marchandise, en annonçant qu'il paiera la valeur et le dixième en sus, dans les 15 jours qui suivront la notification du procès-verbal de retenue. *Loi du 4 floréal an 4, article* 1.

La retenue n'est soumise à d'autre formalité, qu'à celle de l'offre souscrite par le receveur du bureau, et signifiée au propriétaire ou à son fondé de pouvoir. *Article* 2.

MARCHANDISES OMISES. Les marchandises et denrées qui auront pu être omises au tarif des droits d'entrée, acquitteront ces droits sur la valeur qui en sera déclarée; savoir: celles qui auront reçu quelque main-d'œuvre 10 pour cent de cette valeur; les drogueries 5 pour 100, et tous autres objets 3 pour 100. *Loi du 22 août* 1791, *titre* 1, *article* 5. Les objets non compris au tarif de sortie paieront le simple droit de balance de commerce. *Loi du 24 nivôse an* 5.

MARCHANDISES DE RETOUR. Voyez *retour de l'étranger.*

MARCHANDISES DONT L'ENTRÉE EST RESTREINTE A CERTAINS BUREAUX. On ne peut admettre par les bureaux de terre, non placés sur les grandes routes :

1°. Plus de cinq livres métriques de drogueries et épiceries. *Loi du 22 août, titre* 1, *article* 4, *modifié par l'arrêté du* 12 *pluviôse an* 3.

2°. Plus de vingt-cinq livres de toile de lin et de chanvre, blanche ou écrue, de basins de fil, bougrans et treillis. *Suite de la même loi, titre* 4, *article* 2, *également modifié par le décret du* 12 *pluviôse.*

3°. Des soies et filoselles, qu'elle qu'en soit la quantité.

4°. Des siamoises, batistes, linons et toiles de coton blanches. *Article* 4 *et* 5.

5°. Les mousselines, même de l'Inde, ne peuvent entrer *par mer*, que par les ports de Bordeaux, Nantes, Lorient et le Hâvre. *Par terre*, que par les bureaux de Bourg - Libre, Verrières-de-Joux et Versoix. *Loi du* 9 *floréal an* 7, *titre* 1, *article* 2.

6°. Les toiles peintes, teintes ou imprimées, que par ces trois derniers bureaux. *Même article.*

7°. Les toiles de coton blanches brochées, brodées ou rayées ne peuvent entrer que par les bureaux ouverts aux mousselines. *Suite de l'arrêté du* 24 *frimaire an* 11.

8°. Les tabacs en feuilles, que par Bordeaux, La Rochelle, Nantes, Lorient, Morlaix, Saint-Malo, le Hâvre, Dieppe, Dunkerque, Ostende, Marseille et Cette; Cologne, Mayence et Strasbourg. *Loi du* 29 *floréal an* 10; Anvers, *arrêté du* 2 *thermidor an* 11.

MERCERIE COMMUNE. Elle se compose des objets suivans :

Aiguilles de toute sorte. Ambre jaune travaillé.

Batte-feux et briquets limés. Bois de miroirs non enrichis. Boîtes ferrées. Boîtes de sapin peintes. Boucles de fer. Bougettes. Bourses de cuir, de fil et de laine. Boutons de manches d'étain, et autres métaux communs. Brosserie.

Cadrans d'horloge et de montres. Chapelets de bois et de rocailles. Coffres non garnis. Colliers de perles et de pierres fausses. Compas. Cornets à jouer, de corne ou de cuir. Cornes claires à lanternes.

Dés à coudre en corne, cuivre, fer, os et ivoire. Dés à jouer. Dominoterie.

Ecritoires simples. Epérons communs. Eventails communs.

Feuilles d'éventails. Fouets. Fournimens à poudre. Fourreaux d'épée. Fuseaux.

Gaînes. Gibecières. Grains de verre de toute sorte. Grelots.

Hameçons. Horloges à sable. Houpes à cheveux de duvet.

Jetons de nacre, d'os et d'ivoire.

Lanternes communes. Lignes de pêcheurs.

Manicordium. Masques pour bal. Moulins à café et à poivre.

Ouvrages de buis. Ouvrages en cuivre et fer, tels que chandeliers, flambeaux, mouchettes, tire-bouchons et autres de même espèce. Ouvrages menus d'étain, comme cuillers, fourchettes.

Peignes de buis, de corne et d'os. Perles fausses. Pipes à fumer.

Ramonettes. Raquettes. Sifflets d'os et d'ivoire. Soufflets. Tambours. Tamis. Volans.

MESURAGE. Les préposés pourront exiger le mesurage des marchandises, dès que la déclaration en aura été faite. *Loi du 22 août, titre 2, article 4.*

MODÉRATION. Les juges répondent personnellement de toute modération des confiscations et amendes, s'ils en prononçoient. *Loi du 4 germinal, titre 6, article 3.*

S'il ne s'agit que de l'inexécution des formalités prescrites pour l'entrée ou la sortie, le chargement ou le déchargement de marchandises exemptes de droits ou qui ne doivent pas plus de 3 francs ; il sera seulement infligé une amende de 50 fr. pour sûreté de laquelle il sera retenu partie de la marchandise jusqu'à la consignation, ou jusqu'à ce qu'il ait été fourni caution solvable. *Loi du 22 août, titre 2, article 30.*

N

NAUFRAGES. Les préposés doivent se transporter sans délai aux lieux où sont arrivés les naufrages pour les constater. Ils doivent concourir à faire mettre les marchandises en dépôt. *Loi du 22 août, titre 7, articles 1 et 2.*

Lorsque les marchandises naufragées devront être vendues, la signification en sera faite aux employés du plus prochain bureau, qui assisteront à la vente. *Titre 7, article 4.*

Les marchandises naufragées paieront les mêmes droits que les marchandises avariées. *Titre 2, art. 24.*

Si les marchandises prohibées sont tellement avariées que le transport en soit impossible, les propriétaires pourront les faire vendre, à la charge de payer 15 pour 100 sur le produit de la vente. *Tit. 7 art. 6.*

Tout individu trouvé nanti de marchandises naufragées, sans permission, sera traduit devant l'officier de police judiciaire. *Titre 7, article 7.*

Les marchandises saisies de cette manière, seront mises en dépôt, en attendant réclamations. *Même art.*

NAVIGATION MARITIME. Les décrets sur la navigation, notamment ceux des 21 septembre 1793 et 27 vendémiaire an 2, sans déroger aux traités existans entre la France et les puissances avec lesquelles elle est en paix, ont, dans la vue de favoriser la construction et la navigation françoises, accordé à celles-ci des avantages exclusifs : en conséquence, aucun bâtiment n'est réputé françois qu'autant qu'il a été construit en France, ou dans les colonies et autres possessions françoises, ou pris sur l'ennemi et déclaré de bonne prise, ou enfin confisqué pour contravention aux lois de la république.

Les bâtimens de la Martinique, Sainte-Lucie et Tabago, ne seront réputés françois que sur un certificat des préfets de ces îles. *Lettre du 10 thermidor an 10.*

Les navires jetés sur les côtes de France, et devenus propriété françoise, qui ont reçu des réparations dont le montant est quadruple du prix de la vente, jouiront également des priviléges des bâtimens françois, mais pour prévenir les abus, les réparation seront constatées par trois experts, (dont l'un sera nommé par la douane, l'autre par la marine et le troisième par le tribunal de commerce,) qui dressent triple expédition du procès-verbal. *Loi du 27 vendémiaire an 2, art. 7 et 29 thermidor an* 10.

Outre les conditions ci-dessus, un bâtiment ne sera néanmoins réputé françois, qu'autant que les officiers et les trois quarts de l'équipage seront françois. *Loi du 21 septembre* 1793.

ACTE DE FRANCISATION. Cet acte ne sera délivré aux bâtimens échoués, que sur l'exhibition du contrat de propriété françoise, et d'un procès-verbal des réparations. *Loi du 7 fructidor an* 10.

Il sera dû pour l'acte de francisation :

Par bâtiment, jusqu'à 100 tonneaux inclusivement... 9 fr.
de 100 tonneaux jusques et y compris 200.. 18
de 200 tonneaux et au-dessous de 300......................................,........... 24
de 300 tonneaux et au-dessus, *par chaque tonneau de plus*................... 6
Pour l'inscription de la vente de partie du bâtiment............................... 6

L'inscription de la vente sera faite au dos de l'acte de francisation. Il ne sera perçu que le même droit pour la vente du bâtiment en totalité, et ce n'est que dans le cas où il est vendu par partie, que cette perception de 6 francs a lieu pour chacune d'elles, chacune exigeant une inscription ou endossement particulier.

Un bâtiment passant par succession d'un propriétaire à un autre, sera soumis à l'inscription pour la mutation de propriété, et devra le droit. *Loi du 2 germinal an* 7.

Si dans le cas d'une seconde vente ou transmission, on reconnoît que le droit de la première n'a pas été acquitté, les deux droits seroient exigés en même temps.

Tous ceux qui prêteront leur nom à la francisation de bâtimens étrangers, qui concourront comme officiers publics ou témoins aux ventes simulées; tous préposés, consignataires, agens de bâtimens et cargaisons, capitaines et lieutenans, qui, connoissant la *francisation* frauduleuse, n'empêcheront pas la sortie du bâtiment, disposeront de la cargaison d'entrée, en fourniront une de sortie, ou auront commandé le bâtiment, seront condamnés solidairement à six mille francs d'amende, et déclarés incapables d'occuper aucun emploi. *Loi du 27 vendémiaire an 2, article* 15.

CONGÉS. Les bâtimens au-dessous de 30 tonneaux, et tous bateaux, barques, allèges, canots et chaloupes, servant au petit cabotage ou à la pêche, et à la navigation intérieure, seront marqués d'un numéro et des noms des propriétaires et des ports auxquels ils appartiennent. Lesdits noms et numéros seront insérés dans un *congé* que chacun des bâtimens sera tenu de prendre chaque année, sous peine de confiscation et de 100 fr. d'amende. *Loi du 27 vendémiaire an* 2.

Il sera payé pour un congé :

Par bâtiment non ponté.. 1 fr.
Par bâtiment ponté au-dessous de 30 tonneaux.................................... 3
Par bâtiment ponté de 30 tonneaux et au-dessus................................. 6

Les bâtimens de 30 tonneaux et au-dessus, auront un *congé* où seront la date et le n°. de l'acte de francisation, qui exprimera les noms, état et domicile du propriétaire : son affirmation qu'il est seul propriétaire, ou conjointement avec d'autres, dont en ce cas, les noms, état et domicile seront énoncés ; le nom du bâtiment, l'époque de sa construction, le nom du port où il a été construit, condamné ou adjugé ; le nom du vérificateur qui certifiera que le bâtiment est de construction...... qu'il a mâts....... ponts....... et en donnera les autres dimensions. *Loi du 27 vendémiaire an 2, article* 9.

Le propriétaire, afin d'assurer le retour du bâtiment qui a obtenu un congé, donnera une soumission et caution comme suit :

Par bâtiment au-dessous de 200 tonneaux............... .... 20 fr. par tonneau.
Par bâtiment au-dessus de 200 tonneaux................................... 30   *idem.*
Par bâtiment au-dessus de 400 tonneaux................................... 40   *idem.*

Les propriétaires se soumettront sous peine de confiscation des sommes qu'ils auront consignées, à ne point vendre, donner, prêter, etc. les actes de francisation et congés ; à n'en faire usage que pour le bâtiment pour lequel ils sont accordés, et à rapporter l'acte de francisation au même bureau, dans un mois, si le bâtiment est perdu ou vendu sur les côtes de France, et dans trois, six ou neuf, suivant les distances, s'il est perdu ou vendu en d'autres contrées. *Article* 20.

Les congés ne sont bons que pour un voyage, lequel n'est censé fini que par le retour du bâtiment dans le port où le congé a été délivré ; dans les autres ports, le congé sera seulement visé. *Loi du* 1 *floréal an* 4.

Les congés des bâtimens employés à la pêche, sont valables pour un mois, quelque soit le nombre d'expéditions faites pendant ce temps. *Loi du* 27 *prairial an* 5 *et* 27 *nivôse an* 8.

Les bâtimens non pontés de la rivière de *Seine*, quoiqu'au-dessus de 30 tonneaux, qui, par leur construction, ne peuvent aller en mer, paieront pour leur congé qui sera valable pendant un an... 1 fr.

Dans tous les cas, les actes de francisation et congé seront déposés au bureau dans les vingt-quatre heures de l'arrivée de tout bâtiment, et y resteront jusqu'au départ. *Loi du* 27 *vendémiaire*, art. 28.

Passe-port. Le passe-port étant nécessaire à un bâtiment étranger pour lui servir de certificat, il sera perçu pour cette expédition... 1 franc.

Quoique la loi du 19 mai 1793 ait autorisé l'entrée des navires étrangers, il a été néanmoins décidé qu'ils ne pourroient pas être francisés.

Droit de tonnage. Le droit de tonnage est perceptible par la seule entrée d'un bâtiment dans les ports, n'y restât-il qu'un jour ; il est dû même dans le cas de relâche forcée ; et quoiqu'il ne soit exigible que vingt jours après son arrivée, il doit néanmoins être payé avant le départ : ce droit est imposé sur la contenance du vaisseau, et non sur son volume : en conséquence, la jauge doit en être faite dans l'intérieur.

Les bâtimens françois au-dessus de 30 tonneaux, venant d'un port françois sur l'Océan, ou d'un port à un autre de la Méditerranée, paieront par *tonneau*. . . . . 0 fr. 15 cent.

S'ils viennent de l'Océan dans la Méditerranée, *et vice versâ*. 0   20

Les bâtimens françois venant des colonies et comptoirs françois d'Asie, d'Afrique ou d'Amérique, dans un port de France, paieront aussi par *tonneau*. . 0   30

Tout bâtiment étranger venant dans un port de France, ne portât-il que des passagers. 2   50

Sont exempts du droit de tonnage :

Les bâtimens françois de 30 tonneaux et au-dessous.

Ceux même de 30 tonneaux, venant de la pêche, de la course ou d'un port étranger.

Ceux de la marine nationale, ou étrangers frétés pour le compte de la république.

Les parlementaires, à l'usage unique du gouvernement, bien qu'ils aient un chargement à leur retour.

Les bâtimens pris sur l'ennemi.

Tout bâtiment forcé à entrer dans un port, et déclaré ne pouvoir plus tenir la mer.

Tout bâtiment abandonné.

Tout bâtiment échoué et abandonné, quoique la cargaison soit sauvée.

Demi-droit de tonnage. Ce nouveau droit est uniquement affecté aux fais de réparation et d'entretien des ports où le recouvrement s'en effectue. Une lettre du ministre, en date du 23 floréal an 10, le rend passible du décime par franc dont les receveurs des douanes sont dépositaires.

On le nomme demi-droit de tonnage, parce que le droit perçu est égal à la moitié du droit de tonnage ; tous les navires l'acquittent, soit étrangers ou françois ; et une décision du 28 nivôse an 11 y a soumis même les bâtimens qui naviguent pour le compte des agens de la marine, eu égard au motif qui a donné lieu à l'établissement du droit.

Les bâtimens exempts du droit de tonnage, et les *smogleurs*, dans les cas prévus et énoncés ci-dessous à ce mot, le sont également du demi-droit. *Décision des* 29 *thermidor an* 10, *et* 26 *pluviôse an* 11.

Droit d'expédition. Les bâtimens exempts des droits de tonnage le sont également de ceux d'expédition ; mais il est dû par les *parlementaires* qui chargent au retour des marchandises ou des voyageurs ; il est dû aussi par le navire qui sort du port pour la première fois.

Les bâtimens étrangers de 200 tonneaux et au-dessous, paieront. .... 18 fr.

Au-dessus de 200 tonneaux.. 36

Les bâtimens françois de 30 à 150 tonneaux.............................. 2

De 150 à 300 tonneaux... 6

Au-dessus de 300 tonneaux.. 15

DROITS D'ACQUIT, PERMIS ET CERTIFICAT. Le droit d'*acquit* n'étant qu'accessoire, ne peut être exigé qu'autant qu'il y a lieu au paiement d'un droit principal de navigation ; il doit en être perçu un particulier pour chaque expédition. *Décision du 7 floréal an 5.*

Le permis est dû sur chaque déclaration de chargement ou de déchargement ; mais il n'en est délivré que pour la même partie de marchandises, quelle que soit la durée des chargemens ou déchargemens. Ce droit est également dû sur les bâtimens de 80 tonneaux et plus, naviguant même en rivière. *Décision du 17 floréal an 6.*

Il sera perçu pour tout acquit, certificat et permis :

    Par cargaison étrangère.. 1 fr. 0 cent.
    Par cargaison françoise... 0   50

Sont exempts de ce droit :

    1°. Les provisions de beurre et de tabac à l'usage des équipages.
    2°. Les bâtimens pris sur l'ennemi.
    3°. Les navires entrant ou sortant sur leur lest.
    4°. Les *smogleurs* dont la contenance n'excède pas 50 tonneaux.

SMOGLEURS Ces bâtimens ne sont soumis qu'à un droit de tonnage d'un franc cinquante centimes par tonneau à l'entrée des ports de la Manche, lorsqu'ils ne sont chargés que de matières premières, passibles seulement du droit de balance. ---Ceux qui, venus sur leur lest, chargent en retour des productions nationales ou des objets de l'industrie françoise, exempts ou sujets à des droits de sortie modiques, jouissent du même avantage. *Arrêtés des 21 frimaire an 10, et 10 frimaire an 11.*

BÂTIMENS POUR LA PÊCHE. L'exemption du droit de tonnage accordé aux bâtimens françois venant de la pêche, s'étend à ceux qui les suppléent pour le transport de ladite pêche, au lieu le plus avantageux pour la vente. *Décision du 28 pluviôse an 10.* Mais ils doivent le droit de permis pour leur déchargement. *Décision du 25 pluviôse an 5.*

PAQUEBOTS. Une lettre du ministre des finances au commissaire central près l'administration des postes, en date du 28 pluviôse an 10, dit que les paquebots français doivent être francisés dans les formes et avec les formalités ordinaires. Ceux à l'usage de cette administration sont censés bâtimens de l'état, lorsqu'ils transportent les dépêches et les passagers. *Décision du 15 floréal an 10.*

NAVIRES NEUTRES, AUTORISÉS A FAIRE LE CABOTAGE. Ils ne paient que les droits de navigation imposés sur les bâtimens françois.

Cette faveur s'étend non seulement au port où le bâtiment conduit le chargement pour lequel il a reçu une autorisation, mais encore au port où il va prendre ce chargement. *Loi du 22 pluviôse an 7.*

Un navire neutre qui, ayant chargé dans un port de France pour un autre port de France, en vertu de permission, des marchandises ou denrées qu'il a été forcé de porter à l'étranger, a perdu l'avantage de la francisation momentanée. Il doit la différence existante entre le droit qu'il a payé, et celui qu'il auroit acquitté sans son autorisation. *Loi du 3 floréal an 8.*

Les navires neutres, autorisés à aller aux colonies, doivent être traités au retour comme bâtimens françois. *Loi du 18 fructidor an 8.*

NAVIRES FRANÇOIS NEUTRALISÉS. Un navire françois qui a obtenu la permission de naviguer sous pavillon neutre, ne doit les droits de navigation que comme françois, quoique les trois quarts de l'équipage ne le soient pas. *Loi du 17 vendémiaire an 6.*

DISPOSITION GÉNÉRALE. Il ne sera reçu dans les ports de France aucun bâtiment expédié des ports d'Angleterre, ou qui y ait touché. *Arrêté du premier thermidor an 11.*

EXCEPTION. Les bâtimens françois ou étrangers, frétés pour le compte de la république, tant ceux affectés à son service, que ceux nourris et soldés par elle, sont exceptés de l'acte de navigation. *Loi du 17 Brumaire an 5.*

ARMEMENS EN COURSE. *Titre premier.* Les sociétés pour la course, s'il n'y a pas de conventions contraires, seront réputées en commandite. *Arrêté du 2 prairial an 11, titre 1, chap. 1, art. 1.*

L'armateur pourra, par l'acte de société ou par les actions, fixer le capital de l'entreprise à une somme déterminée, pour la répartition des profits ou la contribution aux pertes. *Article 2.*

Les armateurs sont dispensés de faire la vente du corps du bâtiment-corsaire, pour la fixation des dépenses relatives à la liquidation des droits des invalides de la marine ; mais s'ils requièrent cette vente, elle se fera dans les formes prescrites pour la vente des vaisseaux, et le prospectus sera affiché à la bourse de Paris et des principales villes maritimes. *Article 8.*

Il ne pourra être embarqué sur les bâtimens armés en course, qu'un huitième de matelots inscrits, et en état de servir sur les bâtimens de la république. *Chapitre 2, article 9.*

Les armateurs de corsaires auront la faculté d'employer des marins étrangers, et ce, jusqu'aux deux cinquièmes de la totalité de l'équipage. *Article 10.*

Les capitaines présenteront au bureau de l'inscription maritime les marins qu'ils auront engagés, et ils ne pourront embarquer que les gens de mer portés sur le rôle d'équipage, sous peine de 300 francs d'amende par chaque homme. *Article 11.*

Tout armateur ou capitaine, convaincu d'avoir favorisé la désertion d'un marin levé pour le service ou employé sur un bâtiment de l'état, sera poursuivi comme embaucheur, et sa lettre de marque sera immédiatement révoquée. *Article 12.*

Les déserteurs arrêtés avant le départ, n'auront, pendant le voyage, que la moitié du salaire qu'ils auroient dû gagner. S'ils sont arrêtés après le départ, ils restitueront aux armateurs les avances qu'ils en auront reçues, et feront une campagne extraordinaire de dix mois sur un bâtiment de l'état, à deux tiers de solde. *Article 13.*

Nul ne pourra obtenir des lettres de marque pour faire des armemens en course, ou en guerre et marchandises, s'il n'est citoyen françois, ou s'il n'est en pays étranger, immatriculé comme citoyen françois, sur les registres des commissariats des relations commerciales. *Art. 16, chap. 3.*

Si un armement en course a été fait, ou une lettre de marque obtenue sous un autre nom que celui du véritable armateur, ladite lettre sera nulle ; et celui qui aura prêté son nom sera soumis à l'amende de 6,000 francs, portée par l'*article 15 de l'acte de navigation du 27 vendémiaire an 2. Article 17.*

Tout armateur de bâtimens armés en course, sera tenu de fournir un cautionnement par écrit de la somme de trente-sept mille francs. Si l'état-major, l'équipage, etc. comprennent en tout plus de cinquante hommes, le cautionnement sera de soixante-quatorze mille francs. *Article 20.*

Les noms, professions et demeures des personnes qui auront cautionné, seront désignés sur un tableau qui restera affiché dans le bureau de l'inscription maritime du lieu où les armemens se seront faits. *Article 21.*

Tout individu convaincu d'avoir falsifié ou altéré une lettre de marque, sera jugé comme coupable de faux en écritures publiques. *Article 24.*

Il sera accordé des gratifications pour les prises faites par des corsaires particuliers ; savoir :

Navires de commerce, chargés de marchandises :

Par chaque prisonnier.. 40 fr. 00

Bâtimens dits *lettres de marque*, armés en guerre et en marchandises :

Pour chaque canon du calibre de 4 jusqu'à 12.............................. 110 00
Pour celui de 12 et au-dessus.. 160 00
Pour chaque prisonnier.. 45 00

Corsaires particuliers et petits bâtimens de l'état, tels que *bricks, lougres*, etc.

Pour chaque canon de 4 à 12.. 160 00
Pour celui de 12 et au-dessus.. 240 00
Pour chaque prisonnier.. 50 00

Vaisseaux, frégates de guerre, et corvettes à trois mâts :

Pour chaque canon de 4 à 12.. 240 00
Pour celui de 12 et au-dessus.. 360 00
Pour chaque prisonnier.. 60 00

La gratification pour les prisonniers n'a lieu qu'autant qu'ils sont amenés dans les ports. *Article 26, chapitre 4.*

F

Les capitaines de bâtimens armés en course sont tenus d'arborer pavillon françois, avant de tirer à boulet sur le bâtiment chassé. *Chapitre 5, article* 33.

Si une prise est faite par un bâtiment non muni de lettre de marque, elle sera confisquée au profit de la république. *Article* 34.

Tout capitaine qui aura fait des prisonniers à la mer, sera tenu de les garder jusqu'au lieu de sa première relâche en France, sous peine de payer 100 francs d'amende pour chaque prisonnier qu'il aura relâché. *Article* 35.

Tout capitaine ne pourra rançonner à la mer un bâtiment muni d'un passeport d'une puissance neutre, ce passeport fût-il expiré. Il ne pourra même rançonner un bâtiment évidemment ennemi, qu'autant que l'armateur aura été autorisé par l'obtention de traités de rançon, délivrés par l'administrateur de la marine du port de l'armement. *Articles* 39 et 40.

Il est défendu à tout capitaine, sous peine de nullité et d'une amende de 500 francs, de rançonner un bâtiment ennemi qui l'auroit déjà été. *Article* 44.

Les capitaines qui, sans y être autorisés, ou ceux qui, abusant de l'autorisation, rançonneroient des bâtimens même ennemis, ou ayant des passeports de puissances neutres, seroient condamnés à faire une campagne d'un an sur les bâtimens de l'état, à la plus basse paie des matelots, privés de leurs salaires, et déclarés incapables de jamais commander aucun navire armé en course, en guerre ou en marchandises. *Article* 47.

Titre II. *Des prises.* Seront de bonne prise tous bâtimens ennemis de l'état, ou commandés par des pirates, forbans, ou autres gens courant la mer sans commission spéciale d'aucune puissance. *Art.* 51.

Sera également de bonne prise tout bâtiment combattant sous autre pavillon que celui de l'état dont il a commission, ou ayant commission de deux puissances différentes; et s'il est armé en guerre, les capitaines et officiers seront punis comme pirates. *Article* 52.

Les bâtimens et leur chargement, si la neutralité n'est pas justifiée en tout ou partie, seront aussi de bonne prise. *Article* 53.

Un navire françois ou allié, repris par des corsaires sur les ennemis, appartiendra aux corsaires, s'il a été pendant 24 heures entre les mains de l'ennemi. S'il est repris avant les 24 heures, le droit de recousse ne sera que du tiers de la valeur du navire et de sa cargaison. *Article* 54.

Si le navire est repris par un bâtiment de l'état, il sera restitué aux propriétaires, à condition de payer à l'équipage repreneur le trentième de la valeur de la reprise, si elle a été faite avant les 24 heures, et le dixième, si elle a été faite après. *Même article.*

Si le navire est abandonné, ou si, par cas fortuit, il revient aux François, il sera rendu au propriétaire qui le réclamera dans l'an et jour. Les navires et effets des François ou alliés, repris sur les pirates, et réclamés dans l'an et jour de la déclaration qui en aura été faite, seront rendus, en payant le tiers de la valeur du navire et des marchandises, pour frais de recousse. *Articles* 55 *et* 56.

Les capitaines qui auront fait des prises, les amèneront ou enverront, autant que possible, au port où ils auront armé. *Article* 61.

Il est défendu, sous peine de la vie, de couler à fond les bâtimens pris, et de débarquer les prisonniers dans le dessein de céler la prise. *Article* 64.

Si les preneurs, ne pouvant se charger ni du vaisseau ni de l'équipage, enlevoient seulement les marchandises, il leur est enjoint de s'emparer des papiers et d'amener les deux principaux officiers. *Même article.*

Il est défendu d'ouvrir les sacs, ballots, caisses, etc.; de rien vendre; et à toute personne d'acheter, jusqu'à ce que la prise ait été jugée. *Article* 65.

Toutes les prises seront conduites dans les ports. Le capitaine qui aura amené une prise, sera tenu d'en faire la déclaration au bureau de la douane. *Article* 67.

Après avoir reçu le rapport du conducteur de la prise, l'officier de l'administration de la marine se transportera sur le bâtiment, en constatera l'état et posera les scellés sur tous les fermans. *Chap.* 2, *art.* 69.

Les scellés ne pourront être levés qu'en présence d'un préposé des douanes, qui prendra à bord un état détaillé des balles, ballots, futailles et autres objets.

A mesure du déchargement, il sera dressé inventaire du tout en présence de l'inspecteur des douanes. *Article* 70.

Il sera procédé, dans les 24 heures de l'arrivée de la prise, à l'instruction de la procédure, pour parvenir au jugement. *Article* 72.

Dans le cas d'avaries ou de détérioration, le déchargement et la vente seront ordonnés dans un délai fixé. *Article* 76.

La procédure d'instruction terminée, les scellés seront levés, les marchandises inventoriées et mises en magasin, dont une clef sera remise au receveur des douanes. *Article* 78.

Il sera procédé sans délai à la vente provisoire des objets sujets à dépérissement ; et même, si la prise est évidemment ennemie, l'officier de l'administration de la marine pourra permettre la vente du navire et de la cargaison, sans attendre le jugement de bonne prise. *Article* 79.

Si la prise n'est pas évidemment ennemie, la nécessité de vendre sera constatée par des experts, si la vente n'est consentie par le capitaine capturé. *Article* 80.

Toutes les formalités pour les déclarations à l'entrée et à la sortie, et pour les visites et paiemens de droits, auront lieu dans tous les cas où il n'y est pas dérogé par le présent règlement. *Article* 87.

Les droits sur les objets de prises sont à la charge des acquéreurs, et seront toujours acquittés entre les mains des receveurs des douanes. Les marchandises dont l'entrée est prohibée, ne pourront être vendues qu'à la charge de réexportation. *Même article.*

Le tiers du produit des prises appartiendra à l'équipage du bâtiment qui les aura faites. *Chap.* 4, *art.* 91.

Les équipages des bâtimens armés en guerre et marchandises, n'auront que le 5e. des prises. *Art.* 92.

Il ne sera fait d'autre retenue au profit des invalides de la marine, que celle de 5 cent. par franc, et elle aura également lieu sur les produits des rançons faites à l'ennemi en mer. *Article* 95.

Il ne sera promis, avant l'embarquement, aucunes parts dans les prises ; mais elles seront réglées au retour, à proportion du mérite et du travail de chacun. *Article* 99.

Il ne pourra être accordé au capitaine plus de...	12 parts.
Au capitaine en second, plus de..	10
Aux deux premiers lieutenans..	8
Au premier maître, à l'écrivain ou commis aux revues, et aux autres lieutenans.	6
Aux enseignes, au maître chirurgien et au second maître...........................	4
Aux conducteurs de prises, pilotes, contre-maîtres, capitaines d'armes, maîtres canonniers, charpentiers..	3
Aux seconds canonniers, charpentiers, calfats, maîtres de chaloupes, voiliers, armuriers, quartier-maître et second chirurgien.......................................	2
Aux volontaires.. une part ou deux au plus.	
Aux matelots.. une part ou part et demie.	
Aux soldats.. une demi-part ou une part.	
Aux novices.. une demi part ou trois quarts de part.	
Aux mousses.. un quart de part ou demi-part.	

Le nombre de parts attribuées à chaque grade, ne pourra être diminué qu'à la pluralité de deux voix ; la pluralité d'une seule suffira pour déterminer le plus ou le moins attribué aux volontaires, matelots, soldats, novices et mousses. *Article* 102.

Les parts de prises des marins, comme leurs salaires, sont insaisissables. *Article* 111.

NAVIGATION INTÉRIEURE. La navigation intérieure de la France sera divisée en bassins, dont les limites seront déterminées par les montagnes ou côteaux qui versent leurs eaux dans le fleuve principal, et chaque bassin sera subdivisé en arrondissemens de navigation. *Arrêté du* 8 *prairial an* 11, *article* 1.

Il sera, dans chaque bureau de perception, délivré aux conducteurs de bateaux, trains, etc. une quittance du droit d'octroi par eux acquitté, et un laissez-passer. *Article* 14.

Les conducteurs, s'ils en sont requis, justifieront de leurs quittances et laissez-passer aux receveurs des bureaux qui suivront celui où ils auront acquitté le droit ; et si leur destination est pour Paris, aux bureaux de l'octroi municipal de cette ville. *Même article.*

Les contestations relatives au paiement de l'octroi, seront portées devant le sous-préfet de l'arrondissement, sauf le recours au préfet. *Article* 15.

Les receveurs ne pourront , sous peine de destitution , traiter ou transiger sur la quotité du droit ; ils se conformeront au tarif, sous peine d'être traités comme concussionnaires. *Article* 22.

Un conducteur de bateaux , trains, etc. qui passeroit un bureau sans payer , sera puni de 5o francs d'amende. *Article* 23.

En cas d'insultes et violences , l'amende sera de 100 francs, indépendamment des dommages-intérêts , et de peines plus graves , s'il y a lieu. *Article* 24.

Il sera placé sur le port , en face de chaque bureau , un poteau et une plaque sur laquelle sera inscrit le tarif. *Article* 27.

Il est défendu à tout maître de pont ou de pertuis , sous peine de remboursement des droits, de laisser passer aucun bateau avant de s'être fait représenter la quittance des droits de navigation. *Article* 28.

Aucun particulier ne pourra percevoir aux pertuis , vannes et écluses dans les rivières navigables des divers bassins, aucun droit, de quelque nature qu'il soit. *Article* 29.

Bassin de la Seine. Il est divisé en neuf arrondissemens.

Premier Arrondissement. *Chef-lieu* , Troyes.
Le premier bureau sera établi à *Nogent-sur-Seine*.
L'octroi de navigation y sera perçu pour toute la navigation supérieure , soit en montant ou en descendant , sans égard au point de départ ni à celui de débarquement, ainsi qu'il suit :

En descendant : Par petit couplage , passant au canal de Nogent.................... 3 fr. 5o cent.
Par grand couplage.. 4   5o
Par braguette , tone et boutique de poisson...................... 6   o
Par demi-bateau marnois.. 7   5o
Par bateau marnois.. 10   o
Par train de bois de charpente et bois à brûler................ 6   o

Chaque bateau chargé ou à vide , paiera les deux tiers en remontant : en cas de fraction , le centime entier sera perçu.

Le second bureau sera établi à *Montereau*.
L'octroi y sera perçu pour la navigation de Nogent à Montereau , en montant et en descendant , sans avoir égard au point de départ ou de débarquement.
En descendant :

Par petit couplage, passant sous le pont de Montereau............... 2 fr. 5o
Par grand couplage... 3   5o
Par petit bateau , tone et braguette.................................. 5   o
Par demi-bateau marnois.. 6   o
Par bateau marnois... 9   o
Par coche... 12   o
Par train de bois de charpente ou à brûler.......................... 6   o

Chaque bateau chargé ou à vide , paiera le tiers en remontant : en cas de fraction , le centime entier sera perçu.

Les bateaux qui chargeront au port de Courbeton , ne paieront rien en passant à Montereau.

Les droits de vieille coutume , avalage , chaumage , etc. perçus sur la rivière de l'Aube , aux moulins de Plancy et d'Anglure , et ceux perçus sur la Seine au canal de Nogent, cesseront de l'être.

Deuxième Arrondissement. *Chef-lieu* , Auxerre. Il y aura dans cet arrondissement un bureau établi à Montereau ; l'octroi y sera perçu pour la navigation supérieure descendante , et pour la navigation en remontant , sans avoir égard au point de départ ni à celui de débarquement.
Il sera payé :

Par train de dix-huit coupons, passant sous le pont de Montereau , et
entrant en Seine... 7 fr. 5o
Par coche.. 12   o
Par bateau de trente mètres de longueur et au-dessus................. 12   o
Par bateau de vingt à trente mètres.................................. 9   o
Par bateau de dix à vingt mètres.................................... 6   o
Pour tout bateau porte-bune , et boisot au-dessous de dix mètres....... 5   o

Chaque bateau chargé ou à vide paiera le tiers en remontant : en cas de fraction, le centime entier sera perçu.

Les droits de navigation perçus sur l'Yonne, aux pertuis de Crain, Coulangel, la Forêt, Clamecy et Armes-sur-Yonne ; ceux perçus sur la Cure et l'Armançon, sont supprimés.

TROISIÈME ARRONDISSEMENT. *Chef-lieu*, CHALONS. Il y aura dans cet arrondissement deux bureaux. *Le premier* sera placé à *Châlons.*

L'octroi y sera perçu pour toute la navigation supérieure, en remontant et en descendant, ainsi qu'il suit :

Par bateau de vingt-quatre à trente-six mètres et au-dessus	19 fr.	50
Par bateau au-dessous de vingt-quatre mètres	9	75
Par bachot de huit mètres de longueur, sur un mètre soixante centimètres de largeur	2	0
Les bachots d'une plus grande dimention paieront comme les bateaux au-dessous de 24 mètres	9	75
Par train de bois chargé, de quatre-vingts mètres de longueur, sur sept mètres de largeur	19	50
Par train de bois non chargé, même dimension	9	75
Par coche	12	0

Chaque bateau chargé ou à vide paiera le quart en remontant : en cas de fraction, le centime entier sera perçu.

Le second bureau sera placé à *la Ferté.*

Il y sera payé, pour la navigation descendante, de Châlons à la Ferté, et pour la même en remontant, sans avoir égard au point de départ ni de débarquement ;

En descendant :

Par bateau de vingt-quatre à vingt-six mètres de longueur	30 fr.	0
Par bateau au-dessus de 24 mètres	12	0
Par bachot de huit mètres de longueur, sur un mètre soixante centimètres de largeur	4	0
Par train de bois de charpente et sciage chargé	27	0
Par train de bois de charpente et sciage non chargé	12	0
Par train de bois à brûler	4	0
Par coche	12	0

Chaque bateau chargé ou à vide paiera le quart en remontant : en cas de fraction, le centime entier sera perçu.

Les droits de pertuis, vannes ou écluses, qui auroient pu être perçus sur la Marne, la Saulx et l'Ornain, ne pourront l'être à l'avenir.

QUATRIÈME ARRONDISSEMENT. *Chef-lieu*, MELUN. Cet arrondissement aura deux bureaux. *Le premier bureau* sera à *Alfort-Charenton.*

L'octroi y sera perçu pour la navigation descendante, depuis la Ferté jusqu'à Alfort, et pour la même en remontant, sans égard au point de départ ni de débarquement, comme ci après :

En descendant :

Par bateau de vingt-quatre à vingt-six mètres de longueur	30 fr.	0
Par bateau au-dessous de vingt-quatre mètres	18	0
Par bachot de 6 mètres de longueur, sur un mètre soixante centimètres de largeur	6	0
Par train de bois de charpente et de sciage chargé	32	50
Par train de bois de charpente et de sciage non chargé	17	50
Par train de bois à brûler	8	0
Par coche	12	0

Chaque bateau chargé ou à vide paiera le quart en remontant : en cas de fraction, le centime entier sera perçu.

Le second bureau sera placé à *Choisy.*

L'octroi y sera perçu pour toute la navigation descendante , depuis Montereau jusqu'à Choisy , et pour la même en remontant , quel que soit le point de débarquement ou de départ ; savoir :

En descendant :

Pour un bateau de vingt-six mètres et au-dessus............................	8 fr.	o
Pour le même bateau , chargé de plus de vingt-cinq pièces ou cinquante feuillettes de vin ou d'eau-de-vie....................................	24	o
Pour un bateau de vingt à vingt-cinq mètres..............................	5	o
Pour le même , chargé de plus de quinze pièces ou trente feuillettes de vin ou eau-de-vie...	15	o
Pour un bateau de quinze à dix-neuf mètres...............................	3	o
Pour le même , chargé de dix pièces ou vingt feuillettes de vin ou eau-de-vie.	9	o
Pour une toue..	4	5o
Pour une toue chargée de vingt-cinq pièces ou cinquante feuillettes de vin ou eau-de-vie...	13	5o
Pour chaque grand ou petit couplage....................................	1	5o
Pour chaque margotat ou batelet.......................................	o	75
Par train de bois à brûler , de sciage , de charpente ou charronage.......	3	o
Par coche...	12	o

Chaque bateau chargé ou à vide paiera le tiers en remontant : en cas de fraction , le centime entier sera perçu.

Le ministre de l'intérieur pourra faire percevoir à Montereau le droit de 3 francs par train, payable à Choisy.

CINQUIÈME ARRONDISSEMENT. *Chef-lieu*, PARIS. Il y aura dans l'étendue de cet arrondissement cinq bureaux.

Le premier bureau sera placé à *Choisy*.

L'octroi y sera payé pour toute la navigation descendante de Choisy à Paris , et pour la même en remontant, sans égard au point de départ ni de débarquement ; savoir ,

En descendant :

Par bateau de vingt-six mètres de longueur et au-dessus................	5 fr.	o
Par bateau de vingt à vingt-cinq mètres inclusivement..................	2	o
Par bateau de quinze à dix-neuf mètres inclusivement...................	1	5o
Par toue et bascule à poisson...	2	25
Par bateau margotat et batelet..	1	o
Par train de dix-huit coupons et de bois de sciage et de charpente.......	3	o
Par coche..	12	o

Les bateaux chargés ou à vide paieront le tiers en remontant : en cas de fraction , le centime entier sera perçu.

Le second bureau sera à *Alfort* ou *Charenton*.

L'octroi pour la navigation descendante , depuis Charenton jusqu'à Paris , et pour la même en remontant , sera perçu d'après le tarif ci-après , sans égard au point de départ ni de débarquement.

En descendant :

Par bateau de vingt-six mètres de longueur et au-dessus..................	4 fr.	o
Par bateau de vingt à vingt-cinq mètres inclusivement...................	1	5o
Par bateau de quinze à dix-neuf mètres inclusivement...................	1	o
Par chaque toue et bascule à poisson...................................	1	75
Par chaque margotat et batelet..	o	75
Par train de dix-huit coupons, et de bois de sciage ou de charpente.......	2	o
Par coche..	12	o

Chaque bateau chargé ou à vide paiera le tiers en remontant : en cas de fraction , le centime entier sera perçu.

Le troisième bureau sera à *Sèvres*.

Pour la navigation remontante , de Sèvres à Paris , et pour la même descendante , sans égard au point de départ ou de débarquement , il sera perçu à ce bureau :

Par bateau foncet de cinquante à soixante-quatre mètres de longueur....	7 fr.	o

Par bateau foncet de trente-six à quarante-huit mètres.................... 6   o
Par bateau de vingt-six mètres de longueur et au-dessus................. 5   o
Par bateau de vingt à vingt-cinq mètres.............................. 2   o
Par bateau de quinze à dix-neuf mètres............................. 1   5o
Par toue et bascule à poisson..................................... 2   25
Par bateau margotat et batelet................................... 1   o
Par train de dix-huit coupons, et de bois de sciage et de charpente.... 3   o
Par galiotte ou coche.. 3   o

Les bateaux non chargés paieront le tiers : en cas de fraction, le centime entier sera perçu.

Le quatrième bureau sera à *Neuilly*.

Pour la navigation remontante, de Neuilly à Sèvres, et pour la même en descendant, quel que soit le point de départ ou de débarquement, il sera perçu :

Par bateau foncet de cinquante à soixante-quatre mètres de longueur... 3 fr. 5o
Par bateau foncet de trente-six à quarante-huit mètres................. 3   o
Par bateau de trente-six mètres de longueur et au-dessus............. 2   5o
Par bateau de vingt à vingt-cinq mètres............................. 1   o
Par bateau de quinze à dix-neuf mètres............................. o   75
Par chaque toue et bascule à poisson............................... 1   o
Par bateau margotat et batelet.................................... o   5o
Par train de dix-huit coupons, et de bois de sciage et de charpente.... 1   5o

Les bateaux non chargés paieront le tiers : en cas de fraction, le centime entier sera perçu.

Le cinquième bureau sera au *Pecq*.

L'octroi sera perçu à ce bureau, 1°. pour la navigation remontante, du Pecq à Neuilly ; 2°. pour la même navigation en descendant, conformément au tarif ci-après :

Par bateau foncet de cinquante à soixante-quatre mètres de longueur...... 15 fr. o
Par bateau de trente-six à quarante mètres........................... 13   o
Par bateau de vingt-six mètres de longueur et au-dessus............... 11   o
Par bateau de vingt à vingt-cinq mètres............................. 4   5o
Par bateau de quinze à dix-neuf mètres............................. 3   5o
Par chaque toue et bascule à poisson............................... 5   25
Par chaque bateau margotat et batelet.............................. 2   o
Par train de dix-huit coupons, et de bois de sciage et de charpente...... 7   o

Les bateaux non chargés paieront le tiers : en cas de fraction, le centime entier sera perçu.

Sɪxɪᴇᴍᴇ Aʀʀᴏɴᴅɪssᴇᴍᴇɴᴛ. *Chef-lieu*, Rᴏᴜᴇɴ. Il sera établi dans l'étendue de cet arrondissement quatre bureaux de perception.

Premier bureau, au *Pecq*. L'octroi sera perçu à ce bureau, pour la navigation remontante, depuis Mantes jusqu'au Pecq, sans avoir égard au point de départ, et pour les bateaux de l'Oise, venant de Pontoise au Pecq.

Tarif pour la navigation de Mantes au Pecq :

Chaque bateau foncet et autres, de 3o mètres de longueur, chargé... 2 fr. o
Chaque bateau chargé, de 32 à 48 mètres de longueur................ 2   25
Chaque bateau chargé, de 5o à 64 mètres de longueur................ 2   5o
Les flettes chargées par mètre de longueur.......................... o   5o
Les galiottes par voyage... 3   o

Pour la navigation de l'Oise, venant de Pontoise au Pecq :

Par bateau de 38 mètres et au-dessus............................... 1o   o
Par bateau de 32 à 38 mètres exclusivement........................ 8   o
Par bateau de 3o mètres et au-dessous............................. 6   o

Les bateaux non chargés paieront le tiers : en cas de fraction, le centime entier sera perçu.

Deuxième bureau, à *Mantes*. L'octroi sera perçu à ce bureau, 1°. pour la navigation remontante, depuis le Pont-de-l'Arche et l'Eure jusqu'à Mantes ; 2°. pour la navigation descendante, depuis le Pecq jusqu'à Mantes ; 3°. pour les bateaux venant de l'Oise, depuis Pontoise jusqu'à Mantes.

La perception se fera du pont-de-l'Arche à Mantes, ainsi qu'il suit :

Chaque bateau foncet, et autres de 30 mètres de longueur.............	2 fr.	0
Chaque bateau chargé, de 32 à 48 mètres de longueur, *par mètre*.....	2	25
Chaque bateau chargé de 50 à 64 mètres de longueur , *par mètre*........	2	50
Les flettes chargées, *par mètre* de longueur..............................	2	50
Les galiottes par voyage.........................	3	0

Du Pecq à Mantes. Les bateaux de toute grandeur, *par mètre* de longueur..............,	0	50
Chaque toue, chargée de charbon de terre, *en totalité.*................	6	0
Chaque toue chargée, en totalité....................................	20	0
Chaque bateau foncet et autre chargé de vins, *en totalité.*...................	40	0
Chaque train de bois de charpente et de bois à brûler.....................	6	0
Chaque galiotte de Poissy , par voyage........................., ...	6	0
Chaque batelet, par voyage....................................	1	0
De Pontoise à Mantes. Par bateau de 38 mètres et au-dessus......................	16	0
Par bateau de 32 à 38 mètres................................	13	0
Par bateau de 30 mètres et au-dessous.........................	11	0
Par train de bois de charpente , sciage et charronage....................	16	0
Par train de bois à brûler.................................	13	0
Par batelet..............., ...	1	0
Par toue, chargée de charbon de terre...............................	6	0
Par toue, chargée de vin...., ...	20	0
Par bateau , chargé de vin....................................	40	0

Les bateaux non chargés paieront le tiers. En cas de fraction, le centime entier sera perçu.

Troisième bureau, au Pont-de-l'Arche. L'octroi y sera perçu, 1°. pour la navigation remontante, de Rouen au Pont-de-l'Arche ; 2°. pour la navigation descendante , de Mantes au Pont-de-l'Arche ; 3°. Pour les bateaux venant de l'Eure au Pont-de-l'Arche.

Il sera payé de Rouen au Pont-de-l'Arche :

Par bateau foncet, et autre de 30 mètres de longueur.............:........	2 fr.	0
Par bateau chargé, de 32 à 48 mètres de longueur , *par mètre*.......	2	25
Par bateau chargé , de 50 à 64 mètres de longueur, *par mètre*..........	2	50
Les flettes chargées, *par mètre* de longueur............................·....	0	50
Les galiottes, *par voyage*..	3	0
De Mantes, au Pont-de-l'Arche. Les bateaux de toute grandeur, *par mètre* de longueur........	1	0
Chaque toue , chargée de charbon de terre , *en totalité.*.................	6	0
Chaque toue chargée de vin *en totalité.*................................	20	0
Chaque bateau foncet et autre chargé de vins.........................	40	0
Chaque train de bois de charpente , sciage , charronage et bois à brûler.	6	0
Chaque batelet...	1	0

Les trains et bateaux venant de l'Eure , paieront les mêmes droits que ceux venant de **Mantes**. Les bateaux non chargés paieront le tiers. En cas de fraction le centime entier sera perçu.

Quatrième bureau , à Rouen. L'octroi de navigation sera perçu à ce bureau, 1°. pour la navigation descendante , du Pont-de-l'Arche à Rouen ; 2°. pour la navigation remontante, de la mer à Rouen ; 3°. pour la navigation descendante de Rouen à la mer.

Tarif du Pont - de - l'Arche à Rouen :

Les bateaux de toute grandeur, *par mètre* de longueur................	0	50
Chaque toue , chargée de charbon de terre , *en totalité.*..............	6	0
Chaque toue, chargée de vin..................................	20	0
Chaque bateau foncet et autre chargé de vins, *en totalité.*.............	40	0
Chaque train de bois de charpente et de bois à brûler..............,.......	6	0

La voiture et les chevaux d'Elbœuf, par voyage... 3 fr. o
Les bateaux d'Oissel, d'Orival, du Port-Saint-Ouen ou autres de 7 mètres et au-dessus..... o 50
De la mer à Rouen. Les bâtimens étrangers venant de la mer, *par tonneau*.............. o 15
Les bâtimens françois venant de l'étranger, des colonies ou de la pêche de Terre-Neuve.. o 15
Les bâtimens françois venant de France, *par tonneau*...................................... o 5
Les bâtimens pontés ou non pontés, naviguant sur la Seine, venant des ports entre Rouen
et l'embouchure de ce fleuve, au-dessus du port de 5 tonneaux, paieront *par tonneau*...... o 5
Les bateaux servant au transport des passagers, entre Rouen et la Bouille, *par voyage*.... 1 50

Le droit sur les navires sera perçu conformément à la jauge réglée par les douanes. De Rouen à la mer et ports de France, le même Tarif que ci-dessus.

Les bateaux ou bâtimens non chargés paieront le tiers. En cas de fraction le centime entier sera perçu.

Septième arrondissement. *Chef-lieu*, Beauvais. Cet arrondissement aura deux bureaux de perception pour l'octroi de navigation.

Premier bureau, à Compiègne. Le droit y sera perçu pour toute la navigation supérieure descendante, et pour la même en remontant, quel que soit le point du départ ou celui du débarquement.

Il sera payé en descendant :

Par bateau de 38 mètres et au-dessus................................... 10 fr. o
Par bateau de 32 à 38 mètres exclusivement........................... 8 o
Par bateau de 30 mètres et au-dessous............................... 6 o
Par train de bois de charpente, sciage et charronnage................. 9 o
Par train de bois à brûler... 8 o

Le tiers du droit sera payé en remontant à vide ou chargé. En cas de fraction le centime entier sera perçu.

Deuxième bureau, à Pontoise. L'octroi de navigation sera perçu à ce bureau, 1°. pour toute la navigation descendante, depuis Compiègne jusqu'à Pontoise, et pour la même navigation en remontant, de Pontoise à Compiègne ; 2°. pour la navigation existante du Pecq à Pontoise ; 3°. pour la navigation existante de Mantes à Pontoise : et ce, sans avoir égard au point de départ, ni à celui de débarquement ; savoir,

1°. De Compiègne à Pontoise en descendant,

Par bateau de 38 mètres de longueur et au-dessus....................... 16 fr. o
Par bateau de 32 à 38 mètres exclusivement............................ 13 o
Par bateau de 30 mètres et au-dessous.... .... 11 o
Par train de bois de charpente, sciage et charronnage.................. 16 o
Par train de bois à brûler.. 13 o

Le tiers du droit sera perçu en remontant à vide ou chargé. En cas de fraction, le centime entier sera perçu.

2°. Du Pecq à Pontoise,

Par bateau de 38 mètres et au-dessus, chargé ou non.................... 10 fr. o
Par bateau de 32 à 38 mètres exclusivement............................ 8 o
Par bateau de 30 mètres et au-dessous... .... 6 o

3°. De Mantes à Pontoise.

Par bateau de 38 mètres et au-dessus, chargé ou non.................... 10 o
Par bateau de 32 à 38 mètres exclusivement............................ 8 o
Par bateau de 30 mètres et au-dessous.... .... 6 o

Huitième Arrondissement. *Chef-lieu*, Laon. Il y aura dans cet arrondissement deux bureaux.

Premier bureau, à Soissons. L'octroi de navigation sera perçu à ce bureau, pour toute la navigation supérieure descendante, depuis Neuchâtel et Pontavert, jusqu'à Soissons, et pour la même navigation en remontant, de Soissons à Pontavert et Neuchâtel, sans avoir égard au point de départ, ni à celui de débarquement.

Il sera perçu en descendant et en remontant :

Par bateau de 38 mètres et au-dessus................................... 6 fr. o
Par bateau de 32 à 38 mètres exclusivement............................ 5 o
Par bateau de 32 mètres et au-dessous................................. 4 o
Par train de Neuchâtel et Pontavert................................... 3 o

Chaque bateau non chargé paiera le tiers. En cas de fraction, le centime entier sera perçu.

G

Deuxième bureau, à Compiègne. L'octroi y sera perçu pour la navigation descendante de Soissons à Compiègne, et pour la même navigation en remontant, de Compiègne à Soissons, sans avoir égard au point de départ ni à celui de débarquement; savoir :

Par bateau de 38 mètres de longueur et au-dessus.................................	10 fr. 0
Par bateau de 32 à 38 mètres exclusivement...............................	8 0
Par bateau de 33 mètres et au-dessous........	6 0
Par train de bois de charpente et de chauffage..........................	9 0

Chaque bateau non chargé paiera le tiers. En cas de fraction, le centime entier sera perçu.

Neuvième arrondissement. *Chef-lieu,* Évreux. Il y aura dans cet arrondissement un bureau placé à Vaudreuil.

L'octroi y sera perçu pour toute la navigation supérieure descendante, depuis Louviers jusqu'au confluent de la Seine, sans avoir égard au point de départ ni à celui de débarquement.

Il sera perçu :

Pour les bateaux chargés de toute espèce de marchandises.................	7 fr. 75
Pour les bateaux chargés de futailles...............................	7 50
Pour les bateaux vides....................................	3 25
Pour chaque train..	7 50

Les bateaux remontant ne paieront aucun droit.

Les droits de Pertuis, Vannes ou Écluses qui auroient pu être perçus par des particuliers sur la rivière de l'Eure, cesseront de l'être.

Déclaration à faire par les propriétaires de bateaux. Dans le mois qui suivra la publication du présent arrêté, tout propriétaire de bateaux faisant la navigation de Rouen à Paris et de Paris à Rouen, déclarera séparément à l'inspecteur de la navigation tous ceux qui lui appartiennent.

Cette déclaration indiquera le nom et la plus grande longueur de chaque bateau, l'année de sa construction et le domicile du propriétaire.

Les bateaux employés à la navigation, porteront sur l'arrière un numéro, un nom et l'indication du port auquel ils appartiennent : l'inscription sera en lettres blanches sur un fond noir.

Le propriétaire du bateau sera responsable de l'inscription et il encourra une amende de 25 francs si elle vient à être effacée, couverte ou changée.

Il sera délivré chaque année un congé, *gratis*, sauf le cout du papier, qui contiendra le numéro, le nom du propriétaire, l'indication du port dont il dépend, et la signature de l'inspecteur.

Les propriétaires de bateaux venant des rivières affluentes pour parcourir la Seine, sont tenus aux mêmes formalités que ceux des bâtimens qui naviguent sur ce fleuve : dans le cas où ils ne les rempliroient pas, ils seront punis d'une amende de 50 francs.

Dans le cas où un bateau seroit perdu ou dépéri, le propriétaire sera tenu de le déclarer dans la quinzaine au bureau de son arrondissement, et d'y rapporter le congé relatif à ce bateau.

BASSIN DE LA CHARENTE, DE LA SEUDRE, DE LA SÈVRE - NIORTAISE, ET RIVIÈRES Y AFFLUENTES. Par arrêté du 27 vendémiaire an 12, lesdites rivières forment un seul bassin divisé en trois arrondissemens.

Premier arrondissement : comprenant la Charente depuis le point navigable jusqu'aux limites du département de la Charente.

Chef-lieu, Angoulême. Il sera établi dans l'étendue de cet arrondissement, quatre bureaux de perception pour l'octroi de navigation.

Premier bureau à Angoulême, au lieu *dit* le port de l'Houmeau.

L'octroi de navigation sera perçu à ce bureau pour toute la navigation supérieure descendante depuis Montignac, et pour la même navigation en remontant, à raison du point du départ ou de débarquement, et proportionnément ; savoir, en descendant, aux distances parcourues et en remontant aux distances à parcourir.

Chaque distance comprend un espace de cinq kilomètres.

Chaque bâtiment quels que soient son nom et sa forme, paiera *par tonneau et par distance.* 0 fr. 15

Les trains, *par distance* et par 25 mètres de longueur.............................. 2   0

Chaque propriétaire de bateau descendant au port de l'Houmeau, soit de Montignac, soit d'un point intermédiaire, fera au point de départ, et par devant le maire du lieu, qui lui en donnera certificat sur papier non timbré, la déclaration du départ et du port de son bâtiment. Ce certificat servira au percepteur du port de l'Houmeau, pour établir les distances parcourues, et fixer la quotité du droit à payer.

En remontant du port de l'Houmeau à Montignac, ou lieux intermédiaires, le propriétaire du bateau fera au percepteur la déclaration du lieu où il va débarquer, et paiera l'octroi de navigation à raison des distances à parcourir.

En cas de fausses déclarations il y a lieu à l'amende de 50 fr.

Aucun droit ne sera dû pour un espace moindre d'une demi-distance ; lorsqu'il y aura plus de demi-distance, le droit sera dû pour distance entière.

Les bateaux à vide paieront le tiers du droit. En cas de fraction, le centime entier sera perçu.

Les bateaux pêcheurs, lorsqu'ils seront uniquement chargés d'objets relatifs à la pêche, ne paieront aucun droit.

Deuxième bureau à Châteauneuf.

L'octroi de navigation y sera perçu pour la navigation descendante, du port de l'Houmeau à Châteauneuf, et pour la même navigation en remontant, sans avoir égard au point de départ ni à celui de débarquement.

La perception s'y fera comme suit, savoir, en descendant :

Chaque bateau, quels que soient son nom et sa forme, *par tonneau*. . . . . 1 fr. 5

Chaque train, par vingt - cinq mètres de longueur. 14   0

Le même droit sera payé en remontant, et toujours pour l'espace entier compris entre Châteauneuf et le port de l'Houmeau, sans avoir égard au point de débarquement.

Les bateaux à vide paieront le tiers du droit, en cas de fraction le centime entier sera perçu.

Les bateaux pêcheurs, lorsqu'ils ne seront chargés que d'objets relatifs à la pêche, ne paieront aucun droit.

Troisième bureau à Jarnac.

L'octroi y sera perçu pour la navigation descendante, de Châteauneuf à Jarnac, et pour la même navigation en remontant, sans avoir égard au point de départ ni à celui de débarquement.

La perception se fera, en descendant :

Chaque bateau, quels que soient son nom et sa forme, *par tonneau*. . . . . o fr. 60

Chaque train, par 25 mètres de longueur. 8   0

Le même droit sera payé en remontant, et toujours pour la distance entière comprise entre Jarnac et Châteauneuf, sans avoir égard au point de débarquement.

Les bateaux à vide paieront le tiers. En cas de fraction le centime entier sera perçu.

Les bâtimens pêcheurs, lorsqu'ils seront uniquement chargés d'objets relatifs à la pêche, ne paieront aucun droit.

Quatrième bureau à Cognac.

L'octroi y sera perçu, 1°. pour la navigation descendante, depuis Jarnac jusqu'à Cognac, et pour la même navigation, en remontant, sans avoir égard au point de départ ou de débarquement ; 2°. pour la navigation descendante, depuis Cognac jusqu'aux limites du département ; et pour la même navigation en remontant, sans avoir égard au point de départ ou de débarquement.

La perception s'y fera, en descendant de Jarnac à Cognac, comme suit :

Chaque bateau, quels que soient son nom et sa forme, *par tonneau*. . . . . o fr. 35

Chaque train, par 25 mètres de longueur. 5   0

Le même droit sera payé, en remontant, et toujours pour la distance entière comprise entre Cognac et Jarnac, sans avoir égard au point de débarquement.

Les bateaux à vide paieront le tiers du droit. En cas de faction, le centime entier sera perçu.

Les bateaux pêcheurs, lorsqu'ils seront uniquement chargés d'objets relatifs à la pêche, ne paieront aucun droit.

En descendant de Cognac, jusqu'aux limites du département,

Chaque bateau, quels que soient sa forme et son nom, *par tonneau*. . . . . o fr. 30

Chaque train, par 25 mètres de longueur. 4   0

Le même droit sera payé en remontant.

Les bateaux à vide paieront le tiers du droit. En cas de fraction, le centime entier sera perçu.

Les bateaux pêcheurs, lorsqu'ils seront chargés uniquement d'objets relatifs à la pêche, ne paieront aucun droit.

Jauge. Chaque propriétaire de bâtimens de dix tonneaux et au-dessus, sera tenu d'avoir sur le flanc de son bâtiment, une jauge en fer, placée par des gens de l'art, et qui indiquera ostensiblement le port du bâtiment.

Deuxième arrondissement. Comprenant la Charente, 1°· depuis les limites du département de la Charente jusqu'à la mer; 2°. la Boutonne, dans toute son étendue; 3°. la Seudre, dans toute son étendue.

Chef-lieu, Saintes. Il sera établi dans cet arrondissement, six bureaux de perception.

Le premier bureau à Saintes.

L'octroi de navigation y sera perçu pour la navigation descendante des limites du département de la Charente - Inférieure à Saintes, et pour la même navigation en remontant, sans avoir égard au point de départ, ni à celui de débarquement.

La perception s'y fera, en descendant, comme suit :

Chaque bateau, quels que soient son nom et sa forme, *par tonneau*......................... o fr. 30

Le même droit sera payé en remontant, et toujours pour l'espace entier compris entre Saintes et les limites du département, sans avoir égard au point de débarquement.

Les bateaux à vide paieront le tiers. En cas de fraction, le centime entier sera perçu.

Les bateaux pêcheurs chargés d'objets uniquement relatifs à la pêche ne paieront aucun droit.

Second bureau à Taillebourg.

L'octroi y sera perçu pour la navigation descendante, de Saintes à Taillebourg, et pour la même en remontant, sans avoir égard au point de départ ou de débarquement.

La perception s'y fera en descendant, comme suit :

Chaque bateau, quels que soient son nom et sa forme, *par tonneau*..................... o fr. 10

Le même droit sera payé en remontant, et toujours pour l'espace entier compris entre Taillebourg et Saintes, sans avoir égard au point de débarquement.

Les bateaux ou bâtimens à vide paieront le tiers du droit. En cas de fraction le centime entier sera perçu --- Les bateaux pêcheurs lorsqu'ils seront chargés uniquement d'objets relatifs à la pêche, n'acquitteront aucun droit.

Troisième bureau à Saint-Savinien.

L'octroi y sera perçu pour la navigation descendante de Taillebourg à Saint-Savinien, et pour la même en remontant, sans avoir égard au point de départ ou de débarquement.

En descendant de Taillebourg à Saint-Savinien la perception s'y fera ainsi :

Chaque bateau ou bâtiment quel qu'il soit, *par tonneau*........................... o fr. 5

Le même droit sera payé en remontant, et toujours pour l'espace entier compris entre Saint-Savinien et Taillebourg, sans avoir égard au point de débarquement.

Les bateaux ou bâtimens à vide, paieront le tiers du droit. En cas de fraction, le centime entier sera perçu. --- Les bateaux pêcheurs, lorsqu'ils seront uniquement chargés d'objets relatifs à la pêche, ne paieront aucun droit.

Quatrième bureau à Carillon.

L'octroi y sera perçu, 1°. pour la navigation descendante de Saint-Savinien à Carillon, et pour la même en remontant, sans avoir égard au point de départ ou de débarquement; 2°. pour la navigation descendante de Saint-Jean-d'Angély à Carillon; et pour la même en remontant, sans avoir égard au point de départ ou de débarquement.

Chaque bateau ou bâtiment quel qu'il soit, paiera en descendant, *par tonneau*.............. o fr. 15

Le même droit sera payé en remontant, et toujours pour l'espace entier entre Carillon et Saint-Savinien, sans avoir égard au point de débarquement.

Les bateaux ou bâtimens à vide paieront le tiers du droit. En cas de fraction le centime entier sera perçu. --- Les bateaux pêcheurs lorsqu'ils ne seront chargés que d'objets relatifs à la pêche, ne paieront aucun droit.

Pour la navigation descendante de Saint-Jean-d'Angély à Carillon, une gabarre chargée, sans avoir égard au plus ou moins de chargement, paiera *par tonneau* de jaugeage.................... o fr. 70

Lorsque les gabarres seront uniquement chargées de pierres de taille, elles ne paieront alors que la moitié du droit; les gabarres uniquement chargées de fumiers ou engrais, ne seront assujetties à aucun droit.

Le même droit sera payé en remontant la Boutonne, et toujours pour l'espace entier, compris entre Carillon et la source de la Boutonne, sans avoir égard au point de débarquement.

Les gabarres à vide paieront le tiers du droit. En cas de fraction, le centime entier sera perçu.

Cinquième bureau à Tonnai-Charente.

L'octroi de navigation y sera perçu pour la navigation descendante de Carillon à Tonnai-Charente, et pour la même en remontant, sans avoir égard au point de départ ni de débarquement.

La perception s'y fera comme suit, en descendant :

Chaque bateau ou bâtiment quel qu'il soit, *par tonneau*.. o fr. 10

Le même droit sera payé en remontant, et toujours pour l'espace entier compris entre Tonnai-Charente et Carillon, sans avoir égard au point de débarquement.

Les bateaux ou bâtimens à vide paieront le tiers du droit. En cas de fraction, le centime entier sera perçu. --- Les bateaux pêcheurs chargés uniquement d'objets relatifs à la pêche, ne paieront aucun droit.

Sixième bureau à Rochefort.

L'octroi de navigation y sera perçu, 1°. pour la navigation descendante de Tonnai-Charente à Rochefort, et pour la même en remontant, sans avoir égard au point de départ ou de débarquement ; 2°. pour la navigation descendante de Rochefort à la mer, et pour la même en remontant, sans avoir égard au point de départ ou de débarquement.

La perception s'y fera ainsi qu'il suit, en descendant de Tonnai-Charente à Rochefort :

Chaque bateau ou bâtiment quel qu'il soit, *par tonneau*................................ o 10

Le même droit sera payé en remontant, et toujours pour l'espace entier compris entre Rochefort et Tonnai-Charente, sans avoir égard au point de débarquement.

Les bateaux ou bâtimens à vide paieront le tiers du droit. En cas de fraction, le centime entier sera perçu. --- Les bateaux pêcheurs, uniquement chargés d'objets relatifs à la pêche, ne paieront aucun droit.

Pour la navigation descendante de Rochefort à la mer, la perception se fera comme suit :

Chaque bâtiment ou bateau quel qu'il soit, *par tonneau*................................ o 25

Le même droit sera payé en remontant, et toujours pour l'espace entier compris entre la mer et Rochefort, sans avoir égard au point de départ.

Les bateaux ou bâtimens à vide paieront le tiers du droit. En cas de fraction, le centime entier ssra perçu. --- Les bateaux pêcheurs, uniquement chargés d'objets relatifs à la pêche, ne paieront aucun droit.

Les bâtimens de l'état ou ceux chargés pour le compte direct du département de la marine, ne paieront rien ; mais il leur sera délivré un acquit-à-caution qu'ils seront tenus de rapporter déchargé par le commissaire de la marine, chargé du détail auquel se rapportera leur chargement, et visé par le préfet maritime.

Jauge. Chaque propriétaire de bâtiment ou bateau, quelle que soit sa forme, sera tenu d'avoir sur le flanc de son bâtiment, une jauge en fer, placée par des gens de l'art, et qui indiquera ostensiblement le port du bâtiment ; à défaut, le jaugeage sera fait à leurs frais, s'il y a lieu.

SEUDRE. Attendu le peu d'étendue de la rivière de Seudre et les différens bureaux de Douanes déjà existans sur cette rivière, il n'y sera pas établi de bureau particulier. --- L'octroi de navigation sera perçu sur cette rivière, ainsi qu'il suit :

Tout bâtiment susceptible et obligé de prendre un passe-port paiera, dans les divers bureaux de douanes, où il se mettra en déclaration, *par chaque tonneau* indiqué sur le passe-port.................... o 15

TROISIÈME ARRONDISSEMENT. Comprenant 1°. la Sèvre-Niortaise, depuis le point navigable jusqu'à la mer ; 2°. les rivières du Mignon, de l'Authise et de la Vendée, dans toute leur étendue.

Chef-lieu, NIORT. Il sera placé dans cet arrondissement 10 bureaux de perception.

Les 1, 2, 3 et 4, à la Roussille, Sévran, Coulon et la Garette sur la Sèvre ; le 5 au Moulin-Neuf sur le Mignon ; le 6 à l'Aqueduc sur l'Authise ; les 7 et 8 à Valvire et au Gouffre sur la Vendée ; les 9 et 10 à Marans, sur la Sèvre.

Tout bateau prenant la rivière avec chargement, paiera au bureau le plus voisin de son départ, et proportionnément à la quantité de son chargement, *par tonneau*.................................... o 25

Pour justifier du paiement de ce droit, le conducteur du bateau se munira d'un acquit énonciatif de son chargement, du lieu, du jour et de l'heure de son départ. --- Muni de cet acquit, il pourra naviguer librement sur les quatre rivières de la Sèvre, du Mignon, de l'Authise et de la Vendée, et canaux y affluens, jusqu'à Marans exclusivement. --- Il sera tenu de représenter son acquit à toute réquisition des percepteurs de l'octroi de navigation, à quelque point des quatre rivières qu'ils se présentent à lui.

Les bateaux à vide ne paieront aucun droit. En cas de fraction le centime entier sera perçu.

Indépendamment du droit de 15 centimes par tonneau, payé au bureau le plus voisin du point du départ, tout bateau de quelque point des quatre rivières qu'il soit parti, paiera en entrant à Marans, *par ton.* 25

Ne sont point assujettis à cette disposition, les bateaux chargés de bois de chauffage, lesquels ne paieront qu'un simple droit de 25 centimes par tonneau, à raison de tout l'espace à parcourir pour descendre jusqu'à Marans inclusivement, ou remonter la rivière à partir de ce point.

Tout bâtiment venant de la mer, chargé en tout ou en partie, paiera en entrant à Marans, *par ton.* 1 fr. o

En sortant de Marans pour aller à la mer, le même droit.

Tout bâtiment remontant de la mer à Marans, ou descendant de Marans à la mer *sur son lest*, ne paiera que... o 5o

Tout bâtiment chargé de bois de chauffage, remontant de la mer à Marans, ou descendant de Marans à la mer, *par tonneau*.. o 4o

Tout allége navigant au-dessous ou au-dessus de Marans, dans les canaux affluens à la Sèvre, *par tonn.* 5o

Les alléges remontant la rivière sur leur lest, ne seront assujettis à aucun droit. Ceux qui la descendront au lest, paieront pour la totalité du tonnage.

Sera considéré comme étant sur son lest tout allége qui remontera uniquement chargé de sable.

Franchise. Tout propriétaire ou cultivateur pourra librement, et sans payer aucun droit, voiturer par eau ses engrais, récoltes, denrées et grains en gerbes seulement, dans l'étendue de chacune de ses exploitations exclusivement ; cette franchise n'aura pas lieu lorsqu'il s'agira de transporter les récoltes ou denrées d'une ferme ou exploitation dans une autre, et lorsque le bateau ne sera pas uniquement chargé des objets mentionnés au présent article.

La même franchise aura lieu pour tous les bateaux uniquement chargés de matériaux destinés au service ou à l'entretien des rivières et digues de la Sèvre, de la Vendée, de l'Authise, du Mignon, et des canaux y affluens.

Elle aura lieu également en faveur des pêcheurs, chasseurs ou voituriers de fourrages verts, pour leur pêche, chasse ou fourrages, lorsque les bateaux seront uniquement chargés de ces objets.

Les fraudes et toutes contraventions aux dispositions du présent arrêté, seront punies de l'amende de 5o fr.

Jauge. Le préfet du département des Deux-Sèvres fera procéder ainsi qu'il suit, à la fixation du tonnage des bateaux et alléges navigant sur la Sèvre, la Vendée et les rivières et canaux qui y affluent.

Tous bateaux depuis le port de six tonneaux, jusqu'à ceux de la plus petite dimension, seront tenus de porter, attachée à la traverse de leur partie postérieure, une plaque de fer-blanc énonciative de leur tonnage. --- Tout bateau d'un port supérieur à six tonneaux portera, au lieu de cette plaque, une échelle hydraulique sur chaque flanc, laquelle sera graduée par tonneau. --- Les bateaux d'un tonneau et au-dessous seront marqués pour leur tonnage entier, ceux de 4 pour 3. ---Ceux de 6 seront marqués pour 4.

Le tonnage des alléges sera fixé d'après le mode suivi pour celui des bateaux.

Pour les barques qui ne seront pas du département et dont le tonnage ne sera point connu, le jaugeage sera fait, s'il y a lieu, aux frais du capitaine ou patron, et il paiera pour son port entier.

NAVIGATION DE L'ESCAUT. Il est permis à tout citoyen, de naviguer librement sur l'Escaut, les rivières y affluentes et les canaux, en se conformant aux règlemens sur la navigation intérieure. *Arrêté du* 13 *prairial an* 11, *article* 2.

Le tour de passage à l'écluse de Nord-Libre, dans le cas où il y auroit un grand nombre de bateaux, sera réglé par l'ordre de leur arrivée, et la file ne pourra être rompue que pour le transport des munitions de guerre. *Article* 3 *et* 4.

Les bateliers et navigateurs chargeant dans la rivière de Haisne les charbons des minières entre Nord-Libre et Mons, ne pourront exiger d'autres droits que ceux ci-après, à l'exception des cas prévus. *Art.* 5.

Tout transport de charbon au-delà de Termonde sur l'Escaut, dépendra des conventions libres entre les négocians, marchands et bateliers. *Article* 8.

TARIF *des prix du transport du charbon de terre.*

LIEU DE LA DESTINATION DU CHARBON.	LIEU DU CHARGEMENT DE JEMMAPES ET CAREGNON.		OBSERVATIONS.
	fr.	cent.	
Par l'Escaut.			Ce prix sera le même pour Antoing et autres ports au-dessus de Tournai ; sauf la déduction des francs.
Pour Tournai....................	1309	64	
Pontachain, Pecq et Varcoing.....	1422	22	
Elchin.........................	1459	67	
Ecanaf.........................	1487	73	
Boume..........................	1525	20	
Petegem........................	1571	92	
Aodemarde, au-dessus de l'écluse..	1609	45	
Haisne.........................	1628	7	
Gàvre..........................	1665	50	
Veurtse........................	1684	21	
Merlebecq......................	1721	54	
Gand...........................	1777	77	
Par le canal de Bruges.			
Larabotte......................	1824	56	
Bruges.........................	1964	90	
Planchendalle..................	2011	69	
L'écluse du Schlick............	2058	47	
Par le canal du Sas.			Les frais de l'aller et du retour, et ceux de l'allége, s'il en est besoin, seront à la charge des marchands du pont des Récolets, à Gand.
Jusqu'à Zelsas.................	1852	63	
A Moulestée....................	1824	56	Les frais de l'allége seulement, s'il en étoit besoin, seront à la charge du marchand.
Par le Bas-Escaut.			
Jusqu'à Mesle..................	1871	33	
A Wetteren.....................	1918	14	
Termonde.......................	2011	69	
Par la Lys.			
Jusqu'à Deynse.................	1824	56	Tous frais, même ceux d'allége, depuis les petite planches à Gand, seront à la charge des marchands.
Vif-Saint-Eloi.................	1847	3	
Courtray.......................	1871	33	
Par la Scarpe.			S'il falloit alléger, pour remonter le canal de La Bassée, les frais seroient à la charge du marchand.
Douay..........................	1777	77	
Lille et La Bassée.............	0	0	

Il sera déduit sur le tarif ci-dessus :

Pour les bateaux qui chargeront à Saint-Guislain..................... 115 fr. 98
Pour ceux qui chargeront à Boume................................... 145   12
Pour ceux qui chargeront à Thulin.................................. 186   84

Ces prix sont fixés pour les bateaux qui ont la capacité des nefs actuels, jauge de Haisne ; le prix du transport par bateaux d'une moindre capacité, sera fixé dans la même proportion. Ils sont aussi réglés pour le terme de trois années, néanmoins ils continueront d'être obligatoires jusqu'à réclamation des intéressés. *Article 6.*

NAVIRES. Les navires pêcheurs sont sujets au droit de permis pour le déchargement du produit de leur pêche. *Décision du 25 pluviôse an 5.*

Les navires qui ont à bord des marchandises angloises, ne peuvent pas entrer dans les ports, même par relâche forcée. *Loi du 10 brumaire an 5.*

Les navires au-dessous de cent tonneaux peuvent être visités par les capitaines et autres officiers et par les préposés au service des douanes. *Décret du 4 germinal, titre 2, article 7.*

NULLITÉS. Si un défaut de formes fait annuler un rapport pour saisies d'objet prohibé, la confiscation en est requise d'office. *Loi du 15 août 1793.*

O

OBJETS SAISISSABLES. Quiconque cachera ou achetera des objets saisissables, participera à une contravention aux lois des douanes, sera condamné à une amende de dix fois la valeur des objets cachés ou achetés en fraude. *Loi du 4 germinal, titre 6, article 2.*

OCTROI MUNICIPAL DE LA VILLE DE PARIS. Par l'arrêté du gouvernement en date du 4 complémentaire an 11, la contribution mobilière de la ville de Paris est supprimée et remplacée par les droits additionnels à l'octroi, portés au tarif que nous en donnons à la fin de ce volume. Voyez ce *tarif*, n°. 4.

OPPOSITION. S'il y a opposition à la rédaction d'un procès-verbal, sur le navire ou dans la maison où des objets auroient été saisis, ledit procès-verbal devra être rédigé dans le bureau le plus voisin. *Loi du 22 août, titre 10, article 6.*

Il ne peut pas être formé opposition à l'exécution des jugemens de première instance, quand il s'agit de marchandises angloises.

L'opposition à la taxe des frais doit être admise, toutes les fois que les articles qui en forment le montant n'ont été ni communiqués ni débattus. *Jugement du tribunal de cassation du 11 germinal an 9.*

Une partie condamnée par défaut peut dans les trois jours de la signification, former opposition à l'exécution du jugement.

OUVERTURE. Les préposés, dans le cas où ils n'auroient pas perdu de vue la fraude, sont autorisés à se faire ouvrir les maisons où ils l'auroient vue transporter, dans l'étendue de quatre lieues des frontières. Si on refuse d'ouvrir, ils pourront le faire d'autorité, en présence d'un juge ou d'un officier municipal, qui dans tous les cas devra assister au procès-verbal. *Loi du 22 août, titre 13, art. 36.*

P

PASSAVANS. Les marchandises exemptes de droits de sortie doivent être accompagnées de passavans, pour le transport d'un port de la république à un autre, ou d'une commune à l'autre, en empruntant le territoire étranger. *Loi du 22 août, titre 3, article 3.*

Le temps nécessaire pour le transport doit y être fixé en toutes lettres, et ils doivent être représentés à la réquisition des préposés. *Titre 3, article 16.*

L'arrêté du 22 *thermidor an* 10 a établi les formalités, les précautions et la surveillance qui doivent avoir lieu pour la circulation dans le rayons des douanes et l'expédition des passavans.

PERMIS. Les marchandises ne peuvent être chargées ou déchargées que sur un permis des préposés. Il est également nécessaire pour le déplacement des marchandises, pour le transport par alléges, et pour l'embarquement des vivres dans un port autre que celui du départ. On peut consulter les articles, *chargement, déplacement, alléges, vivres.*

PLOMBAGE. Il doit être apposé aux balles, ballots, caisses, etc. de marchandises manufacturées, si elles sont prohibées ou sujettes à des droits de dix pour cent de la valeur à l'entrée. *Loi du 22 août, titre 3, article 3.*

Les vins, eaux-de-vie et métaux non ouvrés sont cependant dispensés du plombage. *Même art.*

Sont encore exceptés :

1°. Les poissons salés et leurs issues, provenant de pêches nationales, et transportés en barils ou futailles. *Loi du 16 novembre 1791.*

2°. Tous objets destinés au services de la marine, et expédiés par des agens du gouvernement. *Décision du 2 mars* 1793.

3°. Les poudres de la régie nationale expédiées par acquit-à-caution. *Circulaire du 20 juin* 1772.

POIDS. *Brut.* C'est le poids d'une marchandise toute emballée.

Net. C'est celui d'une marchandise sans emballage.

Il est spécifié au tarif quelles marchandises paient au brut ou au net.

Cependant toute marchandise qui paie au brut et est renfermée dans une double futaille, ne paie que déduction faite de celle qui lui sert de seconde enveloppe. Voyez *tare à déduire.*

POIDS ET MESURES. *Voyez* à la fin du volume le tableau figuré du rapport des nouveaux avec les anciens.

POLICE DES FRONTIÈRES. *Pour ce qui vient de l'intérieur.* Les propriétaires ou conducteurs sont tenus de conduire les marchandises au premier bureau de sortie, sous peine de confiscation et de cent francs d'amende. *Loi du 22 août, titre 3, article* 15, *et* 19 *vendémiaire an 6, article* 1.

Des frontières pour les marchandises qui en sont enlevées ou qui y circulent. La déclaration en sera faite au plus prochain bureau d'entrée ou de sortie, avant l'enlèvement, à peine de confiscation et d'une amende de 100 fr. *Loi du 22 août, titre 3, article* 15.

Il sera déclaré d'une manière précise la maison où les marchandises sont déposées et le lieu de leur destination, ainsi que le jour et l'heure où elles doivent être enlevées. *Loi du 19 vendémiaire an 7, article* 2.

Des frontières, pour ce qui circule entre les bureaux et l'étranger. Les particuliers dont les habitations sont situées entre les bureaux des douanes et l'étranger, et qui veulent y faire arriver des bestiaux ou marchandises dont la sortie est défendue ou soumise à des droits, n'obtiendront des passavans qu'avec un certificat de la municipalité qui constatera que ces bestiaux ou marchandises sont pour leur usage et consommation. *Arrêté du directoire du 25 messidor an 6, article* 1.

Police des bords de l'Escaut et du lac Léman. La même police s'étend à la partie du territoire françois qui borde l'Escaut, depuis l'embouchure de ce fleuve jusqu'à la mer, excepté les côtes qui touchent immédiatement à la mer. *Arrêté du 1 pluviôse an 7.*

Cette disposition s'applique au lac Léman.

Ce qui est exempt de la police des frontières. Il ne sera pas exigé de passavant, pour les grains et graines qui ne font pas route vers la frontière, non plus que pour les poissons, vins, cidre ou poiré, viande fraîche ou salée, volaille, fruits, gibier, beurre, fromage et tous les objets de jardinage. *Loi du 19 vendémiaire an 6, article* 4.

Des quatre lieues en mer. La police maritime s'exerçant extérieurement, c'est-à-dire en mer, la régie entretient des pataches, pour visiter les navires, faire exhiber les manifestes, et veiller à ce qu'il ne se fasse sur les côtes ni versemens, ni embarquemens frauduleux, en empêchant que tout navire au-dessous de 100 tanneaux n'approche à plus de quatre lieues des côtes.

La loi du 8 floréal an 11 a étendu la ligne des douanes. Voyez ce mot, *page* 33.

POURVOIR. *En cassation.* Tout jugement rendu en dernier ressort dans les affaires pour contravention aux lois des douanes, peut être attaqué par la voie de cassation.

Au civil. Il est accordé un délai de trois mois, pour se pourvoir en matière civile. *Loi du 1 décembre* 1790, *article* 14.

En matière civile, la requête en cassation ne sera reçue au greffe, qu'autant que la quittance de consignation d'amende y sera jointe. *Loi du 2 brumaire an 4, titre 3, article* 17.

Au criminel. Le condamné a trois jours, après celui où il a été jugé, pour déclarer qu'il se pourvoit en cassation. *Code pénal, article* 440.

Le commissaire du gouvernement peut dans le même délai déclarer qu'il se pourvoit au nom de la loi. *Article* 441.

Le tribunal est tenu de prononcer sur le recours en cassation, dans le mois de l'envoi qui lui a été fait des pièces. *Article* 452.

PRÉPOSÉS DES DOUANES. Les préposés des douanes seront toujours porteurs de leur commission. *Loi du 4 germinal, titre 4, article* 1.

Il leur est défendu de percevoir d'autres et plus forts droits que ceux fixés, à peine de concussion. *Loi du 22 août, titre* 13, *article* 29.

Ils sont tenus de se trouver dans les bureaux aux heures prescrites, à peine de dommages-intérêts. *Titre* 13, *article* 5.

Ils sont sous la sauvegarde de la loi, défendu de les injurier, maltraiter ou troubler dans leurs fonctions, à peine de 500 fr. d'amende. *Titre* 13, *article* 14.

Ils ne peuvent être forcés de se charger d'aucune tutelle ni curatelle. *Titre* 13, *article* 15.

Ils sont dispensés de frais de casernement de troupes et de toute fourniture pour cet objet. *Arrêté du comité de salut public du* 30 *vendémiaire an* 4.

Ils ne peuvent être détournés par aucune autorité, du service auquel ils sont appelés. *Arrêté du même comité du* 12 *floréal an* 2.

Ils peuvent suppléer les huissiers, pour faire les exploits et autres actes de justice. *Loi du 22 août, titre* 13, *article* 18.

La régie n'est responsable de leur fait, que pour ce qui concerne leurs fonctions.

PRESCRIPTION. *Des actions et demandes contre la régie.* Toute demande en restitution de droits, marchandises, loyers, appointemens, est non recevable, après deux ans expirés, depuis l'époque d'où la réclamation se fonde, quand il n'y a eu ni demande judiciaire ni convention spéciale. *Loi du 22 août, titre* 13, *article* 25.

La régie, trois ans après chaque année expirée, n'est plus tenue de représenter les registres des années précédentes, à moins qu'il n'y ait des instances pendantes. *Même article.*

Les soumissionnaires d'acquits-à-caution, ne peuvent élever aucune réclamation relative aux droits, amendes ou autres sommes consignées, six mois après le terme fixé par les acquits-à-caution. *Titre* 3, *article* 14.

Les préposés sont dispensés de représenter les originaux des acquits-à-caution, après l'année de leur dépôt au bureau de contrôle. *Titre* 2, *article* 25.

Des actions et demandes de la régie. La régie est non recevable à réclamer aucuns droits, un an après qu'ils auroient dû être payés, à moins qu'il n'y ait eu auparavant contrainte signifiée, ou convention formelle. *Titre* 13, *article* 25.

Elle ne peut attaquer de faux un certificat de décharge pour le commerce en France, quatre mois après qu'il a été rapporté. *Titre* 3, *article* 10.

PRESTATION DE SERMENT. Les préposés des douanes prêteront serment devant le juge de paix. *Loi du 22 août, titre* 13, *article* 12.

Il sera enregistré sans frais au greffe du tribunal. *Même article.*

Un préposé passant du ressort d'un tribunal dans un autre, n'est pas tenu de renouveller son serment, mais seulement d'en faire enregistrer l'acte. *Article* 13.

PREUVE TESTIMONIALE. Elle ne peut être admise pour constater le retard apporté par les soumissionnaires à la remise des acquits-à-caution. *Loi du 22 août, titre* 3, *article* 6.

Elle ne peut l'être contre un rapport de préposés, en matière de saisie. *Loi du* 9 *floréal an* 7, *titre* 4, *article* 11.

PRIMES. *Pour la pêche de la baleine et du cachalot.* Il est accordé une prime de 50 francs par tonneau de port de chacun des bâtimens expédiés pour la pêche de la baleine et du cachalot. *Arrêté du* 9 *nivôse an* 10, *article* 1.

Le nombre de tonneaux sera constaté par une visite que feront faire de concert l'administration de la marine et celle des douanes, et par un jaugeage. *Article* 2.

La prime sera acquittée aux conditions suivantes :

1°. Que le navire suivra sa destination pour la pêche de la baleine.

2°. Qu'il fera son retour dans un port de France.

3°. Qu'il n'apportera que l'huile de sa pêche, et qu'il n'en achetera pas de pêche étrangère. *Art.* 3.

Faute de ces conditions, l'armateur rendra la prime à lui payée. *Article* 5.

Pour la pêche de la morue. Pendant 3 ans, à compter de l'an 10, il sera accordé une prime pour la pêche de la morue : savoir :

1°. Aux armateurs pour la pêche aux îles Saint-Pierre et Miquelon, et à Terre-Neuve, dite *la grande pêche*, 5o fr. par homme, depuis le capitaine jusqu'au mousse.

2°. Pour la pêche au banc, appelée *petite pêche*, 15 fr. par homme.

3°. par 5 myriagrammes de morue de pêche françoise, exportée de France ou des lieux de pêche, directement aux colonies françoises, 12 fr.

4°. Par 5 myriagrammes de morue de pêche françoise, exportée des ports françois de la Méditerrannée pour l'Espagne, le Portugal, l'Italie, et aux Echelles du Levant, 6 fr.

5°. Par 5 myriagrammes de morue, portée directement des lieux de pêche en Italie, en Espagne et en Portugal, 5 fr. *Arrêté du 17 ventôse an 10, article 1.*

Il sera payé aux armateurs une prime d'un franc par myriagramme d'huile de morue, ou de rogue pour la pêche de la sardine, qu'ils introduiront dans les ports de France, provenant de leur propre pêche. *Article 2.*

Ladite prime est accordée, à la charge par l'armateur, 1°. de faire suivre à son navire sa destination pour la pêche ; 2°. de faire son retour dans un port de France, de Portugal, d'Italie et d'Espagne, ou des colonies françoises, qu'il déclarera avant son départ ; 3°. de n'apporter dans lesdits ports que des produits de sa pêche.

Outre les conditions ci-dessus, la prime pour l'exportation de France aux colonies françoises, en Italie, en Portugal, en Espagne et aux Echelles du Levant, ne sera payée qu'à la charge par l'armateur ou capitaine :

1°. De déclarer 1°. le nom de la colonie ou du port où il va ; 2°. la quantité de morue qu'il exporte ; 3°. le nom du navire, du capitaine et de l'armateur.

2°. De faire attester, par un certificat de deux courtiers, visé au tribunal de commerce, que la morue est de bonne qualité.

3°. De faire vérifier par un employé de la marine et un des douanes, la quantité de morue faisant partie de sa cargaison, et de justifier qu'elle est telle qu'il est porté dans son connoissement.

4°. De se faire délivrer par le commissaire de la marine et le directeur ou receveur des douanes du port du départ, un certificat de sa déclaration.

5°. De présenter à son retour un certificat attestant, 1°. qu'il a exhibé les déclarations ci-dessus exigées ; 2°. qu'il a mis à terre et vendu dans le port où il a abordé, la quantité de morue chargée à son bord. *Article 6.*

La prime accordée pour la morue portée directement du lieu de la pêche en Espagne, en Portugal, en Italie et aux colonies, sera payée aux conditions portées à l'*article* 4, et en outre ;

1°. Le capitaine fera la déclaration du lieu où il a pêché ; de la quantité de morue qu'il a à bord, du nom du port de France, du navire et de l'armateur.

2°. Il représentera la déclaration qu'il aura dû faire avant son départ du lieu où il vouloit se rendre.

3°. Il fera faire, en présence d'un employé de la marine qui lui sera désigné, ou d'un des secrétaires des relations commerciales, le déchargement et la pesée de la cargaison.

4°. Il rapportera un certificat énonçant la quantité de morue déchargée, pesée et vendue dans le port. *Article 7.*

Pour les sucres. Il est accordé une prime de 25 fr. par cinq myriagrammes pour les sucres raffinés en France qui seront exportés à l'étranger. *Loi du 8 floréal an 11.*

Les raffineurs qui tireront des entrepôts des sucres bruts, têtes ou terrés, jouiront pour le paiement des droits de consommation, d'un crédit de 4 mois, en fournissant aux receveurs des douanes leurs obligations valablement cautionnées. *Arrêté du 29 thermidor an 11.*

Pour la pêche du hareng. Il sera accordé aux armateurs, pour la pêche du hareng d'automne, une prime de 5o fr. par homme, lorsque le bateau-pêcheur sera de 25 tonneaux au moins, et l'équipage de 20 hommes et au-dessus. *Arrêté du 13 pluviôse an 11.*

Pour le tabac. Voyez *droit de fabrication restitué.*

PRISES FAITES SUR L'ENNEMI. L'officier chargé en chef de l'administration de la marine, est aussi chargé de la vente des prises. *Arrêté du 17 floréal an 9.*

Un navire françois repris sur l'ennemi ne paie aucun droit d'entrée pour son chargement, en justifiant de la première sortie. *Loi du* 19 *février* 1793 *, article* 9. Voyez pour le surplus *armemens en course.*

PRIVILÉGE. La république est préférée à tous créanciers, pour droits, confiscation, amende, etc. et avec contrainte par corps. *Loi du* 4 *germinal, titre* 6 *, article* 4.

La régie a privilége sur les meubles et effets mobiliers des comptables pour leurs *debets* et sur ceux des redevables pour les droits, à l'exception des frais de justice, de ce qui peut être dû pour six mois de loyer, etc. *Loi du* 22 *août, tit.* 13 *, art.* 22.

PRODUIT DES DROITS. Toutes saisies du produit des droits, faites entre les mains des receveurs ou des redevables, seront nulles : nonobstant lesdites saisies, les redevables seront contraints au paiement des sommes par eux dues ; les huissiers seront interdits de leurs fonctions et condamnés à 1000 fr. d'amende. *Loi du* 22 *août, titre* 12 *, article* 9.

PROHIBITION. *Absolue.* Elle a lieu à toutes les entrées et sorties. La marchandise ainsi prohibée est saisie et confisquée, avec les bâtimens de mer, voitures et animaux servant au transport. *Loi du* 4 *germinal, titre* 2 *, article* 10.

Les propriétaires des marchandises et maîtres des bâtimens, sont solidairement condamnés à 500 fr. d'amende. *Loi du* 22 *août, titre* 5 *, article* 1.

Sont également saisissables celles de ces marchandises qui ont dépassé le premier bureau, ou qui sont trouvées dans la distance de deux myriamètres des côtes, sur des bâtimens au-dessous de 100 tonneaux, ou qu'on auroit vu charger à bord. *Titre* 7 *, article* 13.

Les marchandises prohibées saisies ne peuvent être remises sous caution. *Titre* 3 *, article* 9.

Les marchandises prohibées qui sont déclarées sous leur propre dénomination, en les présentant au bureau, ne sont point assujetties à la saisie. Celles destinées à l'importation sont renvoyées à l'étranger ; celles destinées à l'exportation restent dans l'intérieur. *Titre* 5 *, article* 4.

Conditionnelle. C'est celle qui résulte de la loi qui assujettit à justifier de l'origine de marchandises fabriquées. Voyez *certificat d'origine.*

Locale. Est la restriction d'entrée ou de sortie par certains bureaux, ou certaines parties des côtes.

L'article 4 *de la loi du* 12 *pluviôse an* 2, borne aux toiles peintes et mousselines la prohibition locale par mer pour les objets importés, et en affranchit totalement les marchandises importées par terre, qui passent par les bureaux placés sur de grandes routes, pourvu que ces marchandises ne soient pas dans le cas de la prohibition absolue.

Si on tentoit de faire passer par d'autres bureaux que ceux désignés, les marchandises ainsi astreintes, elle seroient confisquées avec amende de 100 fr. *Loi du* 22 *août, article* 8.

R

RAPPORTS. Ceux qui procéderont à une saisie, feront conduire au plus prochain bureau les marchandises, voitures, chevaux ou bateaux servant au transport, et dresseront de suite leur rapport. *Loi du* 9 *floréal an* 7 *, titre* 4 *, article* 2.

Lorsqu'un acquit ou expédition de douane est soupçonné de faux, l'identité en est consacrée par l'insertion dans le rapport d'une copie figurée de la pièce : si le voiturier ou marchand refuse de signer, il en est fait mention dans le rapport. *Titre* 4 *, article* 4.

Un rapport signé et affirmé par deux préposés ou saisissans, est cru jusqu'à inscription de faux. *Titre* 4 *, article* 1.

RÉBELLION. Si les habitans d'une commune ont pris part aux délits commis par des attroupemens, la commune paiera une amende égale au montant de la réparation principale. *Loi du* 10 *vendémiaire an* 4 *, titre* 4 *, article* 2.

Si ces attroupemens ont été formés d'habitans de plusieurs communes, ils sont tous responsables des délits, et contribuables à la réparation, dommages-intérêts, et au paiement de l'amende. *Art.* 3.

Les communes sont responsables de tous les excès auxquels on auroit pu se porter contre les préposés des douanes en fonctions dans leur sein. *Arrêté du* 8 *nivôse an* 6. Voyez *marchandises angloises.*

RECOURS. Les maîtres de navires, voituriers et conducteurs de marchandises prohibées, ont leur recours contre ceux qui les ont induits en erreur. *Loi du* 22 *août, titre* 5 *, article* 1.

La régie a recours contre ses employés, si, pour leur fait, il est élevé quelque réclamation contr'elle. *Titre* 13, *article* 19.

RÉEXPORTATION. Les dispositions du paragraphe premier de l'article *Cabotage*, sont applicables aux denrées coloniales qui seront réexportées.

Les marchandises admises en entrepôt, qui sont prohibées à l'entrée, ou dont le droit excède dix pour cent de la valeur, ne pourront être réexportées que sur des bâtimens de cent tonneaux et au-dessus, et sous acquits-à-caution qui seront déchargés par les agens du gouvernement françois, dans les ports étrangers où les marchandises seront conduites. *Loi du* 8 *floréal an* 11.

RÉGIE DES DOUANES. Elle répond du fait de ses préposés. *Loi du* 22 *août*, *tit.* 13, *art.* 19.

Elle remet chaque année, au greffe du tribunal de commerce du chef-lieu de la direction, un rôle de tous ceux qui montent ses bâtimens. *Titre* 13, *article* 6.

Elle est tenue de représenter ses registres pendant trois ans. *Titre* 13, *article* 25.

Les poursuites contre les individus qui contreviennent aux lois sur l'importation et l'exportation, doivent être faites en son nom par ses préposés. Voyez pour le surplus, *Administration.*

REGISTRES DES DOUANES. Tout ce qui est inscrit sur les registres, doit être sans interligne ni abbréviation. *Loi du* 22 *août*, *titre* 13, *article* 26.

Il doit y en avoir un dans chaque bureau, destiné à inscrire les marchandises restées dans les douanes.

En cas de perte des expéditions, ils peuvent servir à la décharge des redevables ; mais on n'en peut tirer que des extraits certifiés véritables, et le dépôt n'en peut être ordonné que dans le cas d'inscription de faux.

Dans le cas d'apposition des scellés sur les papiers d'un comptable, les registres de recette et autres de l'année courante n'y seront pas renfermés. Ils sont arrêtés et paraphés par le juge, et le receveur par *interim* en est regardé comme dépositaire de justice. *Loi du* 22 *août*, *titre* 13, *article* 21.

Aucun registre ne peut être représenté après trois ans, à moins de demande juridique formée précédemment, ou de convention spéciale. *Titre* 13, *article* 25.

RELACHE FORCÉE. Si un navire, barque ou autre bâtiment, est forcé de relâcher par fortune de mer, poursuite d'ennemi, ou autres cas fortuits, il en sera justifié dans les vingt-quatre heures de l'abord, par un rapport. *Loi du* 22 *août*, *titre* 6, *article* 1.

Il sera fait une déclaration sommaire des objets formant le chargement ; elle indiquera la destination ultérieure, et il sera pris du tout certificat des commis des douanes, à peine de confiscation et de 500 francs d'amende. *Articles* 1 et 3.

Si un bâtiment entre par détresse dans un autre port que celui de sa destination, le préposé de la régie permettra la décharge du bâtiment et la vente des objets périssables, ou qu'il sera nécessaire de vendre pour faire les frais du radoub. *Loi du* 4 *germinal*, *titre* 2, *article* 6.

REMISES. L'administration des douanes est autorisée à transiger sur les procès relatifs aux contraventions aux lois sur cette partie, soit avant, soit après le jugement. *Arrêté du* 14 *fructidor an* 10, *article* 1.

Les bâtimens, bateaux, voitures, chevaux et équipages saisis, pour autre cause que prohibition de marchandises dont la consommation est défendue, pourront être remis, sous caution solvable. *Loi du* 9 *floréal an* 7, *titre* 4, *article* 5.

Il ne pourra être fait aucune remise sur les confiscations et amendes pour contravention à la loi du 10 brumaire an 5, ni pour celles encourues pour introduction de marchandises prohibées ou en fraude des droits.

RÉPARTITION DES AMENDES. Les trois vingtièmes des sommes provenant des confiscations et amendes, seront versés dans la caisse des retraites, établie en faveur des préposés des douanes. *Arrêté du* 9 *fructidor an* 5, *article* 1.

Un sixième est réservé à la nation : les receveurs en rendront compte : si la somme à répartir n'excède pas cent francs, ce sixième appartiendra aux saisissans. *Article* 2.

Trois sixièmes seront répartis entre les saisissans, comme suit :

1°. Si la saisie est faite par les préposés seuls, le commandant du détachement aura une part et demie, et les autres employés une part. Lorsque ce commandant sera un lieutenant d'ordre, les lieutenans qui se trouveront dans le détachement auront une part et quart. *Article* 4.

H

2°. Un contrôleur de brigade, présent à une saisie, aura deux parts : s'il n'est qu'intervenant et rédacteur du rapport, il n'aura que part et demie. *Article* 5.

3°. Lorsqu'un directeur, un inspecteur ou un contrôleur de brigade assisteront à une saisie, le directeur et l'inspecteur auront chacun deux parts ; dans ce cas, le contrôleur de brigade ne jouira que d'une part et demie ; les préposés de grades inférieurs, d'une part et quart, et les autres, d'une part. *Art.* 6.

4°. Les deux derniers sixièmes seront partagés entre les directeur, inspecteur, receveur, contrôleur de brigade et lieutenant d'ordre, de manière cependant que ce lieutenant ne reçoive que la moitié d'une des parts revenant à chaque préposé supérieur. *Article* 7.

Les contrôleurs de visite jouiront de la part d'inspecteur ou de contrôleur de brigade, lorsqu'ils les suppléeront. Les capitaines de brigade et lieutenant d'ordre se trouvant sous la surveillance immédiate du directeur, de l'inspecteur ou du contrôleur de visite, seront traités comme les contrôleurs de brigade. *Article* 3.

Les employés désignés aux articles 7 et 8, ne pourront réunir les parts de saisissans et d'employés supérieurs ; ils opteront, et la part qu'ils abandonneront sera réunie à celle des saisissans.

Si une saisie est faite par des employés de diverses directions, inspections, etc. les directeurs, etc. sous la surveillance desquels sont ces préposés, partageront entr'eux la part attachée à leurs grades respectifs. *Article* 10.

Les inspecteurs, contrôleurs de visite et de brigade, et lieutenans d'ordre, n'auront aucune part au produit des saisies faites sans le concours des employés : dans ce cas, celles qui leur seroient assignées appartiendront aux saisissans. *Article* 11.

Les employés qui auront concouru à une saisie, partageront également entr'eux. *Article* 12.

Les préposés des brigades ne participeront aux saisies faites par suite d'opérations intérieures, qu'autant qu'ils y seront appelés et qu'ils y assisteront. Dans ce cas, ils n'auront que moitié part des employés de bureau saisissans. Le contrôleur de brigade n'y participera qu'autant qu'il sera présent. *Article* 13.

Si les objets saisis sont déposés dans un bureau, le receveur-dépositaire aura les deux tiers de la part attribuée au receveur ; l'autre tiers sera pour le receveur principal qui aura dirigé la saisie. *Art.* 14.

Le dénonciateur ne recevra le tiers des saisies qui lui est alloué, qu'autant qu'il se fera connoître. *Art.* 15.

Les troupes qui feront des saisies sans le concours des préposés, partageront selon le mode prescrit pour lesdits préposés. *Article* 16.

Si la saisie est faite par les troupes et les préposés conjointement, chaque soldat a la même part qu'un préposé. *Article* 17.

Dans ce cas, si les commandans ou capitaines ont été présens à la saisie, ils pourront opter pour deux parts, ou celle qui revient à leur grade. *Article* 19.

Lorsque les troupes auront seulement été requises, elles recevront une gratification. *Article* 20.

Les amendes pour fait de rébellion ne sont réparties qu'entre les préposés qui l'auront éprouvée. *Art.* 22.

Les sommes payées à défaut de rapport de certificat de décharge, ou pour falsification desdits certificats, seront réparties comme les produits des saisies. *Article* 23.

Dans les saisies de grains, le sixième de la nation sera pour les saisissans. *Article* 24.

Ne seront admis comme saisissans que ceux dont les noms se trouveront sur les rapports. *Art.* 25.

Nul ne pourra exiger de somme provenant de saisie, qu'autant que le jugement aura acquis force de chose jugée, et que l'administration l'aura formellement autorisé. *Article* 26.

RESTITUTION DE DROITS. La restitution a lieu, si on justifie qu'une perception n'étoit pas fondée.

Les droits de sortie perçus au port d'embarquement, sur des marchandises expédiées à destination simulée de l'étranger, en justifiant de l'arrivée à un port de France, sur le navire désigné par l'acquit de paiement. *Décisions des* 26 *vendémiaire et* 12 *brumaire an* 2.

La régie ordonne la restitution, sur la présentation des acquits originaux de paiement. Si cette représentation ne peut se faire, le remboursement a lieu sur le *duplicata*, à condition que ce ne sera que trois mois après la demande, et que le réclamant fournira caution solidaire avec lui, de rendre la somme remboursée , si dans le cours de deux ans , le porteur de l'acquit original venoit en réclamer le paiement. *Décision du 24 novembre 1791.*

RETENUE. Les marchandises dont les droits sont perçus à la valeur , peuvent être retenues par les préposés , en payant la valeur déclarée , et le dixième en sus , dans les quinze jours qui suivront la notification du procès-verbal. *Loi du 4 floréal an 4.*

La retenue ne sera soumise à aucune autre formalité , qu'à celle de l'offre souscrite par le receveur du bureau , et signifiée au propriétaire ou à son fondé de pouvoir. *Même loi , article 2.*

Dans le cas de retenue , il est expressément défendu aux ministres et aux corps administratifs de donner des décisions. *Loi du 4 germinal , titre 6 , article 24.*

RETOUR DE L'ÉTRANGER. Le commerce jouit de la faculté de faire revenir de l'étranger , en exemption de droits , les marchandises françoises qui n'ont pu y être vendues , pourvu que l'origine nationale puisse être reconnue , soit par des marques de fabrique , soit par des caractères inhérens de cette origine.

Les linons-batistes sont admis sans marque , parce qu'il est reconnu qu'il ne s'en fabrique qu'en France.

Il en est de même des dentelles de point d'Argentan et d'Alençon.

La demande de retour doit être formée au ministre des finances ; il faut joindre à la pétition l'extrait légalisé du registre d'envoi , portant facture et l'acquit de sortie.

Cette faveur ne peut avoir lieu pour ce qui n'est pas susceptible de marque.

Les vins et liqueurs ne peuvent en jouir , parce qu'étant susceptibles de mélanges et de contrefaction , leur origine ne peut être constatée.

Par exceptions particulières , le retour en franchise est accordé aux vases de cuivre nommés estagnons , dans lesquels on renferme les essences expédiées pour l'étranger. Il suffit de représenter l'acquit de sortie , contenant la désignation de leur poids et grandeur , et la réserve de les faire revenir.

Aux bouteilles de verre ayant servi à l'exportation de l'huile de vitriol.

Aux bouteilles de verre exportées de Genève , pleines d'eau minérale artificielle.

Il est des retours obligés ; celui des futailles que l'on ne laisse sortir vides pour la pêche de la baleine , que sous la soumission de les faire rentrer pleines.

REVENDICATION. Les propriétaires d'objets saisis pour contravention ou fraude , ne peuvent les revendiquer , ni leur prix. *Loi du 22 août , titre 12 , article 5.*

Les créanciers, même privilégiés , ne sont point admis à revendiquer ; mais le propriétaire d'objets , sous balles ou sous cordes , déposés au domicile d'un particulier saisi , peut les revendiquer , et est préféré à la régie. *Titre 2 , article 22.*

SAISIE. Les contraventions qui donnent lieu à la saisie , sont les fausses déclarations , quand on a voulu éluder un droit au-dessus de 12 francs ; les substitutions de marchandises expédiées par acquit-à-caution , quand celle substituée est soumise à un droit d'entrée ; et enfin l'importation ou l'exportation frauduleuse de marchandises sujettes aux droits ou prohibées.

Tout citoyen a le droit de saisie ; mais il faut que deux aient vu et attestent la contravention.

Toute saisie de marchandises qui auroient dépassé un bureau non indiqué par un tableau , est nulle. *Loi du 22 août , titre 1 , article 3.*

La loi du 9 floréal an 7 , titre 4 , articles 2 , 4 , 7 et 8 , veut , 1°. que ceux qui font une saisie , conduisent au plus prochain bureau les marchandises , voitures , chevaux , etc. et qu'ils rédigent de suite leur rapport ; 2°. que si la saisie a pour cause un faux , le rapport en énonce l'espèce ; 3°. que s'il y a lieu à saisie dans une maison , la description y soit faite , et le procès-verbal rédigé ; 4°. que quant aux saisies faites sur des bâtimens pontés , le procès-verbal se fasse à fur et mesure du déchargement , et qu'il contienne la description en détail des balles , ballots , etc.

Il suit de là quatre saisies distinctes.

L'action est poursuivie à la requête des régisseurs , et les preuves de non contravention sont à la charge du saisi.

Les juges de paix prononcent en première instance.

Si la saisie est jugée bonne , et qu'il n'y ait pas d'appel , le préposé peut , le neuvième jour , indiquer la vente des objets confisqués.

Si la saisie n'est pas déclarée valable , et que l'administration interjette appel , les bâtimens , voitures , chevaux , etc. sont remis.

Si la saisie n'est pas fondée , il y a lieu à un intérêt d'indemnité.

Il est défendu à toute autorité judiciaire de donner des décisions sur les saisies.

SIGNIFICATION. Tout jugement rendu sur saisies , doit être signifié, soit à la partie , soit au préposé indiqué par le rapport. *Loi du 14 fructidor, article 11.*

Celles à la partie se font à son domicile ; si elle n'en a pas de réel ou d'élu , à celui du maire de la commune. *Même article.*

Celles à l'administration sont faites au préposé. *Même article.*

Les jugemens rendus contre inconnus ou gens qui n'ont pas de résidence en France , seront signifiés au domicile du maire.

Les préposés sont autorisés à faire eux-mêmes les significations.

Les délais d'appel et de pourvoir au civil , ne courent que du jour de la signification.

SOLIDARITÉ. Les personnes condamnées pour un même fait de fraude , sont solidairement responsables , tant pour la restitution des marchandises que pour l'amende. *Loi du 22 août, tit. 13, art. 3.*

SOIES. Les soies des départemens du Pô , du Tanaro , de la Sesia , de la Stura , de la Doire , de Marengo , qui seront exportées par Lyon , ne pourront sortir par mer que par les ports de Marseille , Dunkerque et Calais ; et par terre , que par les bureaux de Cologne , Mayence , Strasbourg et Versoix.

Les soies destinées à l'exportation seront conduites à Turin , et après vérification , expédiées par Nice ou Lyon. Celles qui devront passer par Nice , acquitteront les droits à Turin. Celles qui devront passer à Lyon , seront présentées à un bureau de la douane qui y sera établi à cet effet , et où elles recevront leur destination ultérieure , après avoir acquitté les droits , si elles sont envoyées à l'étranger.

SOMMATION. Celle de comparoître dans les vingt-quatre heures de la clôture du rapport , ne doit être faite au prévenu qu'en matière civile.

SUSPICION DE FRAUDE. Si c'est dans un bâtiment , les préposés peuvent faire transporter les balles , caisses , etc. au bureau , pour en faire la visite , ou la faire dans le bâtiment même. *Lois des 22 août , titre 13 , article 8 , et 4 germinal , titre 2 , article 3.*

T

TABACS. Voyez *Entrepôt* et *Droit de fabrication.*

TABLEAU. Un tableau indicatif des bureaux doit être attaché sur la porte de chacun d'eux , ou en un lieu apparent auprès de la porte.

Toute saisie faite pour avoir dépassé un bureau sans cette indication , seroit nulle. *Loi du 22 août, titre 13 , article 3.*

TARE A DÉDUIRE SUR LES OBJETS QUI PAYENT AU POIDS NET. Les marchandises qui acquittent au poids net , sont :

Les dentelles , drogueries et épiceries , dont le droit excédera 40 fr. 80 cent. par 5 myriagrammes , telles que l'ambre gris , azur de roche fin , baume , bésoard , bois néphrétique , cacao , cardamomum , castoreum , cendres bleues et vertes à l'usage des peintres , chocolat , civette , costus indicus et amarus , eaux médicinales , essence d'anis , de canelle , de romarin et de rose , ginseng , huiles dont le droit excéde 40 fr. 80 cent. les 5 myriagrammes ; labdanum , musc , muscade , poivre , safran , scamonée , sel volatil ; sucres bruts , têtes et terrés ; thé , vanille. *Loi du 22 août.*

Les plumes apprêtées , les soies , les sucres raffinés et candis. *Loi du premier août 1792 , article 9.*

    La tare sur les sucres bruts en futailles , est de.................................... 15 p. 100.

    Sur les sucres têtes et terrés , le café , cacao , poivre , aussi en futailles....... 12 p. 100.

    Sur les cafés , cacao et poivre en sacs. (*Loi du 20 vendémiaire an 11*)........... 3 p. 100.

    Sur le tabac en boucans , et les drogueries et épiceries.................. 12 p. 100.

    Sur les mêmes objets , en paniers et en sacs. (*Loi du premier août , article 3*). 2 p 100.

Quant aux ouvrages de soie , or et argent , et aux dentelles , la perception en sera faite sur la déclaration au poids net , sauf vérification de la part des préposés.

Ces dispositions sont applicables aux plumes apprêtées et aux soies.

S'il se trouve dans une même caisse ou balle des marchandises dont les unes paient au net et les autres au brut, le droit sera perçu au poids brut. *Loi du 22 août, article* 3.

Toute marchandise payant au brut, qui se trouve dans une double futaille, ne paie que déduction faite de cette seconde enveloppe. *Loi du premier août, article* 9.

Si une balle ou futaille contient des marchandises assujetties à des droits différens, le brut de la balle ou futaille est réparti sur lesdites marchandises, en proportion de leurs quantités respectives. *Même article.*

TARIF. Il doit être représenté à tous ceux qui le requerront. *Plusieurs sont placés à la fin de ce Volume.*

TÉMOINS. Ils ne peuvent être admis pour constater le retard apporté par les soumissionnaires à la remise des acquits-à-caution. *Loi du 22 août, titre* 3, *article* 6.

Ils ne peuvent être reçus à constater les forces majeures qui ont occasionné le retard de marchandises expédiées par mer. *Titre* 3, *article* 8.

Ils ne peuvent prévaloir contre deux verbalisans ou saisissans, lesquels doivent être crus jusqu'à inscription de faux.

TERRITOIRE ÉTRANGER. Si lors d'une saisie, le territoire étranger se trouve violé, le gouvernement seul peut statuer sur cette question. *Jugement du tribunal de cassation, du 9 fructidor an* 8.

THONON. Cette ville, par sa situation, étant ouverte à toutes les marchandises étrangères, et sa population la mettant à l'abri des mesures prononcées contre les entrepôts frauduleux, une loi du 19 vendémiaire an 6 a pourvu à ces inconvéniens par les dispositions suivantes :

Chaque commerçant qui tire de l'étranger, à la destination de Thonon, des marchandises étrangères sujettes à un droit de 20 francs par cinq myriagrammes, et qui se propose de les mettre en circulation, est tenu, à l'arrivée de ces marchandises, de déposer au bureau l'acquit de paiement des droits. *Articles* 1 *et* 2.

Il ne sera accordé de passavans et autres expéditions pour les objets ci-dessus, que l'on voudra enlever de Thonon, à une destination ultérieure, qu'autant qu'ils auront été inscrits sur le registre désigné. *Article* 3.

TIMBRE. Celui des acquits doit être remboursé par les redevables. *Loi du 22 août, tit.* 1, *art.* 7.

Sont exceptés du droit et de la formalité du timbre, pour le service des douanes, les comptes rendus par les comptables, les quittances de traitemens, les quittances de contributions qui n'excèdent pas 10 francs, les registres des receveurs, les affiches pour ventes de marchandises. *Loi du* 13 *brumaire an* 7, *titre* 3, *article* 16.

Les pétitions et mémoires qui sont adressés à l'administration des douanes par d'autres que ses employés, ou par des particuliers qui ne sont pas fonctionnaires, doivent être timbrés. *Article* 12.

Il en est de même de ceux qu'on adresse à ses directeurs dans les départemens.

Les pétitions et mémoires qui ne sont pas timbrés, restent sans réponse.

Le prix du timbre est fixé d'après la dimension du papier sur lequel il est apposé, ainsi qu'il suit :

    La feuille de grand registre... 1 fr. 50
    Celle de grand papier.. 1   0
    Celle de moyen papier... 0   75
    Celle de petit papier.. 0   50
    Et la demi-feuille de ce petit papier...,...... 0   25

Il n'y a point de droit de timbre au-dessus de 1 fr. 50 cent., ni au-dessous de 25 cent. *Article* 8.

TRAITÉS D'ALLIANCE DE COMMERCE. Les lois nouvelles sur les douanes ne portent aucune atteinte aux clauses insérées dans les traités particuliers avec les puissances, dont on donne ici la substance.

ALGER. Par le traité conclu entre la république françoise et la régence d'Alger le 26 frimaire an 10, il a été stipulé ce qui suit :

Les relations politiques et commerciales entre les deux états, sont rétablies telles qu'elles étoient avant la rupture. *Article* 1.

Les François ne pourront être retenus comme esclaves dans le royaume d'Alger, en quelque circonstance et sous quelque prétexte que ce soit. *Article* 7.

Les François saisis sous un pavillon ennemi de la régence, ne pourront être faits esclaves, quand même les bâtimens sur lesquels ils se trouveroient se seroient défendus, à moins que, faisant partie de l'équipage, comme matelots ou soldats, ils ne soient pris les armes à la main. *Article 8.*

Les François passagers ou résidans dons le royaume d'Alger, sont soumis à toute l'autorité de l'agent du gouvernement françois. *Article 9.*

Les capitaines des bâtimens françois, soit de l'état, soit des particuliers, ne pourront être contraints de rien embarquer contre leur gré, ni être envoyés où ils ne voudroient point aller. *Article 10.*

Dans le cas d'une rupture, les François auront trois mois pour terminer leurs affaires, et jouiront pendant ce temps de toute la liberté et protection que les traités leur assurent en pleine paix. Les bâtimens qui aborderoient dans les ports du royaume pendant ces trois mois, participeront aux mêmes avantages. *Article 18.*

Anséatiques (villes). Le traité de commerce conclu avec les villes Anséatiques en 1716, et renouvelé en 1769, fait encore aujourd'hui la règle de nos relations commerciales avec cette puissance.

Les marchandises de France paient, en général.......................... 1 50 val. de 100 fr.
La tonne d'eau-de-vie , *six marcs* ou.................................. 9 30
La barrique de vin , *un marc* ou...................................... 1 55
Le panier de quatre-vingt bouteilles, *un demi-marc* ou.................. 0 77 $\frac{1}{2}$

Chine (empire de la). Le soin qu'apportent les Chinois à rendre presque impossible l'accès dans leur pays, n'a pas permis jusqu'à ce jour d'avoir avec eux des traités de commerce aussi étendus qu'avec les autres peuples, et qui accordent des priviléges et des faveurs aux nations respectives. Les droits d'entrée et de sortie à la Chine sont non seulement excessifs, mais presqu'arbitraires ; aussi les objets importés de cet empire en France paient-ils des droits très-considérables.

Danemarck. Par deux ordonnances des 10 et 14 septembre 1802, (brumaire an 11) le roi de Danemarck a établi, tant sur les vaisseaux de ses sujets que sur ceux étrangers, des droits de *feux* et *fanaux*, et un droit de fret, savoir :

Pour les vaisseaux venant d'Europe, ou y allant chargés, *par laste*.................... 0   16 sous.
Sur les mêmes non chargés... 0   8

Droit de fret pour chaque navire, suivant la nature des cargaisons, *par laste*..........⎰ 0   32
                                                             0   48
                                                             0   64
                                                              0   80

Les priviléges et droits dont jouissent respectivement les François et les Danois en vertu des traités de commerce, étant communs avec la Russie, il faut en voir le détail à ce *mot*.

Deux-Siciles. Les François sont assimilés dans ce royaume, aux naturels du pays, pour tout ce qui est relatif au commerce. Leurs bâtimens sont traités comme les bâtimens nationaux, et leurs marchandises ne sont pas soumises à des droits plus forts que ceux imposés sur le commerce des habitans.

L'article 11 du traité conclu entre la république françoise et le roi des Deux-Siciles, le 19 vendémiaire an 5, rétablit les relations commerciales sur le même pied qu'elles étoient avant la guerre, en attendant qu'il soit fait un autre traité de commerce.

Espagne. Le dernier traité avec cette puissance a remis en vigueur toutes les conditions qui régloient avant la guerre les relations commerciales des deux nations.

Toute contrebande d'espèces ou marchandises absolument prohibées, qui sera trouvée dans tout navire, sans distinction de grandeur, entré dans les ports des deux nations, pour y faire le commerce, sera sujette à confiscation. *Les navires , le reste de la cargaison , les capitaines et équipages, sont exempts d'autres punitions, et seront remis* à la disposition des consuls ou vice-consuls de la nation dont ils sont, pour être procédé contr'eux suivant les ordres qu'ils auront de leur gouvernement. *Convention du 27 septembre 1794, article 6.*

A l'égard de la contrebande que tenteroient de faire des bâtimens, près les côtes et embouchures des rivières, dans les cales, anses et baies autres que les ports destinés et appropriés au commerce ; si un bâtiment est surpris *jetant ou ayant jeté l'ancre* dans lesdites cales, anses et baies (hors le cas de relâche forcée,) ledit bâtiment sera visité par les employés des douanes, et s'il se trouve de la contrebande, elle sera saisie et confisquée, et *le capitaine, l'équipage, le reste de la cargaison et le bâtiment seront jugés selon la loi de chaque pays*, comme les nationaux qui auroient été surpris dans les mêmes cas. *Convention du 24 septembre 1786, article 5.*

États autrichiens d'Italie. Les François jouissent dans les ports de Venise et de Trieste des mêmes franchises que dans les villes anséatiques, et leurs marchandises n'y sont pas soumises à de plus forts droits d'entrée et de sortie que dans ces villes.

États barbaresques. *Alger, Tunis, Tripoly*, (les voir à leur lettre).

État romain. L'article 5 du traité de paix conclu entre la république françoise et le Saint-Siége, le 10 floréal an 5, rétablit les François dans tous les droits et priviléges dont ils jouissoient à Rome avant la guerre, et porte que la France sera traitée en tout comme les puissance les plus favorisées.

L'article 21 dit : qu'en attendant qu'il soit fait un traité de commerce, la république sera maintenue dans les états de sa sainteté, sur le pied de la nation la plus favorisée.

États-Unis. Par la convention conclue le 8 vendémiaire an 9, entre la république françoise et les États-Unis d'Amérique, il a été stipulé que le commerce de l'un et de l'autre état seroit libre. Les vaisseaux-corsaires des deux nations et leurs prises seront traités dans les ports respectifs comme les nations les plus favorisées.

Les François ne paieront en aucuns ports, hâvres, rades et lieux quelconques de l'Amérique unie, d'autres droits et impôts de quelque nature qu'ils soient, que les nations les plus favorisées, et il en sera de même pour toutes immunités et exemptions en fait de négoce, navigation et commerce.

On jugera libres toutes les choses qui se trouveront à bord des navires appartenans aux sujets de l'une ou de l'autre puissance, quand même le chargement, en tout ou partie, appartiendroit aux ennemis de l'une ou de l'autre, à l'exception cependant de la contrebande.

On regardera comme contrebande, toutes marchandises chargées par les citoyens respectifs sur des navires appartenans aux ennemis de l'autre partie ou à leurs sujets ; lesdites marchandises seront confisquées sans distinction de marchandises prohibées, comme appartenant à l'ennemi.

Étrurie (royaume d'). Les navires françois abordant à Livourne, paient les mêmes droits que les naturels du pays. Les conventions commerciales de la France avec l'Espagne ont été rendues communes à l'Étrurie.

Maroc (empire de). A la suite de l'expédition des François en 1786 et du bombardement de quelques places de l'empire de Maroc, il fut conclu un traité entre les deux puissances qui assure à la France une sorte de privilége particulier pour ses marchandises, et la franchise de son pavillon sur toute la côte.

Les droits d'entrée se paient, ainsi que dans les autres états barbaresques, en effets et non en argent. Le fer paie le quart et quelquefois le tiers de sa valeur.

Les poids et mesures sont les mêmes dans les états de Maroc qu'à Paris, avant l'introduction du nouveau système.

Portugal. Le traité de paix conclu à Madrid en 1801 (an 10), établit, en attendant une convention plus ample, ce qui suit :

Les denrées et marchandises provenant du sol ou des manufactures de chacun des deux états, seront admises réciproquement, sans restriction ; et sans pouvoir être assujetties à aucun droit qui ne frapperoit également sur les denrées et marchandises analogues, importées par d'autres nations.

Les draps françois pourront de suite être introduits en Portugal sur le pied des marchandises les plus favorisées.

Prusse. Le traité conclu à Basle le 16 germinal an 3 (5 avril 1795) rétablit les communications et relations commerciales entre la France et la Prusse, telles qu'elles étoient avant la guerre.

Par une ordonnance publiée en 1800, le roi de Prusse a prohibé dans les provinces en-deçà du Weser, dans la Silésie, et dans la Prusse orientale, méridionale et septentrionale, l'importation des objets venant de fabrique étrangère, tels que *Bas de soie et de demi-soie, étoffes de coton, soie, laine, gants, rubans, etc.*

République batave. Les intérêts qui lient cette puissance avec la France n'en font, pour ainsi dire, qu'un peuple sous les rapports du commerce, et le pavillon françois y jouit des mêmes avantages que le pavillon hollandois.

La navigation du Rhin , de l'Escaut, du Texel, etc. est commune aux deux états , et les bâtimens françois sont reçus dans les ports de la Batavie comme les bâtimens bataves.

République helvétique. Par le traité d'alliance conclu le 23 fructidor an 6 , entre la France et la république helvétique , il fut stipulé :

Que les jugemens définitifs en matière civile , ayant force de chose jugée , rendus par les tribunaux françois , seroient exécutoires en Suisse , et réciproquement après qu'ils auroient été légalisés par les envoyés respectifs.

Ainsi , lorsqu'à raison d'une contravention aux lois des douanes , un jugement portant confiscation avec amende , est rendu contre un Suisse , l'expédition de ce jugement doit être adressée au Grand-Juge ministre de la justice , pour qu'il certifie véritable la signature du greffier qui est au bas de l'expédition. Elle doit ensuite recevoir la légalisation du ministre des relations extérieures , et enfin , sur cette légalisation , celle du ministre helvétique en France.

Cet article du traité ne faisant mention que des jugemens rendus en matière civile , ceux rendus en toute autre matière ne sont point exécutoires en Helvétie. *Lettre du ministre de la justice du 6 floréal an 7.*

Le traité d'alliance conclu à Fribourg entre les mêmes états , porte :

Art. IX. La république françoise accordera l'extraction de ses salines pour tous les sels dont la Suisse aura besoin ; cette extraction et le transport seront exempts de toute espèce d'impôt.

Art. X. Il sera accordé depuis le 12 prairial jusqu'au 24 brumaire de chaque année (du 1 juin au 15 novembre) à tous les habitans suisses des cantons limitrophes de la France , la libre importation des denrées provenant des biens fonds dont ils seroient propriétaires sur le territoire de la république françoise , à une lieue des frontières respectives , et réciproquement en faveur des François possessionnés en Suisse. Ces importations et exportations seront exemptes de tous droits , en remplissant les formalités exigées.

Art. XII. Les citoyens des deux républiques seront traités respectivement sous les rapports du commerce et des droit d'importation , d'exportation et de transit, sur le même pied que ceux des nations les plus favorisées.

République italienne. Voyez au *Transit.*

République ligurienne. Le commerce françois jouit dans le port de Gênes , des mêmes avantages que dans celui de Livourne.

Russie. Il avoit été conclu à Pétersbourg en 1787 entre la France et la Russie un traité de commerce et de navigation qui a été maintenu par la paix faite en l'an 10. Il y est dit :

Les sujets des puissances contractantes paieront pour leurs marchandises les droits de douanes et autres fixés par les tarifs existans , ou qui existeront à l'avenir dans les états respectifs. L'empereur accorde aux François la prérogative d'acquitter , dans tout l'empire , les droits de douane en monnoie courante de Russie , qu'ils étoient obligés précédemment d'acquitter en rixdales. Ils paieront à raison de 120 copecks par rixdale (5 fr. 43 cent.) mais cette facilité n'aura pas lieu dans le port de Riga , où les sujets russes eux-mêmes paient en rixdales effectifs. *Article 10.*

Pour favoriser le commerce entre les provinces méridionales des deux états , les denrées et marchandises russes, venant de la mer Noire ou autres , sont exemptes du droit de 20 pour 100 et de 10 sous par livre , que les étrangers sont obligés de payer pour les marchandises du Levant qu'ils y introduisent , à condition que les capitaines de bâtimens russes fourniront la preuve authentique que ces denrées ou marchandises sont du cru de la Russie , et ont été expédiées desdits ports et non d'autres.

Pour répondre à cette faveur, l'empereur de Russie s'engage à faire participer les négocians françois à l'avantage qu'assure à ses sujets son édit du 27 septembre 1782 , dont l'article 6 porte pour la mer Noire et de celle d'Asof , une diminution d'un quart des droits fixés au tarif qui fait partie de cette ordonnance. *Article 11.*

Tous les vins de France , hors ceux de Bourgogne et de Champagne ; qui seront importés en Russie par les ports de la mer Baltique et de la mer Blanche , sur des navires françois ou russes , et pour le compte des sujets respectifs , y jouiront d'une diminution de trois roubles par chaque oxhofft ou barrique de 240 bouteilles , conséquemment 13 roubles au lieu de 15 qu'ils payoient auparavant. Lorsque lesdits vins entreront en Russie par les ports de la mer Noire ils jouiront outre la diminution susdite, du bénéfice de 25 par 100 que le tarif accorde, et alors les droits d'entrée de ces vins sont réduits à 9 doubles. *Article* 12.

Les vins de Champagne et de Bourgogne jouiront d'une diminution de dix copecks par bouteille, de droits d'entrée, dans les ports de la mer Baltique et de la mer Blanche, de sorte que le premier de ces vins qui, d'après le tarif, payoit 58 copecks, n'en paiera plus que 50 par bouteille, et l'autre sera porté de 5o à 4o. Ils jouiront également dans les ports de la mer Noire du bénéfice de 25 pour 100, ce qui réduit les droits d'entrée, pour les vins de Champagne, à 37 copecks et demi par bouteille, et pour ceux de Bourgogne à 3o copecks aussi par bouteille. *Même article.*

Les savons de Marseille importés dans les états de Russie par les François, jouiront pareillement d'une diminution de droit ; de sorte qu'au lieu de six roubles par pond (33 livres), ils ne paieront plus qu'un rouble, comme les savons pareils de Venise et de Turquie. *Même article.*

Pour constater la propriété françoise des marchandises importées en Russie, on doit produire des certificats des consuls généraux, consuls ou vice-consuls de Russie résidans en France ; mais si le navire est expédié d'un port où il n'y en a pas, on se contentera de pareils certificats, soit des magistrats du lieu, soit de la douane ou de telle autre personne préposée à cet effet : les agens commerciaux de France ou de Russie ne pourront exiger plus de la valeur d'un rouble pour l'expédition desdits certificats. *Article* 14.

Un ukase publié dans le cours de l'an 8, prohibe à l'entrée de l'empire de Russie les objets ci-après mentionnés :

Bijoux, tels que *chaînes de montre, tabatières, cachets, croix, anneaux,* etc. *Verres de lunettes, excepté ceux montés en perles, pierres précieuses, or et argent uni non gravé, toute espèce de dentelles, franges, glands, bandoulières d'or et d'argent, poignées d'épée, sabres, grands couteaux et autres armes, bonnets de fourrure, bottes, souliers, chapeaux noirs, peaux et cuirs apprêtés, couteaux, fourchettes, bronzes et instrumens de cuisine, serrures et verroux, cadres de miroirs et tableaux, voitures et traineaux, aiguilles et épingles, blondes, éventails, fouets, gants et pantoufles, parure de toute espèce pour les femmes, manchons, meubles d'appartemens, miroirs, moulins à café, papiers à l'usage des peintres, papiers de soie, peignes, poudre, pommade, poupées, rubans, étoffes de soie brodées ou à dessin, velours de soie, tapisseries,* etc.

Suède. Par suite d'un traité de commerce conclu avec cette puissance en 1741 et encore en vigueur aujourd'hui, les François jouissent du droit d'entrepôt dans le port de Gothembourg, pour toutes les denrées, productions et marchandises, soit de France, soit des colonies en Amérique, chargées sur bâtimens françois, sans payer aucun impôt ni droit quelconque. Ils peuvent les réexporter pareillement sans être assujetties à aucun droit, et dans le cas d'introduction ou de réexportation dans les états suédois, ces bâtimens paieront comme ceux de sa majesté suédoise.

Tunis. Le traité conclu le 4 ventôse an 10, entre la France et la régence de Tunis, en ... ssant les anciennes conventions, a réglé ce qui suit :

Les marchandises venant de France sur bâtimens françois, soit à Tunis, ou autre port de sa dépendance, ne paieront comme ci-devant que 3 pour 100 de douane, et ce droit ne pourra être exigé en nature, mais en espèces ayant cours dans le pays. Les Tuniciens jouiront du même avantage en France. *Article* 5.

Toute marchandise provenant des pays ennemis de la régence, et que les François importeront à Tunis, continuera à payer 3 pour 100 de douane ; et en cas de guerre entre la république françoise et une autre puissance, les marchandises appartenantes à des François, chargées en France pour compte des François, et sur des pavillons neutres amis de la régence, ne paieront que 3 pour 100 jusqu'à la cessation des hostilités : il y aura réciprocité en France envers les Tuniciens. *Article* 6.

Les Juifs et autres étrangers résidans à Tunis, au service des François, sont sous la protection de la république ; mais s'ils importent des marchandises dans le royaume, ils paieront le droit de douane à l'instar des puissances dont ils seront les sujets.

Turquie. Le traité de paix fait à Paris au mois de messidor an 10, a renouvelé toutes les conventions qui, avant la guerre, déterminoient les rapports divers entre les deux états.

I

Les bâtimens portant pavillon françois, jouissent de la libre navigation dans la mer Noire. A leur entrée et à leur sortie de cette mer, et dans tout ce qui concerne la navigation, lesdits bâtimens sont assimilés aux vaisseaux marchands des autres nations.

La république françoise et la sublime Porte se traitent respectivement, comme sont traitées dans les deux états les nations les plus favorisées.

Commissaires des relations commerciales. La France entretient aux Echelles du Levant, chez les barbaresques et dans les principales places maritimes des puissances amies des *commissaires des relations commerciales*, destinés à protéger, étendre, surveiller son commerce, et tenir la main à l'exécution des traités qui nous assurent chez ces divers peuples des priviléges, exemptions, et toutes les facilités tendantes à favoriser le négoce.

Indépendamment de ce qui intéresse le commerce, les commissaires sont encore investis de pouvoirs judiciaires. Tous les François résidans dans les mêmes lieux qu'eux sont soumis à cette autorité. En matières civiles les jugemens des commissaires sont provisoirement exécutés, et en matières criminelles, ils jugent définitivement toutes les fois qu'il n'y a pas lieu à une peine afflictive.

Ces commissaires jouissent en général des mêmes prérogatives que les ambassadeurs, quant à l'inviolabilité de leur personne; et dans le Levant leurs maisons continuent à jouir des franchises qui mettent à l'abri de toute poursuite quiconque s'y réfugie, de quelque pays et de quelque religion qu'il soit.

Assistés des officiers, négocians, marchands, etc. de leur nation, ils font élire des députés qui sont chargés des recettes et des dépenses, et qui rendent compte en quittant l'administration.

Les maîtres ou patrons de navires françois, ne peuvent faire aucun chargement sans payer aux *commissaires des relations commerciales*, les droits dits *de commissariat*, fixés à 3 pour 100 sur les marchandises importées ou exportées. Lesdits maîtres ou patrons peuvent être contraints par corps à l'acquit de ces droits, et encourir une amende de 100 fr.

Les commissaires doivent certifier le déchargement des marchandises chargées en France ou dans les colonies, à destination d'un port étranger.

États et villes ou la république entretient des commissaires ou sous-Commissaires des relations commerciales. Afrique. Alexandrie d'Egypte. Anséatiques (villes). Hambourg --- Lubeck. --- Chine (empire de la). --- Canton. ... Danemarck. --- Elseneur --- Berghen. ... Deux-Siciles. --- Naples --- Palerme --- Messine. ... Espagne. --- Madrid --- Cadix --- Malaga --- Carthagène --- Alicante --- Valence --- Barcelonne --- Saint-Andez --- Gijon --- La Corogne --- Iles Baléares --- Iles Canaries. --- États autrichiens en Italie. --- Venise --- Trieste..... États barbaresques. --- Alger --- Tunis --- Tripoly de Barbarie. ... État romain. --- Ancone --- Civitta-Vecchia --- Rome. ... Etats-Unis d'Amérique. --- Georgestown --- Boston --- New-Yorck --- Charlestown --- Norfolck --- Newport --- Philadelphie. --- Wistmington --- Savannah --- Portsmouth. ... Étrurie (royaume d'). --- Livourne. --- Maroc (empire de). --- Tanger. ... Portugal. --- Lisbonne --- Porto. ... Prusse. --- Dantzik --- Elbing. --- Stetin. ... République batave. --- Amsterdam --- Rotterdam --- Cap-de-Bonne-Espérance. --- République ligurienne. --- Gênes --- Savonne. --- San-Remo --- Port-Maurice. ... République de Raguse. --- Raguse. ... République des Sept-Iles. Corfou --- Céphalonie --- Zante. --- Russie. --- Pétersbourg --- Cronstadt --- Sébastopol. ... Sardaigne. --- Cagliari..... Suède. --- Gothembourg. --- Turquie d'Europe. --- Kerson --- Galatz --- Varna --- Dardanelles --- La Canée --- Candie --- Athènes --- Salonique --- Jassy --- Caron --- Naples de Romanie --- Bucharest ... Turquie d'Asie. --- Mascate --- Scio --- Rhodes --- Larnaca --- Bassora --- Heraclée --- Sinope --- Smyrne --- Trébisonde --- Alep --- Lataquie --- Tripoly-de-Syrie --- Saint-Jean-d'Acre.

Avant la déclaration de guerre, la France avoit dans le royaume uni d'Angleterre, des commissaires des relations commerciales. En Angleterre, à Londres --- Bristol --- Hull. --- En Irlande, à Dublin --- Corck. --- En Écosse, à Glascow; et dans les îles de *Jersey* et *Guernesey*.

Tarif des droits perçus par les Commissaires des relations commerciales sur les marchandises importées et exportées sur vaisseaux françois, et des droits de chancellerie pour les expéditions qu'elle délivre.

Droit sur les navires, dit *droit de commissariat*........................	3	0 val. de 100 fr.

Droit de Chancellerie.

Police d'assurance..	4	0
Contrats de mariage, testamens, donations entre vifs et en mourant, et codicile de gens de commerce................................	12	0
Expédition de ces actes....................................	4	0
Les mêmes actes pour capitaines et artisans..................	6	0
Leur expédition..	2	0

Ces actes sont dressés et expédiés gratis pour les matelots.

Ouverture, avération et enregistrement d'un testament solennel de négocians et marchands...	12	0
Expédition...	4	0
Les mêmes actes pour capitaines et artisans..................	6	0
Expédition...	2	0

Le tout gratis pour les matelots.

Descente et apposition de scellés dans les maisons ou magasins de négocians, avec l'expédition......................................	6	0
Inventaires et encans dont la séance ne dure pas plus d'une heure..........	1	0
Mêmes actes, pour chaque séance...........................	0	50
Dépôt de Sommes de 50 fr. et au-dessous....................	1	50
Au-dessus de 50 francs....................................	3	0
Droit de dépôt...	2	0
Quittances des sommes de 50 fr. et au-dessous...............	1	50
Au-dessus de 50 francs....................................	3	0
Expéditions de ces actes et quittances de dépôt..............	1	50
Transactions, émancipations, vente de biens et immeubles.......	6	0
Expéditions de ces actes..................................	2	0
Acte portant quittance, attestation, obligation, procuration, enregistrement d'une pièce...	1	50
Expédition...	0	50
Patente de santé d'un bâtiment de mer......................	3	0
La même pour un passager.................................	2	0

Elles sont délivrées gratuitement aux matelots.

Etat, manifeste du chargement d'un bâtiment et double expédition de ces actes.	10	0
Requête aux fins d'être informé, ou simple demande..................	1	50
Requête et exploit de saisie, fait en conséquence, et avec signification à la partie..	3	0
Pour chaque déposition, dans une information ou enquête..............	0	60
Expédition de chaque déposition............................	0	30
Protêt de lettre de change ou information avec la signification et réponse.	1	50
Expédition...	0	50
Acte de cession, transport et autres de cette espèce..........	4	0
Expédition...	1	35
Avération et enregistrement des pièces......................	3	0
Expédition...	1	0
Minute d'ordonnance de contestation, n'excédant pas une page d'écriture.	1	0
Procès-verbal dit *consulat*, son ouverture, requête et expédition comprise.	1	50
Déposition de chaque témoin, joint l'expédition....................	0	80
Actes de société et dissolution de société...................	6	0
Affrétemens et nolissemens de bâtimens.....................	3	0

Le visa des patentes est sans frais.

Par chaque témoin, lors d'enquête ou information, avec l'expédition.....	0	80
Consulat fait par un capitaine à son arrivée.....................	3	0

Voyage du chancelier à deux lieues de sa résidence................................ 6   o
De deux à quatre lieues... 9   o
Pour un jour ou plus, *par jour*.. 12   o

Outre les frais de voyage , on lui paiera tous les actes qu'il pourra faire.

Assignations , significations et autres exploits............................... 1 5o
Autorisation des comptes d'un capitaine , pour salaire d'équipage.......... 1   o
Enregistrement du certificat d'un négociant, transférant ailleurs son domicile. 18   o
Enregistrement du certificat d'un commis...................................... 6   o
Pour chaque page d'expédition faite par le chancelier................... o 5o

Lesdites expéditions sont écrites à la grosse.

TRANSIT DES DENREES COLONIALES. Les sucres têtes et terrés , les cafés , cacao des colonies françoises et les poivres, pourront, pendant leur année d'entrepôt, être envoyés en transit par terre à l'étranger, par les ports de Nice , Toulon, Marseille , Cette , Bayonne , Bordeaux, Rochefort, La Rochelle , Nantes , Lorient , Brest , Morlaix , Saint-Malo , Grandville , Cherbourg , Rouen , Honfleur , le Hàvre , Fécamp , Dieppe , Saint-Vallery-sur-Somme , Boulogne , Calais , Dunkerque , Ostende , Bruges et Anvers , en payant seulement le droit de balance de commerce.

Le transit ne pourra s'effectuer que par les bureaux de Strasbourg, Bourg-Libre, Verriers-de-Joux , Versoix, Behobie , Jougnes, Ainhoa, Cologne , Mayence , Verceil et Pozzolo. Celles des denrées coloniales susdites qui devront sortir par le bureau de Strasbourg, pourront être mises dans l'entrepôt accordé à cette ville , jusqu'à l'échéance du délai de leur entrepôt.

Si les denrées coloniales déclarées en transit, ont été soustraites, ou qu'il en ait été substitué d'autres , il y aura lieu au quadruple des droits de consommation , et à une amende de 5oo francs contre les contrevenans. *Loi du 8 floréal an 11.*

Les certificats de décharge dont les acquits-à-caution délivrés pour les marchandises expédiées en transit devront être revêtus, ne seront valables qu'autant qu'ils seront signés par le receveur et deux autres préposés. *Arrêté du 29 vendémiaire an 11.*

Transit par les départemens des Haut et Bas-Rhin , et du Mont-Tonnerre. Les marchandises étrangères permises , à l'exception des toiles peintes , mousselines et tabacs en feuilles , pourront transiter par terre à l'étranger, en entrant par les bureaux de Bourg-Libre, de Strasbourg, et sortant par celui d'Oppenheim, et réciproquement, mais toujours en suivant les routes directes ; elles acquitteront le droit de balance du commerce.

Celles déclarées en transit devront suivre leur destination pour l'étranger, sans pouvoir être mises dans l'entrepôt de Strasbourg ; elles seront expédiées dans les formes ordinaires, sous plomb et avec acquit-à-caution.

Si les marchandises déclarées ont été soustraites, mêmes peines que ci-dessus.

Si elles sont reconnues être d'espèces différentes de celles déclarées, les contrevenans seront condamnés à payer, à titre de confiscation, la valeur des marchandises déclarées, au cours desdites marchandises , et à une amende de 5oo francs.

Les certificats de décharge dont les acquits-à-caution délivrés pour les marchandises expédiées en transit, devront être revêtus, ne seront valables qu'autant qu'ils seront signés par le receveur et deux autres préposés.

Transit des marchandises expédiées de la Ligurie pour l'Helvétie , la république italienne et les états de Parme et de Plaisance , et réciproquement. Les marchandises étrangères non prohibées, à l'exception des toiles peintes , mousselines et tabac en feuilles , expédiées de la Ligurie à destination de l'Helvétie , de la république italienne et des états de Parme et Plaisance , et réciproquement, pourront passer sur le territoire françois, mais toujours en suivant les routes directes : elles acquitteront les droits fixés par le tarif ci-après , qui est à substituer à celui existant pour les marchandises, denrées, et bestiaux, expédiés des républiques ligurienne , italienne et helvétique , et passant par le ci-devant Tortonnois.

TRANSIT DES MARCHANDISES SUIVANTES.	DROIT.	
Bourre de soie..	3	0
Café..	4	0
Canons de fusil et pistolet...	2	50
Cendres..	0	50
Chapeaux de laine..	2	0
Cire ouvrée...	3	0
Cire jaune..	2	0
Cocons crus et percés et moresche	3	0
Corail non ouvré...	4	0
Cordages..	2	50
Coton en laine...	2	0
Couvertures de laine...	4	0
Cuirs crus et secs...	2	0
Drogueries et épiceries fines, comprenant cacao, cannelle, chocolat, cochenille, confitures, confections de toute sorte, eaux de senteur, eaux médicinales, essences et parfums, girofle, huile de vitriol, médicamens composés, pâtés d'Italie, poivre, pommade, quinquina, rhubarbe, safran, vanille, etc...	5	0
Drogueries et épiceries communes, telles qu'alun, amidon, bois de teinture et pour médicamens, couleurs et terres à couleurs, eaux minérales, encens, miel, salpêtre, soufre, vitriol.	2	50
Estampes..	7	50
Etoffes et ouvrages en soie de toute espèce, purs ou mélangés..........	7	50
Etoffes et ouvrages en fleurets purs ou mélangés d'autres matières......	5	0
Faïence ordinaire et poterie	1	50
Fil blanc...	3	0
Fil grez..	3	0
Fleuret et filoselle...	5	0
Fleuret et filoselle filés ou teints....................................	5	0
Fleurs artificielles...	5	0
Galons d'or et d'argent faux...	7	50
Hardes usées..	1	50
Huile de toute sorte	1	50
Laine non filée..	1	50
Laine filée...	3	0
Lin et chanvre..	2	0
Lie d'huile...	0	50
Livres et caractères d'imprimerie..	3	0
Marbre non ouvré..	1	50
Marbre ouvré..	2	30
Merceries grossières en bois, telles que coffres, fuseaux, malles, cornes pour manches de couteau, éponges, bouchons, etc................................	1	50
Métaux et minéraux, tels qu'acier, fer, cuivre, bronze, laiton, étain, fer-blanc, plomb, non ouvrés...	1	50
Oreillons, matières servant à engrais....................................	0	80
Ouvrages en or et argent, bijouteries, corail, perles, etc..............	10	0
Ouvrages de modes, tels que rubans, chapeaux, autres que de laine, gazes, schals et autres..	7	50
Poils de chèvre, de chameau ou de toute autre espèce, ni ouvrés, ni teints..............	2	0
Papier à écrire...	3	0
Papier pour enveloppes..	1	50
Papiers peints..	5	0
Paillettes, ou sorte de jonc servant aux corps, espèce d'habillement de femme..........	0	80
Passementerie, comme galons, ganses, jarretières, aiguillettes, franges, et tous autres ouvrages de ce genre...	7	50
Pâtes d'Italie..	1	50
Peintures et tableaux...	5	0
Poissons de mer...	1	50
Poissons de mer à l'huile ou marinés.....................................	3	0

TRANSIT DES MARCHANDISES SUIVANTES.	DROIT.	
Poissons frais ou à moitié salés	0	60
Porcelaine	5	0
Poudre à tirer	2	50
Savon et soude	1	50
Soies grezes et en organsin	5	0
Sucre raffiné en pain	4	0
Sucre, soit cassonnade connue sous le nom de première, deuxième, troisième et même quatrième qualité	3	0
Sucre brut	2	0
Suif et chandelles	2	0
Toiles blanches	3	0
Toiles écrues	2	0
Verres cassés	0	80

DENRÉES.

	DROIT.	
Beurre	1	50
Bière, *par muid*	1	50
Blé de Turquie, soit maïs	0	50
Châtaignes et noix	0	50
Eau-de-vie ou esprit-de-vin	3	0
Fromage	2	0
Froment	0	25
Fruits et herbages de toutes sortes, tels que choux-fleurs, figues, noisettes, raisins de Corinthe, olives, etc.	0	50
Graines de melon	2	0
Graines de chanvre, de trèfle et autres de toute espèce	1	50
Lard et chairs salées	2	50
Légumes de toutes sortes	0	50
Liqueurs	2	50
Oranges et limons	1	50
OEufs et volailles	1	0
Riz	1	50
Vin ordinaire	2	0
Vin de liqueur	23	0
Vinaigre	2	0

BESTIAUX.

	DROIT.	
Agneaux, *par tête*	0	30
Anes, *idem*	1	50
Bœufs, *idem*	5	0
Brebis, *idem*	0	50
Chevaux et mulets, *idem*	3	50
Chèvres et boucs, *idem*	0	30
Cochons gros, *idem*	1	50
Cochons moyens, *idem*	0	75
Cochons de lait, *idem*	0	50
Génisses, *idem*	2	0
Moutons, *idem*	0	3 0
Vaches, *idem*	3	0
Veaux, *idem*	1	50

ARTICLE FINAL.

	DROIT.	
Les articles non dénommés au présent tarif	4	0

Lesdites marchandises venant de la Ligurie à destination de la république italienne, entreront par Pozzolo et Saint-Sébastien, et sortiront par Sale, Casatisme et Saint-Pierre d'Aréna, et réciproquement : celles venant de la Ligurie, à destination de l'Helvétie, entreront par Pozzolo et sortiront par Saint-Remi, et réciproquement : celles venant de la Ligurie, à destination des états de Parme et Plaisance, entreront par Saint-Sébastien, sortiront par Cardozzo et Caminata, et réciproquement : celles venant de l'Helvétie à destination de la république italienne, entreront par Saint-Remi et sortiront par Verceil, et réciproquement.

Les bestiaux, les riz et autres denrées venant de la république italienne, à destination de la Ligurie, jouiront du transit, sous le paiement des mêmes droits, en entrant par Verceil et Valence, et sortant par Pozzolo, et réciproquement.

Si les marchandises expédiées en transit, sont reconnues être d'espèces différentes que celles déclarées, elles seront confisquées, et les contrevenans seront en outre condamnés à payer la valeur des marchandises déclarées, au cours desdites marchandises, et à une amende de 500 francs.

Les marchandises et denrées de la France, destinées pour la république italienne et les états de Parme et Plaisance, en passant par Gênes, jouiront du même transit en exemption de droits ; mais elles devront être expédiées sous plomb et avec acquits-à-caution qui seront présentés dans les premiers bureaux d'entrée, et seront déchargés dans ceux de sortie.

Les certificats de décharge dont les acquits-à-caution délivrés pour les marchandises expédiées en transit, devront être revêtues, ne seront valables qu'autant qu'ils seront signés par le receveur et deux autres préposés.

Transit des sucres raffinés dans la république batave, pour l'Allemagne. Ces sucres jouissent du transit en payant 50 centimes par myriagramme et entrant par Vallery-sur-Somme, Boulogne, Calais, Dunkerque, Ostende, Saas-de-Gand, Anvers, Granembourg et Moock, et sortant par Neuss, Cologne et Mayence. *Loi du 9 floréal, titre 3, article 1.*

Transit des cafés des ports de la manche, pour l'Helvétie. Les cafés étrangers arrivant dans les ports de la Manche, à destination de l'Helvétie, jouissent du transit, à la charge de payer 50 centimes par myriagramme, et de sortir par Bourg-Libre et Pontarlier. *Loi du 9 floréal, titre 3, article 3.*
Cette disposition n'est point applicable aux cafés provenant d'échouement.

Transit de l'Helvétie pour la république batave. Le transit franc de l'Helvétie pour la république batave, a été accordé pour les marchandises dont l'entrée n'étoit pas prohibée, à la charge de l'importation par Bourg-Libre et Bourgfeld, et de la sortie par l'Ecluse, Westwezel, Anvers et Turnhout. *Lois dès 3 thermidor an 3 et 23 germinal an 4.*

Pour l'Italie. Le même transit a lieu pour les marchandises non prohibées, à l'entrée ou à la sortie, expédiées de l'Helvétie pour l'Italie, par le département du Mont-Blanc, à la charge d'entrer par le bureau de Genève, de sortir par celui de Lans-le-Bourg, et de payer un franc par cinq myriagrammes. *Loi du 19 fructidor an 6.*

Transit de la république batave pour l'Helvétie. Les denrées et marchandises non prohibées à l'entrée, expédiées par terre de la république batave pour l'helvétie, jouissent d'un libre transit, c'est-à-dire, en payant 15 centimes par 100 francs de valeur, à la charge d'entrer par l'un des bureaux de l'Ecluse, Saas-de-Gand, Anvers, Westwezel et Turnhout, et de sortir par Bourg-Libre, Bourgfelden ou Pontarlier.
Les cafés ne jouissent de ce transit qu'autant qu'ils arrivent par Anvers, et en payant 50 centimes par myriagramme.
Les sucres raffinés dans les états de la république Batave, doivent le même droit de transit de 50 cent. par myriagramme ; être importés par Vallery-sur-Somme, Boulogne, Calais, Dunkerque, Ostende, Saas-de-Gand et Anvers ; sortir par Bourg-Libre et Pontarlier. *Loi du 9 floréal an 7.*
Les mêmes sucres, expédiés par le Rhin, à la destination de l'Helvétie, devront le même droit ; entrer par Strasbourg et sortir par les bureaux ci-dessus désignés.

Transit de l'Helvétie en Helvétie, par le ci-devant Mont-Terrible. Le transit de l'étranger à l'étranger, accordé par le décret du 7 juillet 1792, aux départemens du Rhin, de la Meuse et de la Moselle, a été étendu, aux mêmes conditions, au département du Mont-Terrible. *Loi du 26 mai* 1793.

Les pays d'Egnes et de Moutier-Grandval, réunis au département du Mont-Terrible, jouissent de ce transit. *Loi du 19 thermidor an* 6.

Les formalités doivent être remplies dans les bureaux de Reynach, Brislach, Crémines, Bienne, La Cibourg et Perle.

Les acquits-à-caution ne pourront être déchargés que dans les bureaux désignés par ces expéditions pour le passage à l'étranger.

Transit de l'Helvétie pour l'Allemagne, et réciproquement. Les marchandises non prohibées à l'entrée, venant de l'Helvétie à la destination des pays neutres et amis, situés en Allemagne, peuvent transiter sur territoire françois, en entrant par Bourg-Libre, et sortant par Mayence.

Le transit de Francfort pour l'Helvétie, par Mayence et Bourg - Libre, est permis. *Loi du 16 vendémiaire an* 8.

Transit de l'Italie pour l'Helvétie ou l'Espagne. Toute marchandise non prohibée à l'entrée ou à la sortie, expédiée de l'Italie pour l'Allemagne ou l'Helvétie, peut transiter par le département du Mont-Blanc, en payant un franc par 5 myriagrammes, et à la charge de passer par les bureaux de Lens-le-Bourg et Genève ou Versoix. *Loi du 19 fructidor an* 6.

Transit de l'Allemagne pour l'Italie. Toute marchandise non prohibée à l'entrée ou à la sortie, expédiée d'Allemagne pour l'Italie, peut transiter par le département du Mont-Blanc, en payant un franc par 5 myriagrammes, et à la charge de passer par les bureaux de Genève ou Versoix et de Lans-le-Bourg.

TRIBUNAUX. La jurisprudence des douanes embrassant le civil et le criminel, il est essentiel de connoître les formes de procéder et la compétence des divers tribunaux.

TRIBUNAUX DE PAIX. Les juges de paix ne peuvent rendre de jugement, qu'assistés de leurs assesseurs. *Loi du 24 août* 1790, *titre* 3, *article* 9,

Si une des parties citées ne comparoît pas, elle est condamnée par défaut. Le condamné peut, dans les trois jours francs de la signification, former opposition au jugement, en vertu d'une cédulle qu'il obtient du juge de paix et qu'il fait signifier à l'autre partie. *Loi du 26 octobre* 1790, *titre* 3, *article* 3.

L'opposant qui seroit jugé une seconde fois par défaut sur son opposition, n'est plus reçu à en former une nouvelle, et dans aucun cas le tribunal de première instance ne peut recevoir l'appel d'un jugement du tribunal de paix, rendu par défaut. *Article* 4.

TRIBUNAUX DE PREMIÈRE INSTANCE. Il y a dans chaque arrondissement communal un tribunal de première instance, auquel sont portés les appels des jugemens rendus par les tribunaux de paix.

Les tribunaux de première instance ont été substitués par la *loi du 27 ventôse an* 8, aux tribunaux de police correctionnelle, et ils connoissent en première instance des contraventions relatives aux grains et aux marchandises angloises.

Les appels des jugemens rendus par les tribunaux de première instance, se portent aux tribunaux criminels.

TRIBUNAUX CRIMINELS. Il y en a un dans chaque département.

Un tribunal criminel jugeant sur appel, ne peut ordonner de renvoi que sur un acte de procédure fait devant les premiers juges, et susceptible d'être recommencé. Dans tout autre cas il doit juger au fond.

Les jugemens rendus en dernier ressort tant au civil qu'au criminel, sont attaquables par la voie de cassation.

TRIBUNAL DE CASSATION. Il y en a un pour toute la république. *Constitution , article 65.*

Il prononce sur les demandes en cassation contre les jugemens en dernier ressort , rendus par les tribunaux , sur les demandes en renvoi d'un tribunal à un autre pour cause de suspicion légitime ou de sûreté publique , sur les prises à partie contre un tribunal entier. *Même article.*

Le tribunal de cassation ne connoît point du fond des affaires , mais il casse les jugemens rendus sur des procédures dans lesquelles les formes ont été violées , ou qui contiennent quelque contravention à la loi. *Article 55.*

Si les jugemens cassés émanent des tribunaux de première instance , lorsqu'ils jugent en premier et dernier ressort , le tribunal renverra devant le tribunal de première instance le plus voisin. Si c'est au criminel , le renvoi sera fait devant le tribunal criminel le plus voisin. *Loi du 27 ventôse an 8 , article 87.*

Lorsqu'après une cassation , le second jugement sur le fond sera attaqué par les mêmes moyens que le premier , la question sera portée devant toutes les sections réunies du tribunal de cassation. *Article 78.*

TRIBUNAUX SPÉCIAUX. Il en sera établi partout où le gouvernement le jugera nécessaire. *Loi du 18 pluviôse an 9 , titre 1 , article 1.*

Ils sont composés du président et de deux juges du tribunal criminel , de trois militaires ayant au moins le grade de capitaine , et de deux citoyens ayant les qualités requises pour être juges. *Art. 2.*

Ils connoissent des crimes et délits emportant peine afflictive ou infamante , commis par des vagabonds et gens sans aveu. *Titre 2 , article 6.*

Des rassemblemens séditieux contre les personnes surprises en flagrant délit dans lesdits rassemblemens. *Article 12.*

Ces dispositions sont applicables aux rassemblemens qui pourroient avoir lieu contre les préposés des douanes ; ainsi , dans tous les cas ci-dessus , les procès-verbaux constatant des violences et voies de fait , devront être remis immédiatement comme plainte et dénonciation , soit au commissaire du gouvernement ou à son substitut , soit à l'officier de gendarmerie ou de police en tournée , ou résidant dans le lieu du délit.

V

VAISSEAUX DE GUERRE. Leurs capitaines et commandans doivent observer à l'entrée et à la sortie des ports, tout ce dont sont tenus les capitaines de navires marchands , et sous les mêmes peines , sans cependant qu'un vaisseau de l'état puisse être retenu sous aucun prétexte. *Loi du 22 août , titre 2 , article 7.*

VALEUR. Celle des marchandises doit être énoncée dans les déclarations et acquits-à-caution.

VENTE. Pour celle des marchandises abandonnées ou naufragées. Voyez *abandon et naufrage.*

Les marchandises sujettes à dépérissement, dont les propriétaires auront refusé la remise sous caution, pourront être vendues en vertu de la permission du juge.

Si les circonstances obligent le juge à accorder un délai, il ne pourra excéder 3 jours, et le jugement de renvoi autorisera la vente provisoire des marchandises sujettes à dépérissement et des chevaux saisis dont il n'aura pas été donné main-levée. *Loi du 9 floréal an 7 , titre 4 , article 13.*

Si la saisie est bonne , et qu'il n'y ait pas d'appel dans la huitaine de la signification , le neuvième jour, le préposé du bureau indiquera la vente des objets confisqués , et y procédera 5 jours après. *Loi du 14 fructidor , article 7.*

Cette vente sera publique. *Article 8.*

Les marchandises saisies peuvent être transférées pour la vente dans les douanes où elle se feroit plus avantageusement , mais les frais de transport doivent être prélevés sur la part des employés.

VERSEMENS DE BORD A BORD. S'il est occasionné par relâche forcée, il n'y a pas lieu au paiement des droits. *Loi du 22 août, titre 6 , article 2.*

Les marchandises naviguant sur le Rhin , et dont l'entrée est prohibée, comme aussi celles sujettes à un droit d'entrée, destinées pour l'étranger , ou pour un autre port , seront aussi rechargées dans les ports de Cologne et de Mayence. *Arrêté du commissaire du gouvernement dans les départemens du Rhin. Article 2.*

Les marchandises sujettes à un droit à leur entrée , ne paieront ce droit que dans le port de leur destination , la cargaison d'un vaisseau et d'un bateau pourra, de cette manière , se diviser en autant d'articles qu'il y aura de destinations différentes. *Même arrêté, article 4.*

VISITE. La visite des marchandises se fera immédiatement après la déclaration, en présence des maîtres de bâtimens, voituriers, propriétaires et facteurs. *Loi du 22 août, articles 14 et 16.*

En cas de refus de leur part, il en sera usé comme pour les marchandises restées dans les douanes sans déclaration. *Même article.*

VIVRES. Les vivres et avitaillemens des navires étrangers , doivent être déclarés à leur arrivée, en la même forme et dans le même délai que les marchandises composant le chargement. *Loi du 22 août, titre 8 , article 1.*

Ils sont soumis aux tarifs d'entrée et de sortie pour toute quantité excédant le nécessaire. *Loi du 4 germinal , titre 2 , article 4.*

Les armateurs et capitaines doivent déclarer le nombre d'hommes de leurs équipages et les passagers , pour qu'il soit statué sur la quantité de vivres nécessaires. *Loi du 22 août, titre 8 , article 3.*

Les vivres embarqués dans un port autre que celui du départ, seront chargés sur le permis d'embarquement. *Titre 8 , article 4.*

Au retour dans un port de France , d'un navire françois, le capitaine représente le permis d'embarquement pris au départ. Les vivres et provisions restant sont déchargés en exemption de droits. *Titre 3 , article 5.*

VOIES DE FAIT. Il sera dressé procès-verbal de celles dirigées contre les préposés des douanes , lequel sera envoyé au directeur du jury d'accusation pour punir les auteurs du délit. *Loi du 4 germinal , titre 4 , article 2.*

Si le lieu où réside le directeur du jury se trouve trop éloigné pour que les préposés puissent s'y rendre , ils remettront le rapport au juge de paix et conduiront devant lui les prévenus, pour en être , par cet officier, référé au directeur du jury. *Code pénal , article 144.*

VOITURES PUBLIQUES. Les conducteurs seront personnellement condamnés à une amende de 300 fr. s'ils ont des objets qui ne soient pas portés sur leur feuille de voyage : les marchandises, chevaux et voitures seront confisqués, et les fermiers solidaires avec les conducteurs pour l'amende. *Loi du 4 germinal, titre 3 , article 8.*

VOL. Le vol de marchandises ne sera point poursuivi comme déficit , il suffira d'administrer la preuve du vol. *Loi du 22 août, titre 2, article 22.*

Tout recevenr, caissier ou préposé, ne pourra obtenir décharge d'aucun vol, s'il n'est justifié qu'il est l'effet d'une force majeure, et que le dépositaire couchoit ou faisoit coucher un homme sûr dans le lieu où il tenoit ses fonds. *Arrêté des consuls du 8 floréal an 10.*

TARIFS DES DROITS

D'Entrée, — de Sortie, — des Denrées Coloniales Françoises et Étrangères, — de l'Octroi Municipal de Paris, — de Passe ou de Barrières ; — le tout terminé par un Tableau comparatif des Poids et Mesures.

Les autres Tarifs sont repris dans le corps de l'Ouvrage.

Explications des Abréviations.

5 Myr. , ou 5 myriagram. br. *signifie que la perception se paie* par 5 myriagrammes bruts.

Par val. de 100 fr.. —— valeur de 100 francs.

k. kilog. ou kilogram.. —— kilogramme, (livre nouvelle).

Quint. déc.. —— quintal décimal.

Tonneau de mer.. —— 1077 kilogrammes.

Déc.. décimal ou métrique.

Décim. cub.. décimètre cube.

268 litres $\frac{1}{15}$ .... ou muid de 288 pintes de Paris.

Hec. ou hecto.. hectolitre.

Mèt. .... mètre ou métrique.

Cent.. centimètre.

MARCHANDISES. A.	DATES DES DERNIÈRES LOIS.	QUOTITÉ DES DROITS.		POIDS, MESURES, VALEURS, SUR LESQUELS LES DROITS SONT PERÇUS.
		fr.	c.	
ABEL-MOSC, ou Ambrette......................	Tarif de 1791....	2	55	5 myriagram. br.
ABSINTHE, *herbe*...........................	Tarif de 1791...	0	25½	5 myriagram. br.
ACACIA, *drogue*............................	Tarif de 1791...	6	12	5 myriagram. br.
ACAJA, ou Prunes de Montbain................	Tarif de 1791...	1	2	5 myriagram. br.
ACAJOU (Noix d')...........................	Tarif de 1791...	1	53	5 myriagram. br.
——— (Bois d'). *Voyez le Tarif des Marchandises coloniales.*				
ACIDE VITRIOLIQUE, Esprit ou Huile de Vitriol......	1 août 1792.....	10	20	5 myriagram. br.
ACIER non ouvré ou Acier fondu....................	Tarif de 1791...	1	53	5 myriagram. br.
——— En feuilles ou en planches....................	1 août 1792....	10	0	par val. de 100 fr.
——— Autrement ouvré, et Ouvrages uniquement composés d'acier et de fer, (*classe de mercerie commune*)..........................	19 pluviôse an 5.	20	40	5 myriagram. br.
ACORUS, vrai ou faux.......................	Tarif de 1791....	1	53	5 myriagram. br.
AES-USTUM, ou Cuivre brûlé....................	Tarif de 1791....	1	53	5 myriagram. br.
AGARIC entrochique..........................	Tarif de 1791....	7	65	5 myriagram. br.
——— Tout autre Agaric........................	Tarif de 1791....	4	8	5 myriagram. br.
AGNEAUX.................................	24 nivôse an 5...	....		*Exempts.*
AGNUS-CASTUS (Graine d')...................	Tarif de 1791....	2	4	5 myriagram. br.
AGRAFES DE FER.........................	Tarif de 1791....	10	0	par val. de 100 fr.
AGRÉS, ou Apparaux de Navire................	Tarif de 1791....	10	0	par val. de 100 fr.
AIGLE (Pierre d')...........................	Tarif de 1791....	1	2	5 myriagram. br.
AIGRE, esprit ou huile de vitriol, ou acide vitriolique.....	1 août 1792.....	10	20	5 myriagram. br.
AIGUILLES, (*comme mercerie*).................	Tarif de 1791....	20	40	5 myriagram. br.
AIGUILLETTES en or et argent fin..............	Tarif de 1791....	30	60	le kilogramme net.
Pour les autres espèces, voyez *Passementerie.*				
AIL.................................	Tarif de 1791....	0	15½	5 myriagram. br.
AIMANT (Pierre d')...........................	Tarif de 1791....	1	2	5 myriagram. br.
AIRAIN et BRONZE non ouvré, allié de cuivre, d'étain ou zinc..................................	Tarif de 1791....	6	12	5 myriagram. br.
——— Ouvré..............................	19 pluviôse an 5.	....		*Prohibé.*
ALANA, (*comme Craie*)....................	Tarif de 1791....	0	51	5 myriagram. br.
ALBATRE..............................	24 nivôse an 5...	....		Droit de balance.
ALISARI, (Garence sèche)....................	Tarif de 1791....	1	2	5 myriagram. br.
ALKECANGE, (Baies et Feuilles d')..............	Tarif de 1791....	1	2	5 myriagram. br.
ALKERME, ou Ecarlate.......................	Tarif de 1791....	0	51	5 myriagram. br.
ALLIÈRE (Graine d')........................	Tarif de 1791....	0	51	5 myriagram. br.
ALLUMETTES.............................	Tarif de 1791....	0	61	5 myriagram. br.
ALOES.................................	Tarif de 1791....	4	8	5 myriagram. br.
ALPAGATES, ou Souliers de cordes................	Tarif de 1791....	1	50	les 12 paires.
ALPISTE, ou Millet...........................	Tarif de 1791....	0	51	5 myriagram. br.
ALQUIFOUX.............................	Tarif de 1791....	0	51	5 myriagram. br.
ALUN brûlé ou calciné.......................	Tarif de 1791....	15	30	5 myriagram. br.
——— Tout autre Alun.......................	Tarif de 1791....	0	25½	5 myriagram. br.
AMADOU...............................	Tarif de 1791....	3	6	5 myriagram. br.
AMANDES en coques........................	Tarif de 1791....	1	2	5 myriagram. br.
——— cassées.............................	Tarif de 1791....	2	4	5 myriagram. br.
AMBRE gris et liquide........................	Tarif de 1791....	15	30	le kilogramme net.
——— jaune..............................	Tarif de 1791....	9	18	5 myriagram. br.
——— jaune travaillé, (*comme mercerie*)...........	Tarif de 1791....	20	40	5 myriagram br.
AMBRETTE, ou Abel-Mosc.......................	Tarif de 1791....	2	55	5 myriagram. br.
AMIANTE...............................	Tarif de 1791....	0	25½	5 myriagram. br.
AMIDON.................................	Tarif de 1791....	5	10	5 myriagram. br.
AMMOMUM, ou Racemosum, ou Verum.............	Tarif de 1791....	7	65	5 myriagram. br.

MARCHANDISES. A.	DATES DES DERNIÈRES LOIS.	QUOTITÉ DES DROITS.		POIDS, MESURES, VALEURS, SUR LESQUELS LES DROITS SONT PERÇUS.
		fr.	c.	
AMMONIAC (Sel d')	8 floréal an 11….	o	75	par kilogramme.
—— *Venant directement d'Égyyte sur vaisseau françois*	8 floréal an 11….	o	25	par kilogramme.
AMMY	Tarif de 1791….	2	4	5 myriagram. br.
AMURCA , ou marc d'Olives	24 nivôse an 5…	………		Droit de balance.
ANACARDES	Tarif de 1791….	3	6	5 myriagram. br.
ANATRUM	24 nivôse an 5…	………		Droit de balance.
ANCHOIS	9 floréal an 7….	9	18	5 myriagram. br.
ANCRES DE FER	Tarif de 1791…	1	53	5 myriagram. br.
ANES ou ANESSES	Tarif de 1791…	o	25	la pièce.
ANGELIQUE (Graines, racines et cotes d')	Tarif de 1791…	4	8	5 myriagram. br.
—— (Fausse) ou Appios	Tarif de 1791…	2	55	5 myriagram. br.
ANIS vert (graine ou sémence)	Tarif de 1791…	3	6	5 myriagram. br.
—— Étoilé , Badiane , ou Anis de la Chine	Tarif de 1791…	5	10	5 myriagram. br.
ANTALE ou ANTALIUM , coquillage	Tarif de 1791…	1	53	5 myriagram. br.
ANTIMOINE cru	Tarif de 1791…	1	53	5 myriagram. br.
—— Préparé	Tarif de 1791…	4	8	5 myriagram. br.
ANTOLPHE de Girofle	Tarif de 1791…	15	30	5 myriagram. br.
ANTORE ou ANTORA	Tarif de 1791…	1	2	5 myriagram. br.
APOCIN (Graine d')	Tarif de 1791…	o	25 $\frac{1}{2}$	5 myriagram. br.
APPIOS ou fausse Angélique	Tarif de 1791…	2	55	5 myriagram. br.
ARBRES en plants	24 nivôse an 5…	………		Droit de balance.
ARCANSON , ou Brai sec	Tarif de 1791…	o	25 $\frac{1}{2}$	5 myriagram. br.
ARCO, ou Potin gris	Tarif de 1791…	4	59	5 myriagram. br.
ARDOISES ordinaires pour couverture de maison	Tarif de 1791…	3	o	le 1000 en nombre.
—— En table	Tarif de 1791…	2	50	le 100 en nombre.
ARÉCA , ou Arèque	Tarif de 1791…	2	55	5 myriagram. br.
ARGENT faux ou Cuivre argenté, et Argent faux en lames, en feuilles , trait ou battu	Tarif de 1791…	51	o	5 myriagram. br.
ARGENT faux , filé sur fil ou filé faux	Tarif de 1791…	81	60	5 myriagram. br.
ARGENT fin, en trait , en lames, en feuilles, battu et filé.	Tarif de 1791…	12	24	le kilogramme net.
—— Et or faufilé sur soie, et Étoffes avec or ou argent faux	Tarif de 1791…	………		*Prohibé.*
—— Et or en masse et lingots, espèces et bijoux cassés.	24 nivôse an 5…	………		Droit de balance.
ARGENT vif, ou Mercure	Tarif de 1791…	3	6	5 myriagram. br.
ARGENTERIE de toute espèce, venant de l'Étranger	Tarif de 1791…	12	24	le kilogramme net.
—— Etrangère vieille	24 nivôse an 5…	………		Droit de balance.
—— Neuve, au poinçon de France	24 nivôse an 5…	………		Droit de balance.
Toute espèce d'argenterie doit en outre un droit de garantie de 20 francs par hectogramme d'or , et d'un franc par hectogramme d'argent. (Voyez à la législation Droit de garantie).				
ARGENTINE , graine	Tarif de 1791…	o	51	5 myriagram. br.
ARGILE, ou Terre glaise	24 nivôse an 5…	………		Droit de balance.
ARISTOLOCHES	Tarif de 1791…	1	53	5 myriagram. br.
ARMES blanches	8 floréal an 11….	100	o	5 myriagram. br.
—— de toute espèce	8 floréal an 11…	36	72	5 myriagram. br.
ARSENIC	Tarif de 1791…	o	51	5 myriagram. br.
ASCLÉPIAS, ou Contrayerva blanc	Tarif de 1791…	4	8	5 myriagram. br.
ASPALATUM , Bois d'Aloës	Tarif de 1791…	20	40	5 myriagram. br.
ASPHALTUM, ou Bithume de Judée	Tarif de 1791…	5	10	5 myriagram. br.
ASPINI , ou Epines anglières	Tarif de 1791…	1	2	5 myriagram. br.
ASSA FETIDA , ou Stercus Diaboli	Tarif de 1791…	3	6	5 myriagram. br.

MARCHANDISES.	DATES DES DERNIÈRES LOIS.	QUOTITÉ DES DROITS.		POIDS, MESURES, VALEURS, SUR LESQUELS LES DROITS SONT PERÇUS.
A.		fr.	c.	
ATHAMANTE (Meum d')	Tarif de 1791...	1	2	5 myriagram. br.
AVELANÈDE, ou Valanède	24 nivôse an 5...			Droit de balance.
AVELINES, ou Noisettes	Tarif de 1791...	1	53	5 myriagram. br.
AVENTURINES	Tarif de 1791...	2	50	par val. de 100 fr.
AVIRONS de bateaux	Tarif de 1791...	0	50	le 100 en nombre.
AVOINE (Gruau ou Farine d')	Tarif de 1791...	1	53	5 myriagram. br.
AULNE (Écorce d')	24 nivôse an 5...			Droit de balance.
AULNÉE, ou Enula Campana, (Racine d')	Tarif de 1791...	0	$25\frac{1}{2}$	5 myriagram. br.
AUTOUR	Tarif de 1791...	10	20	5 myriagram. br.
AUTRUCHE en poil, ploc ou duvet	24 nivôse an 5...			Droit de balance.
AZARUM	Tarif de 1791...	0	51	5 myriagram. br.
AZUR de Roche fin, ou Lapis Lazuli	Tarif de 1791...	61	20	5 myriagram. net.
—— En pierre ou Smalt	Tarif de 1791...	0	$25\frac{1}{2}$	5 myriagram. br.
—— En poudre ou Email	Tarif de 1791...	3	6	5 myriagram. br.
B.				
BADILLE, comme Vanille	Tarif de 1791...	12	24	le kilogram. net.
BAIES de Laurier	Tarif de 1791...	0	$76\frac{1}{2}$	5 myriagram. br.
BALAIS de Bouleau et autres communs	Tarif de 1791...	5	0	par val. de 100 fr.
BALAUSTES fines et communes	Tarif de 1791...	2	55	5 myriagram. br.
BALEINES coupées et apprêtées	Tarif de 1791...	30	60	5 myriagram. br.
—— En Fanons	Tarif de 1791...	15	30	5 myriagram. br.
BALLES de Paume	Tarif de 1791...	6	12	5 myriagram. br.
BAMBOUS	Tarif de 1791...	12	0	par val. de 100 fr.
BANDES de Roues, (*comme Fer en verges*)	1 août 1792...	1	53	5 myriagram. br.
BANDOULIÈRES, ou Baudriers	10 brumaire an 5.			*Prohibés.*
BANGUE	Tarif de 1791...	3	6	5 myriagram. br.
BARBOTINE, ou Semen Contra	Tarif de 1791...	5	10	5 myriagram. br.
BARBUES et BARBANÇONS, (*comme Poterie de terre*)	1 août 1792...	1	53	5 myriagram. br.
BARDANNE (Racine de)	Tarif de 1791...	0	$25\frac{1}{2}$	5 myriagram. br.
BARQUES hors d'état de servir	24 nivôse an 5...			Droit de balance.
BAS. (*Bonneterie*)	10 brumaire an 5.			*Prohibés.*
BASIN piqué	10 brumaire an 5.			*Prohibé.*
—— Uni, (*comme Basin piqué*)	10 brumaire an 5.			*Prohibé.*
BATEAUX hors d'état de servir	24 nivôse an 5...			Droit de balance.
—— Du Rhin, neufs	Tarif de 1791...	10	0	par val. de 100 fr.
BATIMENS de mer, en état de servir	19 mai 1793...	2	50	par val. de 100 fr.
—— hors d'état de servir	24 nivôse an 5...			Droit de balance.
BATISTES	Tarif de 1791...	12	24	le kilogramme.
BATS, Selles grossières	Tarif de 1791...	0	50	la pièce.
BATTEFEUX, (*Mercerie*)	Tarif de 1791...	20	40	5 myriagram. br.
BATTIN non ouvré	24 nivôse an 5...			Droit de balance.
BAUDRIERS et Bandoulières	10 brumaire an 5.			*Prohibés.*
BAUME du Pérou, noir, liquide, sec, de Tolu et de la Mecque	1 août 1792...	2	55	le kilogram. net.
—— du Canada	1 août 1792...	1	2	le kilogram. net.
—— de Capahu	1 août 1792...	0	51	le kilogram. net.
BEDELIUM	Tarif de 1791...	6	12	5 myriagram. br.
BÉLIERS	24 nivôse an 5...			*Exempts.*
BEN (Noix de)	Tarif de 1791...	6	12	5 myriagram. br.
BENJOIN, de toute sorte	Tarif de 1791...	10	20	5 myriagram. br.
BESOARD, ou Pierre de Fiel	Tarif de 1791...	61	20	5 myriagram. net.
BÉTEL (Feuilles de)	Tarif de 1791...	10	20	5 myriagram. br.

MARCHANDISES.

B.

Marchandises	Dates des dernières Lois.	Quotité des Droits. fr.	c.	Poids, mesures, valeurs, sur lesquels les droits sont perçus.
BEURRE	24 nivôse an 5			Droit de balance.
—— de Nitre et Salpêtre	Tarif de 1791	3	6	5 myriagram. br.
—— de Pierre. (*Kamino mâle*)	Tarif de 1791	3	6	5 myriagram. br.
—— de Saturne	Tarif de 1791	2	55	5 myriagram. br.
BIÈRE	Tarif de 1791	10	0	les 268 litres.
BIJOUTERIE de toute sorte (Ouvrages de)	Tarif de 1791	12	0	par val. de 100 fr.
BIMBELOTERIE (Ouvrages de), *comme Mercerie*	1 août 1792	20	40	5 myriagram. br.
BISCUIT de mer	24 nivôse an 5			Droit de balance.
BISMUTH , ou Etain de Glace	Tarif de 1791	1	2	5 myriagram. br.
BISNAGUE ou VISNAGE (Taille de)	Tarif de 1791	6	12	5 myriagram. br.
BISTORTE	Tarif de 1791	0	76½	5 myriagram. br.
BISTRE	Tarif de 1791	0	76½	5 myriagram. br.
BITHUME de Judée (*Asphaltum*)	Tarif de 1791	5	10	5 myriagram. br.
BITHUMES , autres que ceux dénommés au présent Tarif.	Tarif de 1791	1	2	5 myriagram. br.
BLANC , à l'usage des Femmes	Tarif de 1791	24	48	5 myriagram. br.
—— de Plomb , en écailles	Tarif de 1791	6	12	5 myriagram. br.
—— de Baleine	Tarif de 1791	15	30	5 myriagram. br.
BLEU de Prusse	Tarif de 1791	30	60	5 myriagram. br.
BŒUFS	24 nivôse an 5			*Exempts.*
BOIS d'Acajou et de Marqueterie. (*Voyez le Tarif des Marchandises coloniales*).				
—— d'Aloës , ou Aspalatum de Baume , ou Xile Balsamum	Tarif de 1791	20	40	5 myriagram. br.
—— à bâtir et à brûler	24 nivôse an 5			Droit de balance.
—— de Buis	Tarif de 1791	1	2	5 myriagram. br.
—— de Crable ou de Girofle	Tarif de 1791	15	30	5 myriagram. br.
—— de construction navale et civile , en planches et madriers	24 nivôse an 5			Droit de balance.
—— d'Eclisses , pour Tamis , Seaux , Cribles , etc.	Tarif de 1791	5	0	par val. de 100 fr.
—— Feuillards , pour Cercles ou Lattes , etc.	Tarif de 1791	0	25	le 1000 en nombre.
—— de Gayac , en bûches	24 nivôse an 5			Droit de balance.
—— Merrain	24 nivôse an 5			Droit de balance.
—— de Miroirs , non enrichis. (*Mercerie*)	6 nivôse an 7	20	40	5 myriagram. br.
—— en planches	24 nivôse an 5			Droit de balance.
BOIS ouvrés , de toute sorte	Tarif de 1791	15	0	par val. de 100 fr.
—— Sciés , *par les Départemens de la Lys , de l'Escaut et des Deux-Nèthes*	19 thermidor an 4.	10	0	par val. de 100 fr.
—— Néphrétique	1 août 1792	25	50	5 myriagram. net.
—— de Rhodès , *à l'usage des Parfumeurs*	Tarif de 1791	5	10	5 myriagram. br.
—— De Sental Citrin , *à l'usage de Parfumeurs*	Tarif de 1791	10	20	5 myriagram. br.
—— de Tamaris	Tarif de 1791	7	65	5 myriagram. br.
—— à Tan	24 nivôse an 5			Droit de balance.
—— de Teinture , en bûches ou éclisses	24 nivôse an 5			Droit de balance.
—— de Teinture , moulus	9 floréal an 7	5	0	5 myriagram. br.
BOÎTES de Bois blanc	Tarif de 1791	7	65	5 myriagram. br.
—— ferrées	Tarif de 1791	20	40	5 myriagram. br.
—— de Sapin , peintes. (*Mercerie*)	6 nivôse an 7	20	40	5 myriagram. br.
—— ou Tabatières de carton , de papier	Tarif de 1791	91	80	5 myriagram. br
—— de Cuir	Tarif de 1791			*Prohibées.*
BOL d'Arménie	Tarif de 1791	2	4	5 myriagram. br.
BONNETERIE	10 brumaire an 5			*Prohibée.*
BORAX , brut ou gras	Tarif de 1791	3	6	5 myriagram. br.
—— purifié et raffiné	Tarif de 1791	12	75	5 myriagram. br.
BOTTES , BOTTINES , (*Cordonnerie*)	10 brumaire an 5			*Prohibées.*

MARCHANDISES.

B.

MARCHANDISES.	DATES DES DERNIÈRES LOIS.	QUOTITÉ DES DROITS.		POIDS, MESURES, VALEURS, SUR LESQUELS LES DROITS SONT PERÇUS.
		fr.	c.	
BOUCHONS de Liége, ou Liége ouvré.....................	Tarif de 1791...	12	24	5 myriagram. br.
BOUCLES de Cuivre, (*comme Mercerie fine*)...........	1 août 1792.....	15	0	par val. de 100 fr.
BOUCS..	24 nivôse an 5...	....		*Exempts.*
BOUGETTES, (*Mercerie*)........................	Tarif de 1791...	20	40	5 myriagram. br
BOUGIES de Spermaceti, ou Blanc de Baleine...........	Tarif de 1791...	30	60	5 myriagram. br.
BOUGRAN, Toile gommée........................	Tarif de 1791...	15	30	5 myriagram. br.
BOULES de Mail...............................	Tarif de 1791...	4	8	5 myriagram. br.
——— de Terre...............................	24 nivôse an 5...	....		Droit de balance.
BOULETS, Bombes, munitions de guerre...............	24 nivôse an 5...	....		Droit de balance.
BOURDAINE...................................	24 nivôse an 5...	....		Droit de balance.
BOURGEONS de Sapin...........................	Tarif de 1791...	0	$76\frac{1}{2}$	5 myriagram. br.
BOURRES de Soie cardées........................	Tarif de 1791...	0	82	le kilogramme net.
——— *Idem*, non cardées.......................	24 nivôse an 5...	....		Droit de balance.
BOURSES de Cuirs, de Fil et de Laine, Mercerie.........	Tarif de 1791...	20	40	5 myriagram. br.
BOUTARGUE...................................	Tarif de 1791...	3	6	5 myriagram. br.
BOUTEILLES de Grés, (comme *Poterie*)...............	1 août 1792.....	1	53	5 myriagram. br.
——— de Verre, mais pleines, *pour le Verre*...........	Tarif de 1791...	4	0	le 100 en nombre.
BOUTONS de fil d'Argent — de Laine — de Soie — de Crin — de Fil — de *Soie* mêlée de Crin, de Poil, de Fil, de Laine et autres matières; — d'Etoffe — de Drap, et autres faits au métier, et de Nacre de Perle............	10 brumaire an 5.	....		*Prohibés.*
——— de Coco (*Mercerie*)....................	1 août 1792.....	20	40	5 myriagram. br.
——— de Métal. — *Ceux d'Etain et autres métaux communs sont seuls admis*.................	Tarif de 1791...	20	40	5 myriagram. br.
BRAI gras......................................	Tarif de 1791...	0	76	les 150 kilogram.
BRAI sec, (*Arcançon*)........................	Tarif de 1791...	0	$25\frac{1}{2}$	5 myriagram. br.
BREBIS.......................................	24 nivôse an 5...	....		*Exemptes.*
BRIDES et Bridons, (*comme Harnois*)...............	10 brumaire an 5.	....		*Prohibés.*
BRIQUES, Tuiles................................	Tarif de 1791...	0	75	le 1000 en nombre.
BRIQUETS limés. (*Mercerie*)...................	6 nivôse an 7...	20	40	5 myriagram. br.
BRONZE ou Airain, et tout métal non ouvré, allié de cuivre, d'étain ou de zinc.....................	Tarif de 1791...	6	12	5 myriagram. br.
——— Ouvré, en Statues, Vases, Urnes, et autres ornemens...................................	19 pluviôse an 5..	....		*Prohibé.*
BROSSERIE. (*Mercerie*)........................	Tarif de 1791...	20	40	5 myriagram. br.
BROU, ou Ecorce de Noix........................	24 nivôse an 5...	....		Droit de balance.
BRUN rouge, ou Rouge brun......................	Tarif de 1791...	0	$25\frac{1}{2}$	5 myriagram. br.
BRUYÈRES à faire Vergettes......................	Tarif de 1791...	0	$25\frac{1}{2}$	5 myriagram. br.
BURAIL de Zurich...............................	28 brumaire an 9.	71	40	5 myriagram. br.

C.

MARCHANDISES.	DATES DES DERNIÈRES LOIS.	QUOTITÉ DES DROITS.		POIDS, MESURES, VALEURS, SUR LESQUELS LES DROITS SONT PERÇUS.
CABLES..	24 nivôse an 5...	....		Droit de balance.
CABRIS..	24 nivôse an 5...	....		*Exempts.*
CACAO. (*Voyez le Tarif des Denrées coloniales*).				
——— (Epluchures de)........................	3 frimaire an 4..	37	50	5 myriagram. net.
——— et Chocolat broyé et en pâte..................	Tarif de 1791...	51	0	5 myriagram. net.
CACHOU (Suc de).............................	Tarif de 1791...	12	24	5 myriagram. br.
CADMINE......................................	24 nivôse an 5...	....		Droit de balance.
CADRANS d'Horloge et de Montre. (*Mercerie*)........	Tarif de 1791...	20	40	5 myriagram. br.
CAFÉ. (*Voyez le Tarif des Denrées coloniales*).				
CAILLOU à Faïence, ou Porcelaine.................	24 nivôse an 5...	....		Droit de balance.
CALAMINE blanche, ou Pompholix..................	Tarif de 1791...	3	6	5 myriagram. br.
CALAMUS, Verus, Aromaticus ou Amarus............	Tarif de 1791...	2	$29\frac{1}{2}$	5 myriagram. br.

MARCHANDISES.	DATES DES DERNIÈRES LOIS.	QUOTITÉ DES DROITS.		POIDS, MESURES, VALEURS, SUR LESQUELS LES DROITS SONT PERÇUS.
C.		fr.	c.	
CALCANTUM, ou Vitriol rubifié, Colchota.............	Tarif de 1791...	2	$29\frac{1}{2}$	5 myriagram. br.
CALEBASSE de Terre, *Planto*...................	Tarif de 1791...	0	51	5 myriagram. br.
CALEBASSE, Courge vidée et sèche..................	Tarif de 1791...	3	6	5 myriagram. br.
CAMÉLÉON, (*Carline* ou *Caroline*)...............	Tarif de 1791...	2	4	5 myriagram. br.
CAMOMILLE (Fleur de)......................	Tarif de 1791...	3	6	5 myriagram. br.
CAMPHRE brut et rafiné....................	Tarif de 1791...	6	12	5 myriagram. br.
CANELLE blanche, (*Costus doux*).................	Tarif de 1791...	4	8	5 myriagram. br.
———— de Ceylan....................	Tarif de 1791...	3	6	le kilogramme.
———— commune....................	Tarif de 1791...	1	53	le kilogramme.
CANÉFICE......................	Tarif de 1791...	7	14	5 myriagram. br.
CANNES, ou Joncs non montés................	Tarif de 1791...	25	50	5 myriagram. br.
CANONS de fusils et autres........	19 mai 1793.....	....		Droit de balance.
CANOTS et autres Bâtimens de mer hors d'état de servir....	24 nivôse an 5...	....		Droit de balance.
CANTARIDES (Mouches).....................	Tarif de 1791...	15	30	5 myriagram. br.
CAPARAÇONS.....................	1 août 1792.....	....		Droit de balance.
CAPILLAIRE	Tarif de 1791...	3	6	5 myriagram. br.
CAPRES de toute sorte......................	Tarif de 1791...	6	12	5 myriagram. br.
CAPRIER (Racine de).....................	Tarif de 1791...	3	6	5 myriagram. br.
CARABÉ, (*Ambre jaune*).	Tarif de 1791...	9	18	5 myriagram. br.
CARACTÈRES d'Imprimerie en Langue Françoise..........	Tarif de 1791...	40	80	5 myriagram. br.
———— en Langues étrangères...................	Tarif de 1791...	20	40	5 myriagram. br.
———— vieux d'Imprimerie, en sac ou en bloc..........	24 nivôse an 5...	....		Droit de balance.
CARDAMOMUM......................	Tarif de 1791...	30	60	5 myriagram. net.
CARDES à carder......................	Tarif de 1791...	4	59	5 myriagram. br.
CARET, ou Ecailles de Tortue. (*Voyez le Tarif des Denrées coloniales*).				
CARLINE, ou Caroline, ou Caméléon.................	Tarif de 1791...	2	4	5 myriagram. br.
CARMIN fin......................	Tarif de 1791...	14	28	5 myriagram. br.
———— commun.....................	Tarif de 1791...	8	16	5 myriagram. br.
CARPOBALSAMUM......................	Tarif de 1791...	6	12	5 myriagram. br.
CARREAUX de Terre......................	Tarif de 1791...	0	75	le 1000 en nombre.
———— de Pierre...	24 nivôse an 5...	....		Droit de balance.
CARROBE, ou Carrouge.....................	Tarif de 1791...	0	$25\frac{1}{2}$	5 myriagram. br.
CARTAMI, (Graine de).....................	Tarif de 1791...	1	53	5 myriagram. br.
CARTES à jouer......................	9 vendém. an 6..	....		*Prohibées.*
———— Géographiques..	Tarif de 1791...	5	0	par val. de 100 fr.
CARTONS gris, ou Pâte de papier....................	24 nivôse an 5...	....		Droit de balance.
———— en feuilles et de toute espèce..................	Tarif de 1791...	24	48	5 myriagram. br.
CARVI, ou Carvi Semen.....................	Tarif de 1791...	3	6	5 myriagram. br.
CASSE des Colonies. (*Voyez le Tarif des Denrées coloniales*).				
CASSE confite......................	Tarif de 1791...	15	30	5 myriagram. br.
CASSIA LIGNEA, (comme Canelle commune).........	8 floréal an 11...	1	53	le kilogramme.
CASTINE......................	24 nivôse an 5...	....		Droit de balance.
CASTOREUM......................	Tarif de 1791...	45	90	5 myriagram. net.
CATAPUCE, ou Palma Christi....................	Tarif de 1791...	3	6	5 myriagram. br.
CENDRES bleues et vertes, *à l'usage des Peintres*.......	Tarif de 1791...	40	80	5 myriagram. net.
CENDRES de Bronze......................	Tarif de 1791...	3	6	5 myriagram. br.
———— A l'usage des Manufactures, telles que celles d'Orfèvres et de Chaux....................	24 nivôse an 5...	....		Droit de balance.
CERF (Os de Cœur de).....................	Tarif de 1791...	10	20	5 myriagram. br.
———— (Moëlle, Nerfs, Vessie de)...................	Tarif de 1791...	3	6	5 myriagram. br.
———— (Esprit, Sel, Huile de)...................	Tarif de 1791...	3	6	5 myriagram. br.
———— (Corne râpée de).....................	Tarif de 1791...	2	4	5 myriagram. br.

MARCHANDISES. C.	DATES DES DERNIÈRES LOIS.	QUOTITÉ DES DROITS. fr. c.	POIDS, MESURES, VALEURS, SUR LESQUELS LES DROITS SONT PERÇUS.
CÉRUSE, en pain et en poudre	Tarif de 1791	4 8	5 myriagram. br.
CÉTERAC, espèce de Capillaire	Tarif de 1791	0 51	5 myriagram. br.
CEVADILLE (Graine de)	Tarif de 1791	2 4	5 myriagram. br.
CHAINES de Fer. (*Serrurerie*)	19 pluviôse an 5.		*Prohibées.*
—— de Montres, d'Acier, (*Confection*)	19 pluviôse an 5.		*Prohibés.*
CHAIRS salées et Saucissons	19 mai 1793		Droit de balance.
CHAMPIGNONS secs	Tarif de 1791	15 30	5 myriagram. br
CHANDELLES de Suif	Tarif de 1791	3 6	5 myriagram. br.
CHANVRE, même apprêté ou en filasse	24 nivôse an 5.		Droit de balance.
CHAPEAUX de Castor et demi-Castor	Tarif de 1791	6 0	la pièce.
—— de toute espèce, en Poil commun ou Laine	Tarif de 1791	3 0	la pièce.
—— de Paille, autres qu'Anglois	Tarif de 1791	4 0	la douzaine.
CHAPEAUX de Cuirs	10 brumaire an 5.		*Prohibés.*
—— d'écorce de Bois et de Crin	Tarif de 1791	2 50	la douzaine.
CHAPEAUX, marc de Rose	Tarif de 1791	0 25½	5 myriagram. br.
CHAPELETS de Bois et de Rocaille, (comme *Mercerie*)	Tarif de 1791	20 40	5 myriagram. br.
CHARBON de Bois et de Chenevotte	24 nivôse an 5		Droit de balance.
—— DE TERRE ou Houille, *importé par mer, depuis Anvers inclusivement, jusqu'au Département de la Somme exclusivement*	8 floréal an 11	15 0	par tonneau de mer.
—— *dans le Département de la Somme, et depuis Rhédon jusqu'aux Sables d'Olonne, et dans tous les ports de la Méditerranée*	8 floréal an 11	10 0	par tonneau de mer.
—— dans les autres ports de France	8 floréal an 11	8 0	par tonneau de mer.
—— Importé par terre	Tarif de 1791	0 10	les 120 kilogram.
CHARDONS à Drapier et Bonnetier	24 nivôse an 5.		Droit de balance.
CHATAIGNES, ou Marrons	Tarif de 1791	0 25½	5 myriagram. br.
CHAUX à brûler	Tarif de 1791	0 50	les 15½ mètres cub.
CHEVAUX Anglois	10 brumaire an 5.		*Prohibés.*
CHEVAUX, Jumens et Poulains	24 nivôse an 5.		Droit de balance.
CHEVEUX	1 août 1792		Droit de balance.
CHÈVRES	24 nivôse an 5.		*Exemptes.*
CHEVREAUX	24 nivôse an 5.		*Exempts.*
CHICORÉE moulue	27 prairial an 4.	5 0	par val. de 100 fr.
CHICOTINS, ou Sacs à Tabac	Tarif de 1791		*Prohibés.*
CHIENS de Chasse	Tarif de 1791	0 50	la pièce.
CHIQUE, (Ouvrage en marbre	Tarif de 1791	15 0	par val. de 100 fr.
CHOCOLAT, et Cacao broyé et en pâte	Tarif de 1791	51 0	5 myriagram. net.
CHOU de Mer, ou Soldanelle	Tarif de 1791	1 53	5 myriagram. br.
CHOUAN, ou Couan	Tarif de 1791	25 50	5 myriagram. br.
CHOUCROUTE	Tarif de 1791	2 4	5 myriagram. br.
CIDRE	Tarif de 1791	6 0	les 268 litres.
CIMENT	24 nivôse an 5		Droit de balance.
CINABRE, naturel et artificiel	Tarif de 1791	10 20	5 myriagram. br.
CIRE blanche, non ouvrée	Tarif de 1791	30 60	5 myriagram. br.
—— ouvrée	Tarif de 1791	40 80	5 myriagram. br.
CIRE jaune, non ouvrée	Tarif de 1791	3 6	5 myriagram. br.
—— ouvrée	Tarif de 1791	24 48	5 myriagram. br.
CIRE à cacheter	Tarif de 1791	48 96	5 myriagram. br.
—— à gommer, *à l'usage des Tapissiers*	Tarif de 1791	6 12	5 myriagram. br.
—— pour Souliers	Tarif de 1791	30 60	5 myriagram. br.
CISEAUX, (Coutellerie)	10 brumaire an 5.		*Prohibés.*
CITOUARD, (Zédoaire)	Tarif de 1791	9 18	5 myriagram. br.

MARCHANDISES.

C.

MARCHANDISES.	DATES DES DERNIÈRES LOIS.	QUOTITÉ DES DROITS. fr.	c.	POIDS, MESURES, VALEURS, SUR LESQUELS LES DROITS SONT PERÇUS.
CIVETTE	Tarif de 1791	61	20	le kilogramme net.
CLAPONS	24 nivôse an 5			Droit de balance.
CLOCHES, Clochettes	Tarif de 1791			*Prohibées.*
——— (Métal de)	Tarif de 1791	18	36	5 myriagram. br.
CLOPORTES	Tarif de 1791	15	30	5 myriagram. br.
CLOUS	Tarif de 1791			*Prohibés.*
——— de Cuivre, comme Cuivre laminé	8 floréal an 11	37	50	5 myriagram. br.
——— de Girofle	Tarif de 1791	1	53	le kilogramme.
CLOUTERIE, en fer et acier seulement, (*Confection*)	Tarif de 1791			*Prohibée.*
COBALT, ou Cobolt	Tarif de 1791	1	2	5 myriagram. br.
COCHENILLE, même en Grabeau	Tarif de 1791	2	4	5 myriagram. br.
COCHONS	24 nivôse an 5			*Exempts.*
COCO (Noix de)	Tarif de 1791	6	12	5 myriagram. br.
——— (Coques de)	24 nivôse an 5			Droit de balance.
COFFRES non garnis, (*Mercerie*)	Tarif de 1791	20	40	5 myriagram. br.
COLLE de Poisson	Tarif de 1791	20	40	5 myriagram. br.
——— Toute autre	Tarif de 1791	6	12	5 myriagram. br.
COLLIERS de Perles et de Pierres fausses, (*Mercerie*)	Tarif de 1791	20	40	5 myriagram. br
COLOPHONE, ou Colophane	Tarif de 1790	0	25½	5 myriagram. br.
COLOQUINTE	Tarif de 1791	3	6	5 myriagram. br.
COMPAS, (*Mercerie*)	Tarif de 1791	20	40	5 myriagram. br.
CONFECTIONS de toute sorte	Tarif de 1791			*Prohibées.*
CONFITURES des Colonies Françoises. (*Voyez le Tarif des Denrées coloniales*).				
CONFITURES, (toute autre sorte)	8 floréal an 11	35	0	5 myriagram. br.
CONTRAYERVA	Tarif de 1791	5	10	5 myriagram. br.
——— Blanc, ou Asclépias	Tarif de 1791	4	8	5 myriagram. br.
COQUELICOT, (Fleur de) ou Pavot rouge	Tarif de 1791	1	2	5 myriagram. br.
COQUES du Levant	Tarif de 1791	4	8	5 myriagram. br.
——— de Coco	24 nivôse an 5			Droit de balance.
COQUILLAGES d'Histoire Naturelle	24 nivôse an 5			Droit de balance.
——— de mer	24 nivôse an 5			Droit de balance.
COQUILLES de Nacre, non travaillées	Tarif de 1791	9	18	5 myriagram. net.
CORAIL non ouvré, en fragmens	Tarif de 1791	10	20	5 myriagram. br.
——— ouvré	Tarif de 1791	15	0	par val. de 100 fr.
——— en poudre. (*Confection*)	Tarif de 1791			*Prohibé.*
CORALINE, ou Mousse marine	Tarif de 1791	2	4	5 myriagram. br.
CORDAGES neufs	Tarif de 1791	4	8	5 myriagram. br.
——— de jonc et de tilleul	Tarif de 1791	1	2	5 myriagram. br.
——— usés	24 nivôse an 5			Droit de balance.
CORDERIE (Ouvrages de)	Tarif de 1791	4	8	5 myriagram. br.
CORDES de Violon, (*Mercerie fine*)	Tarif de 1791	15	0	par val. de 100 fr.
CORDONNET de fil, (*comme Ruban de fil*)	Tarif de 1791	51	0	5 myriagram. br.
CORDONNERIE (Ouvrages de)	10 brumaire an 5			*Prohibés.*
CORDONS de laine et de fil de chèvre mêlés	Tarif de 1791	61	20	5 myriagram. br.
CORIANDRE (Graine de)	Tarif de 1791	0	76½	5 myriagram. br.
CORIS	24 nivôse an 5			Droit de balance.
CORNES de Bœuf ou de Vache	Tarif de 1791	0	25	le 1000 en nombre.
——— de Cerf et de Snak	Tarif de 1791	1	27½	5 myriagram. br.
——— de Cerf, rapées	Tarif de 1791	2	4	5 myriagram. br.
——— rondes ou plates, à faire peignes	8 floréal an 11	12	0	5 myriagram. br.
——— brûlées et ébauchées pour manches de couteaux, (*comme celles rondes*)	8 floréal an 11	12	0	5 myriagram. br.
——— de Licorne	Tarif de 1791	6	12	le kilogramme.

MARCHANDISES.

C.

MARCHANDISES.	DATES DES DERNIÈRES LOIS.	QUOTITÉ DES DROITS. fr.	c.	POIDS, MESURES, VALEURS, SUR LESQUELS LES DROITS SONT PERÇUS.
CORNES claires, à lanterne. (*Mercerie*)	Tarif de 1791...	20	40	5 myriagram. br.
—— de Moutons, Béliers et autres animaux	24 nivôse an 5...			Droit de balance.
—— rapées ou Clapons	24 nivôse an 5...			Droit de balance.
CORNETS à jouer, de corne ou de cuir. (*Mercerie*)	Tarif de 1791...	20	40	5 myriagram. br.
—— en feuilles, transparens, de 19 à 24 centimètres de long, sur 19 à 22 de largeur	8 floréal an 11...	8	0	les 104 feuillets.
—— de 14 à 16 sur 11 à 14	8 floréal an 11...	6	0	les 104 feuillets.
—— de 11 à 14 sur 11	8 floréal an 11...	4	0	les 104 feuillets.
—— de 11 et au-dessous, sur 11 et au-dessous	8 floréal an 11...	3	0	les 104 feuillets.
CORNICHONS confits	Tarif de 1791...	4	8	5 myriagram. br.
COSTUS, Indicus et Amarus	Tarif de 1791...	61	20	5 myriagram. net.
—— doux, ou Canelle blanche	Tarif de 1791...	4	8	5 myriagram. br.
COTON des Colonies. (*Voyez le Tarif des Denrées coloniales*).				
COTON filé	10 brumaire an 5.			*Prohibé.*
—— en mèches de lampe	27 nivôse an 5...	10	0	par val. de 100 fr.
—— en laine, du Levant	8 floréal an 11...	1	0	5 myriagram. br.
COULEURS à peindre, de toute sorte, en sac, en vases, en boëtes et en tablettes	Tarif de 1791...	7	14	5 myriagram. br.
COUPEROSE blanche ou bleue	Tarif de 1791...	7	65	5 myriagram. br.
—— verte	1 août 1792...	2	55	5 myriagram. br.
COUTELLERIE (Ouvrages de)	10 brumaire an 5.			*Prohibée.*
COUTILS de toute sorte	Tarif de 1791...	40	80	5 myriagram. br.
COUVERTURES de Soie, de Filoselle et Fleuret	Tarif de 1791...	102	0	5 myriagram. br.
—— de Laine et de Coton	Tarif de 1791...	51	0	5 myriagram. net.
—— de Ploc et autres basses matières	Tarif de 1791...	24	48	5 myriagram. br.
CRASSE de Cire	Tarif de 1791...	1	53	5 myriagram. br.
—— ou Pierre de Sel	7 ventôse an 5...	3	0	par val. de 100 fr.
CRAIE, ou Alana	Tarif de 1791...	0	51	5 myriagram. br.
CRAYONS en Pastel, et autres de toute espèce	Tarif de 1791...	5	10	5 myriagram. br.
—— noirs	Tarif de 1791...	0	51	5 myriagram. br.
CRÊME ou Crystal de Tartre	Tarif de 1791...	4	59	5 myriagram. br.
CRÊPES de Soie, de toute sorte	Tarif de 1791...	9	0	11 mètres 88 cent.
CREUSETS d'Orfèvres, ou propres au monnoyage, (*Poterie de terre*)	Tarif de 1791...	1	53	5 myriagram. br.
CRIN frisé ou uni	Tarif de 1791...	2	4	5 myriagram. br.
CRISTAL ou Crême de Tartre	Tarif de 1791...	4	59	5 myriagram. br.
—— de roche, non ouvré	Tarif de 1791...	15	30	5 myriagram. br.
—— de roche, ouvré	10 brumaire an 5.			*Prohibé.*
CRUCHES de grés	Tarif de 1791...	1	53	5 myriagram. br.
CUBÈBE, ou Poivre à queue	Tarif de 1791...	2	4	5 myriagram. br.
CUIRS apprêtés, — bouillis, — corroyés, — ouvrés ou non ouvrés, — et Cuirs tannés	10 brumaire an 5.			*Prohibés.*
—— secs et en poil	8 floréal an 11...	0	25	5 myriagram. br.
—— Les mêmes, provenant des Colonies. (*Voyez le Tarif des Denrées coloniales*).				
CUIVRE JAUNE, ou Laiton battu et laminé, gratté, noir et décapé	Tarif de 1791...	15	30	5 myriagram. br.
—— en mitraille	24 nivôse an 5...			Droit de balance.
—— ouvré, comme Chaudières, Poëlons, et toute espèce de Dinanderies	10 brumaire an 5.			*Prohibé.*
—— en Chandeliers, Mouchettes, Flambeaux, Tire-Bouchons, et autres Ouvrages de même espèce	Tarif de 1791...	20	40	5 myriagram. br.

MARCHANDISES.	DATES DES DERNIÈRES LOIS.	QUOTITÉ DES DROITS.		POIDS, MESURES, VALEURS, SUR LESQUELS LES DROITS SONT PERÇUS.
		fr.	c.	
C.				
CUIVRE ROUGE, brut, fondu en Gâteaux ou Plaques, Lingots, Rosette et Mitraille rouge de toute espèce...	24 nivôse an 5...	....		Droit de balance.
—— en Flaons, *pour les Monnoies*...............	24 nivôse an 5...	....		Droit de balance.
—— en Chandeliers, Flambeaux, Mouchettes, Tire-Bouchons, et autres Ouvrages de même espèce. (*Mercerie*)...............	Tarif de 1791...	20	40	5 myriagram. br.
CUIVRES laminés, pour doublage de Navires et à fonds de Chaudières, Barres à Chevilles, Clous de cuivre rouge, durcis au gros marteau, Clous de Cuivre allié pour doublage et penture de gouvernail......................	8 floréal an 11...	37	50	5 myriagram. br.
CUMIN......................................	Tarif de 1791...	1	2	5 myriagram. br.
CURCUMA, Terra Merita......................	Tarif de 1791...	0	25½	5 myriagram br.
CUSCUTES, ou Epithimes......................	Tarif de 1791...	2	4	5 myriagram. br.
CYPERUS. (*Souchet*)......................	Tarif de 1791...	1	2	5 myriagram. br.
D.				
DATTES......................................	Tarif de 1791.....	2	4	5 myriagram. br.
DAUCUS, ou Semen Dauci....................	Tarif de 1791....	5	10	5 myriagram. br.
DÉGRAS de Peaux..........................	Tarif de 1791....	5	10	5 myriagram. br.
DERLE, ou Terre de Porcelaine..............	24 nivôse an 5...	....		Droit de balance.
DENTELLES de Fil et de Soie................	Tarif de 1791....	30	60	le kilogramme net.
—— d'Or fin..........................	Tarif de 1791....	122	40	le kilogramme net.
—— d'Argent fin......................	Tarif de 1791....	81	60	le kilogramme net.
—— d'Or et d'Argent faux..............	Tarif de 1791....	24	48	le kilogramme net.
—— grossière de Fil, *fabriquée aux environs de Nimègue.*	2 brumaire an 7..	10	0	par val. de 100 fr.
DENTS d'Eléphants, ou Morphil............	Tarif de 1791....	5	10	5 myriagram. br.
—— de Loup..........................	Tarif de 1791....	0	76½	5 myriagram. br.
DÉS à coudre et à jouer, autres que d'or et d'argent......	Tarif de 1971....	20	40	5 myriagram. br.
DIAMANS et Pierreries....................	Tarif de 1791....	12	0	par val. de 100 fr.
DIBIDIVI..................................	24 nivôse an 5...	....		Droit de balance.
DICTAME, ou Radix Dictami, en feuilles.........	Tarif de 1971....	2	4	5 myriagram. br.
DOMINOTERIE............................	Tarif de 1791....	20	40	5 myriagram. br.
DRAGÉES, de toute sorte..................	Tarif de 1791....	15	30	5 myriagram. br.
DRAPERIE, ou Etoffes de Laine............	10 brumaire an 5.	....		*Prohibée.*
DRAPS de Laine, de Coton et de Poil, ou mélangés de ces matières..............................	10 brumaire an 5.	....		*Prohibés.*
DRILLES, ou vieux Linge..................	24 nivôse an 5...	....		Droit de balance.
DUVET de Cygne, d'Oie et de Canard............	Tarif de 1791....	15	30	5 myriagram. br.
E.				
EAU de Cerise, ou Kirschwasser................	Tarif de 1791....	0	27	le litre.
—— de vie, autre que de Vin................	Tarif de 1791....	....		*Prohibée.*
—— de vie simple.........................	9 floréal an 7....	0	15	le litre.
—— double et rectifiée, au-dessus de 22 degrés, jusques et compris 32........................	9 floréal an 7....	0	30	le litre.
—— de Vie, au-dessus de 32 degrés. (*Esprit de Vin*).	9 floréal an 7....	0	45	le litre.
—— de Vie d'Andaye, Liqueur............	1 août 1792.....	1	50	le litre.
—— forte..............................	1 août 1792.....	10	20	5 myriagram. br.
—— de Fleur d'Orange..................	1 août 1792.....	30	60	5 myriagram. net.
—— Médicinales et de Senteur............	Tarif de 1791....	30	60	5 myriagram. net.
—— Minérales, *sauf le droit sur les bouteilles*........	24 nivôse an 5...	....		Droit de balance.
ÉCAILLE d'Ablette........................	Tarif de 1791....	1	2	5 myriagram. br.

MARCHANDISES.	DATES DES DERNIÈRES LOIS.	QUOTITÉ DES DROITS.		POIDS, MESURES, VALEURS, SUR LESQUELS LES DROITS SONT PERÇUS
E.		fr.	c.	
ÉCAILLE de Tortue, de toute sorte	Tarif de 1791	22	50	5 myriagram. br.
ÉCARLATTE (Graine d')	Tarif de 1791	0	51	5 myriagram. br.
ÉCHANTILLONS de Gants et de Bas de Soie dépareillés, n'excédant pas le nombre trois	24 nivôse an 5			Droit de balance.
ÉCORCES de Citron, d'Orange et Bergamotte	Tarif de 1791	4	8	5 myriagram br.
——— de Caprier	Tarif de 1791	3	6	5 myriagram. br.
——— de Coutilawan	Tarif de 1791	6	12	5 myriagram br
——— de Gayac	Tarif de 1791	0	76½	5 myriagram. br.
——— de Grenadier	24 nivôse an 5			Droit de balance.
——— de Mandragore, ou faux Ginseng	Tarif de 1791	9	18	5 myriagram. br.
——— d'Orme pyramidal	Tarif de 1791	2	50	par val. de 100 fr.
——— de Simarouba	Tarif de 1791	7	65	5 myriagram. br.
——— de Tamaris	Tarif de 1791	3	6	5 myriagram. br.
ÉCORCE à Tan	24 nivôse an 5			Droit de balance.
ÉCORCE de Tilleul, pour Cordages	24 nivôse an 5			Droit de balance.
ÉCRITOIRES simples	Tarif de 1791	20	40	5 myriagram br.
ÉCUME de Verre, ou Anatrum	24 nivôse an 5			Droit de balance.
ÉDERDON ou ÉDREDON	Tarif de 1791	2	4	le kilogramme.
EFFETS à l'usage des Voyageurs. (Voyez Linges de corps).	4 fructidor an 5			Droit de balance.
ENGRAIS de toute sorte, pour les Terres	24 nivôse an 5			Droit de balance.
ELLEBORE noir ou blanc (Racine d')	Tarif de 1791	2	4	5 myriagram. br.
ÉMAIL brut	Tarif de 1791	6	12	5 myriagram. br.
——— ouvré	Tarif de 1791	45	90	5 myriagram. br.
——— en Poudre ou Azur	Tarif de 1791	3	6	5 myriagram. br.
ÉMERIL en Poudre et en Grains	Tarif de 1791	0	51	5 myriagram. br.
EMPORTE-PIÈCES. (Quincaillerie fine)	Tarif de 1791	38	25½	5 myriagram. br.
ENCENS commun, ou Galipot	Tarif de 1791	0	25½	5 myriagram. br.
——— fin, ou Oliban	Tarif de 1791	5	10	5 myriagram. br.
ENCRE à écrire	Tarif de 1791	12	24	5 myriagram. br.
——— de la Chine	Tarif de 1791	40	80	5 myriagram. br.
——— à imprimer et en Taille-Douce	Tarif de 1791	6	12	5 myriagram. br.
ENULA CAMPANA, ou Aulnée	Tarif de 1791	0	25½	5 myriagram. br.
ÉPERONS communs. (Mercerie)	Tarif de 1791	20	40	5 myriagram. br.
ÉPINGLES blanches	Tarif de 1791	30	60	5 myriagram. br.
ÉPITHIMES, ou Cuscutes	Tarif de 1791	2	4	5 myriagram. br.
ÉPICERIES non dénommées	Tarif de 1791	10	0	par val. de 100 fr.
ÉPLUCHURES de Cacao	Tarif de 1791	0	37½	5 myriagram. br.
ÉPONGES fines	Tarif de 1791	25	50	5 myriagram. br.
——— communes, dont les 5 myriagrammes n'excèdent pas 150 francs	Tarif de 1791	3	6	5 myriagram. br.
——— servant à la fabrication de l'Amadou	24 nivôse an 5			Droit de balance.
ESCAJOLLES	Tarif de 1791	0	25½	5 myriagram. br.
ESPAGNOLETTE. (Draperie)	10 brumaire an 5			Prohibée.
ESPRIT, ou Essence de Bergamotte et de Citron	Tarif de 1791	1	53	le kilogramme.
——— de Cerf	Tarif de 1791	3	6	5 myriagram. br.
——— de Girofle	Tarif de 1791	4	8	le kilogramme.
——— de Nitre et de Soufre	1 août 1792	10	20	5 myriagram. br.
——— de Sel	Tarif de 1791	15	30	5 myriagram. br.
——— ou Essence de Térébenthine	Tarif de 1791	3	6	5 myriagram. br.
——— de Vin	9 floréal an 7	0	45	le litre.
——— de Vitriol	1 août 1792	10	20	5 myriagram. br.
ESQUINE ou SQUINE	Tarif de 1791	3	6	5 myriagram. br.
ESSAIE	Tarif de 1791	0	51	5 myriagram. br.
ESSENCE de Térébenthine	Tarif de 1791	3	6	5 myriagram. br.

MARCHANDISES.	DATES DES DERNIÈRES LOIS.	QUOTITÉ DES DROITS. fr.	c.	POIDS, MESURES, VALEURS, SUR LESQUELS LES DROITS SONT PERÇUS.
E.				
ESSENCE, ou quintessence d'Anis	Tarif de 1791	102	0	5 myriagram. net.
—— de Canelle	Tarif de 1791	146	88	le kilogramme net.
—— de Romarin, et autres semblables	Tarif de 1791	40	80	5 myriagram. net.
—— de Rose, ou Rhodium	Tarif de 1791	48	96	le kilogramme net.
ESSANDOLES, (*comme Bois d'Eclisse*)	Tarif de 1791	5	0	par val. de 100 fr.
ESTAMPES de toute sorte	Tarif de 1791	15	0	par val. de 100 fr.
ÉSULE, *Racine médicinale*	Tarif de 1791	0	51	5 myriagram. br.
ÉTAIN non ouvré, et celui usé ou brisé	Tarif de 1791	2	4	5 myriagram. br.
—— en Cuillers, Fourchettes, et autres menus Ouvrages.	Tarif de 1791	20	40	5 myriagram. br.
—— en Feuilles, ou battu	Tarif de 1791	25	50	5 myriagram. br.
—— ouvré, autrement que ci-dessus	10 brumaire an 5			*Prohibé.*
—— de Glace, ou Bismuth	Tarif de 1791	1	2	5 myriagram. br..
ÉTAUX	22 nivôse an 7	10	0	par val. de 100 fr.
ÉTOFFES de Poil de Chèvre	10 brumaire an 5			*Prohibées.*
—— dites Casimir	10 brumaire an 5			*Prohibées.*
ÉTOFFES de Soie, unies	Tarif de 1791	15	30	le kilogramme net.
—— de Soie, brochées, sans or ni argent	Tarif de 1791	18	36	le kilogramme net.
—— avec or et argent	Tarif de 1791	30	60	le kilogramme net.
—— de Soie, mêlées d'autres matières, sans argent ni or.	Tarif de 1791	12	24	le kilogramme net.
—— mêlées avec or et argent	Tarif de 1791	16	32	le kilogramme net.
—— de Filoselle ou Fleuret	Tarif de 1791	6	12	le kilogramme net.
—— avec or et argent fin	Tarif de 1791	9	18	le kilogramme net.
—— de Laine, de Coton et de Poil, ou mélangées de ces matières	10 brumaire an 5			*Prohibées.*
—— avec or et argent faux	Tarif de 1791			*Prohibées.*
ÉTOUPES de Lin et de Chanvre	24 nivôse an 5			Droit de balance.
ÉTRIERS	Tarif de 1791	10	20	5 myriagram. br.
ÉTRILLES. (*Grosse Quincaillerie de Fer*)	1 août 1792	10	20	5 myriagram. br.
ÉVENTAILS communs	Tarif de 1791	20	40	5 myriagram. br.
—— fins, d'une valeur excédant 1 fr. 50 cent. la pièce.	Tarif de 1791	15	0	par val. de 100 fr.
EUPHORBE	Tarif de 1791	3	6	5 myriagram. br.
EUPHRAISE	Tarif de 1791	2	4	5 myriagram. br.
F.				
FABAGO (Racine de)	Tarif de 1791	1	53	5 myriagram. br.
FAIENCE et Poterie de Grés	Tarif de 1791	12	24	5 myriagram. br.
—— connue sous le nom de Terre de Pipe, ou Grés Anglois	10 brumaire an 5			*Prohibée.*
FAISSE, ou Lie d'Huile	Tarif de 1791	4	59	5 myriagram. br.
FAUX et Faucilles	Tarif de 1791	20	40	5 myriagram. br.
FARINE d'Avoine	Tarif de 1791	1	53	5 myriagram. br.
—— de toute autre espèce	24 nivôse an 5			Droit de balance.
FENOUIL (Graine ou Semence de)	Tarif de 1791	3	6	5 myriagram. br.
FENU-Grec	Tarif de 1791	0	25½	5 myriagram. br.
FERRAILLE et vieux Fer	24 nivôse an 5			Droit de balance.
FERS en gueuse	24 nivôse an 5			Droit de balance.
—— en Verges, Feuillards, Carillons, Rondins, et autres qui ont subi une première main-d'œuvre.	Tarif de 1791	1	53	5 myriagram. br.
—— en barres	Tarif de 1791	1	2	5 myriagram. br.
—— ouvrés de toute sorte, comme Fers en Taillanderie, Ressorts de Voitures, Ouvrages de Serrurerie en Fonte, en Plaques de Cheminées, etc.	10 brumaire an 5			*Prohibés.*
FER BLANC	Tarif de 1791	6	12	5 myriagram. br.

MARCHANDISES.

F.

MARCHANDISES.	DATES DES DERNIÈRES LOIS.	QUOTITÉ DES DROITS. fr.	c.	POIDS, MESURES, VALEURS, SUR LESQUELS LES DROITS SONT PERÇUS.
FER-BLANC ouvré	10 brumaire an 5.			*Prohibé.*
—— Noir	Tarif de 1791	3	6	5 myriagram. br.
—— ouvré	10 brumaire an 5.			*Prohibé.*
—— en Tôle	Tarif de 1791	3	6	5 myriagram. br.
—— ouvré	10 brumaire an 5.			*Prohibé.*
FEUILLES de Girofle, ou Folium Gariofilatum	Tarif de 1791	10	20	5 myriagram. br.
—— de Houx, de Mirthe, de Noyer, et autres propres à la Teinture et aux tanneries	24 nivôse an 5			Droit de balance.
—— de Lierre	24 nivôse an 5			Droit de balance.
FERRET d'Espagne	Tarif de 1791	0	$25\frac{1}{2}$	5 myriagram. br.
FEVES de Saint-Ignace	Tarif de 1791	7	14	5 myriagram. br.
FILETS vieux	24 nivôse an 5			Droit de balance.
FIL de Fer, ou Acier	Tarif de 1791	6	12	5 myriagram. br.
—— pour *la fabrication des Aiguilles dans le Département de la Roër*	14 therm. an 11.			Droit de balance.
—— de Cuivre, de six lignes de diamètre et au-dessous	Tarif de 1791	20	40	5 myriagram. br.
—— de Chanvre et de Lin simple, et Fil d'Etoupes	Tarif de 1791	0	$25\frac{1}{2}$	5 myriagram. br.
—— *idem*, retors	Tarif de 1791	30	60	5 myriagram. br.
—— *idem*, teints	Tarif de 1791	61	20	5 myriagram. br.
—— à Voiles	Tarif de 1791	3	6	5 myriagram. br.
—— de Linon et de Mulquinerie	24 nivôse an 5			Droit de balance.
—— de Ploc ou Poil de Cheval	Tarif de 1791	2	4	5 myriagram. br.
FILOSELLE, Fleuret, ou Bourre de Soie cardée	Tarif de 1791	0	82	le kilogramme net.
FLÉAUX de Balance	Tarif de 1791	10	20	5 myriagram. br.
FLEUR de Soufre	Tarif de 1791	3	6	5 myriagram. br.
FLEURS de Violette, de Pêcher et de Romarin	Tarif de 1791	3	57	5 myriagram. br.
—— artificielles, de toute sorte	Tarif de 1791	61	20	5 myriagram. br.
FLEURET teint, et Soies teintes, *propres à la fabrication des Etoffes*	Tarif de 1791		6	le kilogramme net.
FLIN	Tarif de 1791	0	51	5 myriagram. br.
FOLIUM Gariofilatum, ou feuilles de Girofle	Tarif de 1791	10	20	5 myriagram. br.
—— Indicum ou Indum	Tarif de 1791	2	60	5 myriagram. br.
FOIN et Herbes de Pâturage	24 nivôse an 5			Droit de balance.
FONTE verte, ou Polosum	Tarif de 1791	12	24	5 myriagram. br.
FORCES à tondre les Draps	Tarif de 1791	5	10	5 myriagram. br.
FOUETS	Tarif de 1791	20	40	5 myriagram. br.
FOURCHETTES d'Etain	Tarif de 1791	20	40	5 myriagram. br.
—— de Fer	Tarif de 1791	20	40	5 myriagram. br.
FOURNIMENS à Poudre	Tarif de 1791	20	40	5 myriagram. br.
FOURREAUX de Pistolets, sans Cuir	1 août 1792	15	0	par val. de 100 fr.
—— en Cuir	10 brumaire an 5.			*Prohibés.*
—— d'Épée. (*Mercerie*)	Tarif de 1791	20	40	5 myriagram. br.
FOURRURES, Pelleterie ouvrée	Tarif de 1791	15	0	par val. de 100 fr.
FRANGES en Soie et Coton, Filoselle et Fleuret. (*Pour le surplus, voyez* PASSEMENTERIE)	Tarif de 1791	3	57	le kilogramme net.
FROMAGES	Tarif de 1791	2	$29\frac{1}{2}$	5 myriagram. br.
—— de Suisse, *importés par Pontarlier et Versoix, accompagnés des Certificats prescrits par l'Edit de Décembre* 1781	22 vendém. an 7.			Droit de balance.
FRUITS crus, non denommés ci-dessous	24 nivôse an 5			Droit de balance.
—— Bigarrades, Cédras, Citrons, Chadecs, Limons, Oranges	Tarif de 1791	2	60	5 myriagram. br.
—— Châtaignes, Marrons	Tarif de 1791	0	51	5 myriagram. br.
—— Noix	Tarif de 1791	0	51	5 myriagram. br.

MARCHANDISES.	DATES DES DERNIÈRES LOIS.	QUOTITÉ DES DROITS.		POIDS, MESURES, VALEURS, SUR LESQUELS LES DROITS SONT PERÇUS.
F.		fr.	c.	
——— Olives et Picholines	Tarif de 1791....	4	8	5 myriagram. br.
——— Jujubes, Gengeoles, Prunes et Pruneaux, Figues, Raisins, Jubispasse, Picardats, et autres secs non dénommés	Tarif de 1791....	1	2	5 myriagram. br.
——— à l'Eau-de-Vie	Tarif de 1791....	24	48	5 myriagram. br.
——— artificiels, en Terre fine cuite	22 messidor an 8.	10	0	par val. de 100 fr.
FUMIERS. (*Matières propres à l'engrais des Terres*)	24 nivôse an 5...			Droit de balance.
FUSEAUX	Tarif de 1791...	20	40	5 myriagram. br.
FUSTEL (Feuilles et Branches de)	24 nivôse an 5...			Droit de balance.
FUTAILLES vides ou en bottes	24 nivôse an 5...			Droit de balance.
G.				
GAINES	Tarif de 1791....	20	40	5 myriagram. br.
GALBANUM	Tarif de 1791....	4	8	5 myriagram. br.
GALLE (Noix de)	Tarif de 1791....	1	2	5 myriagram. br.
GALLES légères	24 nivôse an 5...			Droit de balance.
GALIPOT. (*Encens*)	Tarif de 1791....	0	$25\frac{1}{2}$	5 myriagram. br.
GALLIUM blanc et jaune	Tarif de 1791....	0	51	5 myriagram. br.
GALONS vieux, *pour brûler*	24 nivôse an 5...			Droit de balance.
——— et Ganses en Soie et Coton, Filoselle et Fleuret. (*Voyez pour le surplus*, PASSEMENTERIE)	Tarif de 1791....	3	57	le kilogramme net.
GANTS, et autres Ouvrages de Ganterie en Peau et Cuir, doublés ou non	10 brumaire an 5.			*Prohibés.*
——— de Soie	1 mars 1793....			*Prohibés.*
GARENCE sèche, en racine, ou Alisari	Tarif de 1791....	1	2	5 myriagram. br.
——— moulue	Tarif de 1791...	5	10	5 myriagram. br.
——— verte	24 nivôse an 5...			Droit de balance.
GAROUILLE	24 nivôse an 5...			Droit de balance.
GAUDE, ou Herbe à jaunir	24 nivôse an 5...			Droit de balance.
GAZES Angloises	10 brumaire an 5.			*Prohibées.*
——— de Soie	Tarif de 1791....	30	60	le kilogramme net.
——— de Soie et Fil	Tarif de 1791....	8	16	5 myriagram. br.
——— d'Or et d'Argent, ou mêlées d'Or et d'Argent	Tarif de 1791....	30	60	5 myriagram. br.
GAZETTES et Journaux	1 août 1792.....			Droit de balance.
GALLENGAL mineur et majeur	Tarif de 1791....	2	4	5 myriagram. br.
GENESTRALLE	24 nivôse an 5...			Droit de balance.
GENISSES	24 nivôse an 5...			*Exemptes.*
GENTIANNE	Tarif de 1791....	0	$76\frac{1}{2}$	5 myriagram. net.
GIBECIÈRES	Tarif de 1791....	20	40	5 myriagram. br.
GIBIER	24 nivôse an 5...			Droit de balance.
GINGEMBRE. (*Voyez le Tarif des Denrées coloniales*).				
GINSENG	Tarif de 1791....	45	90	5 myriagram. br.
GIROFLE (Bois de)	Tarif de 1791....	15	30	5 myriagram. br.
——— (Cloux de)	Tarif de 1791....	1	53	le kilogramme br.
GLACES et Miroirs au-dessus de 3 décimètres 25 centimètres.	Tarif de 1791....	15	0	par val. de 100 fr.
——— de 3 décimètres 25 centimètres et au-dessous	Tarif de 1791....	15	30	5 myriagram. br.
GLAYEUL, ou Iris du pays	Tarif de 1791....	5	10	5 myriagram. br.
GLU	Tarif de 1791....	3	57	5 myriagram. br.
GOMMES de Cerisier, Abricotier, Pêcher, Prunier, Olivier, et autres communes, *pour la Chapelerie*	24 nivôse an 5...			Droit de balance.
GOMMES et Résines de Bassora, Adraganthe, Arabique, Thurique, du Sénégal, *et à l'usage des Teintures, Fabriques et Manufactures*	Tarif de 1791....	1	2	5 myriagram.

MARCHANDISES.	DATES DES DERNIÈRES LOIS.	QUOTITÉ DES DROITS.		POIDS, MESURES, VALEURS, SUR LESQUELS LES DROITS SONT PERÇUS.
G.		fr.	c.	
Gommes Copal, Lacque en Feuilles, en Grains et sur Bois, Mastic et Sandaraque *pour les Vernis*..................	Tarif de 1791....	6	12	5 myriagram. br.
———— d'Acajou, de Cyprès, Animée, de Lierre, Hèdre et Sarcolle..................	Tarif de 1791....	5	10	5 myriagram. br.
———— de Cèdre et Oppoponax..................	Tarif de 1791....	10	20	5 myriagram. br.
———— ou Résine élastique..................	Tarif de 1791....	2	4	5 myriagram. br.
———— Ammoniac..................	Tarif de 1791....	3	6	5 myriagram. br.
———— Elémi, de toute sorte..................	Tarif de 1791....	9	18	5 myriagram. br.
———— Gayac..................	Tarif de 1791....	2	55	5 myriagram. br.
———— Gutte, ou de Cambogium..................	Tarif de 1791....	20	40	5 myriagram. br.
———— Sagapenum Seraphicum, ou Séraphique-Taccamaca.	Tarif de 1791....	6	12	5 myriagram. br.
———— de Myrrhe..................	Tarif de 1791....	4	8	5 myriagram. br.
Goudron, Gaudron ou Goutran..................	Tarif de 1791....	0	76	le baril de 120 à 150 k.
Gourre, ou Tamarin confit avec le Sucre..........	Tarif de 1791....	15	30	5 myriagram. br.
Grabeau, ou Pousse, *résidu des Drogues lorsqu'on en sépare le meilleur, paie comme les Drogues dont il est le résidu.*				
Graine d'Angélique, Anis, Cartami, Cévadille, Coriandre, Daucus, et d'Ecarlate..................	Tarif de 1791....	4	8	5 myriagram. br.
———— d'Avignon, ou Graine jaune, *d'usage en Teinture*.	24 nivôse an 5...	....		Droit de balance.
———— de Colza, Lin, Navette, Rabettes, *et autres propres à faire Huile*..................	Tarif de 1791....	0	35½	5 myriagram. br.
———— d'Esparcette, *et autres propres à semer dans les prairies*..................	24 nivôse an 5....	....		Droit de balance.
———— de Genièvre..................	24 nivôse an 5....	....		Droit de balance.
———— de Jardin, de Mil et Millet; *ce qui comprend toutes les Semences de Légumes et de Fleurs.*	24 nivôse an 5 ...	....		Droit de balance.
———— de Paradis..................	Décision........	5	0	par val. de 100 fr.
———— Thurique..................	Tarif de 1791.....	0	76½	5 myriagram. br.
———— de Trèfle..................	24 nivôse an 5...	....		Droit de balance.
———— de Vers à Soie..................	24 nivôse an 5...	....		Droit de balance.
Grains de toute sorte, même la Graine de Vesse......	24 nivôse an 5...	....		*Exempts.*
———— de Verre..................	Tarif de 1791....	20	40	5 myriagram. br.
Graisses de toute sorte..................	24 nivôse an 5...	....		Droit de balance.
———— d'Asphalte..................	Tarif de 1791....	18	36	5 myriagram. br.
Gravelle, ou Tartre de Vin..................	24 nivôse an 5...	....		Droit de balance.
Grelots..................	Tarif de 1791....	20	40	5 myriagram. br.
Gremil, ou Herbe aux Perles (Graines ou Semences de)..	Tarif de 1791....	0	76½	5 myriagram. br.
Grenadier (Ecorce de)..................	24 nivôse an 5...	....		Droit de balance.
Grignon..................	24 nivôse an 5....	....		Droit de balance.
Groisil, (autrement *Verre cassé*)..................	24 nivôse an 5...	....		Droit de balance.
Groison..................	Tarif de 1791....	1	27½	5 myriagram br.
Gruau d'Avoine..................	Tarif de 1791....	1	53	5 myriagram. br.
———— de Blé noir..................	24 nivôse an 5...	....		Droit de balance.
Guède, ou Pastel..................	24 nivôse an 5...	....		Droit de balance.
Guimauve (Fleurs de)..................	Tarif de 1791....	1	27½	5 myriagram. br.
———— (Suc de)..................	Tarif de 1791....	6	12	5 myriagram. br.
Guinées bleues, ou Toiles peintes..................	Tarif de 1791....	137	70	5 myriagram. br.
Guy de Chêne..................	Tarif de 1791....	9	18	5 myriagram. br.
Gypse, espèce de gros Talc..................	Tarif de 1791....	1	53	5 myriagram. br.
H.				
Habillemens neufs, *à l'usage des Hommes et des Femmes*, et Ornemens d'Eglise..................	Tarif de 1791....	15	0	par val. de 100 fr.

MARCHANDISES.

H.

MARCHANDISES.	DATES DES DERNIÈRES LOIS.	QUOTITÉ DES DROITS. fr.	c.	POIDS, MESURES, VALEURS, SUR LESQUELS LES DROITS SONT PERÇUS.
HABILLEMENS neufs, en Laine, Coton et Poil.........	10 brumaire an 5.	....		*Prohibés.*
———— des Voyageurs, n'excédant pas le nombre de six, et ayant servi............................	27 nivôse an 8...	....		*Exempts.*
———— vieux..	Tarif de 1791....	25	50	5 myriagram. br.
HAMEÇONS..	Tarif de 1791....	20	40	5 myriagram. br.
HARDEAU, ou Viorne, (Feuilles et Baies de)..........	Tarif de 1791....	1	2	5 myriagram br.
HARNOIS de Chevaux...............................	Tarif de 1791....	15	0	par val. de 100 fr.
———— en Cuir....................................	10 brumaire an 5.	....		*Prohibés.*
HÉLIOTROPE.......................................	24 nivôse an 5...	....		Droit de balance.
HÉMATITE, Pierre.................................	Tarif de 1791....	0	51	5 myriagram. br.
HERBAGES frais, (*comme Fourrages*)...............	24 nivôse an 5 ..	....		Droit de balance.
HERBES médicinales, non dénommées dans le Tarif.....	Tarif de 1791....	1	53	5 myriagram. br.
———— propres à la Teinture, non dénommées dans le Tarif..	24 nivôse an 5....	....		Droit de balance.
———— de Maroquin	24 nivôse an 5...	....		Droit de balance.
———— jaune....................................	24 nivôse an 5...	....		Droit de balance.
———— de Pâturage..............................	24 nivôse an 5...	....		Droit de balance.
———— aux Vers, ou Tannesi......................	Tarif de 1791....	5	10	5 myriagram. br.
HERMODATE.......................................	Tarif de 1791....	2	4	5 myriagram. br.
HIPOCISTIS.......................................	Tarif de 1791....	3	6	5 myriagram. br.
HISTOIRE Naturelle................................	24 nivôse an 5...	....		Droit de balance.
HORLOGERIE, en Montres, Pendules, etc..............	10 brumaire an 5.	....		*Prohibée.*
———— (Fournitures d'), consistant en Pivots, Ressorts, Spiraux et autres pièces du dedans des Montres, lesquelles réunies ne peuvent pas former des mouvemens complets...........................	7 messidor an 3..	10	0	par val. de 100 fr.
HORLOGES de Bois.................................	7 messidor an 3..	10	0	par val. de 100 fr.
———— à Sable..................................	Tarif de 1791....	20	40	5 myriagram. br.
HOUATE de Coton.................................	Tarif de 1791....	30	60	5 myriagram. br.
HOUBLON...	24 nivôse an 5...	....		Droit de balance.
HOUPES à Cheveux, de Duvet.......................	Tarif de 1791....	20	40	5 myriagram. br.
HOUSSES de Chevaux, garnies ou non................	Tarif de 1791....	15	0	par val. de 100 fr.
HOWES, Bisquains, ou Housses de Chevaux en peaux d'Agneaux, de Brebis ou Moutons; passées en mégie avec la Laine.................................	Tarif de 1791....	18	36	5 myriagram br.
HUILES, *à l'usage de la Médecine et des Parfumeurs;* SAVOIR :				
———— d'Ambre.................................	Tarif de 1791....	51	0	5 myriagram. net.
———— d'Anis ou de Fenouil......................	Tarif de 1791....	102	0	5 myriagram. net.
———— de Cacao, ou Beurre de Cacao..............	Tarif de 1791....	22	95	5 myriagram. net.
———— de Canelle, Girofle et Macis...............	Tarif de 1791....	204	0	5 myriagram. net.
———— d'Ambre jaune, Carabé ou Succin, Citrons, Oranges, Jasmin, Roses et autres fleurs, et de Gayac.....................................	Tarif de 1791....	25	50	5 myriagram. net.
———— de Muscade...............................	Tarif de 1791....	153	0	5 myriagram. net.
———— d'Asphaltum, Marjolaine, Sauge et Soufre......	Tarif de 1791....	18	36	5 myriagram. br.
———— d'Aspic et de Gland.......................	Tarif de 1791....	7	65	5 myriagram. br.
———— de Cade, de Cédria et d'Oxicèdre...........	Tarif de 1791....	2	4	5 myriagram. br.
———— de Genièvre ou Sandaraque, de Lavande et de Sassafras....................................	Tarif de 1791....	15	30	5 myriagram. br.
———— de Laurier...............................	Tarif de 1791....	10	20	5 myriagram. br.
———— d'Olliette et de Pavot blanc................	Tarif de 1791....	4	8	5 myriagram. br.
———— de Palme.................................	Tarif de 1791....	5	10	5 myriagram. br.
———— de Palma Christi et de Pignons..............	Tarif de 1791....	9	18	5 myriagram. br.

MARCHANDISES.	DATES DES DERNIÈRES LOIS.	QUOTITÉ DES DROITS. fr.	c.	POIDS, MESURES, VALEURS, SUR LESQUELS LES DROITS SONT PERÇUS.
H.				
HUILE de Petrole.............................	Tarif de 1791....	6	12	5 myriagram. br.
———— de Tartre.............................	Tarif de 1791....	11	22	5 myriagram. br.
HUILES, Comestibles, ou pour les Fabriques, *comme suit :*				
———— d'Olive, de la côte d'Italie..................	Tarif de 1791....	7	65	5 myriagram. br.
———— La même, *importée directement par Bâtimens Italiens ou François, déclarée pour les Fabriques, et que l'on reconnoîtra ne pouvoir être employée qu'à cet usage*..............	1 août 1792.....	4	59	5 myriagram. br.
NOTA. *Les Préposés peuvent la retenir, en payant, dans la huitaine de la vérification, le prix déclaré, sur l'évaluation faite à Marseille, dans le mois précédent, des Huiles communes.*				
———— de Naples, Sicile, Levant, Barbarie, Espagne, Portugal, *et autres pays que de la côte d'Italie.*	Tarif de 1791....	4	59	5 myriagram. br.
———— de Cheval, de Graine et de Noix..............	Tarif de 1791....	4	59	5 myriagram. br.
———— de Poisson.............................	9 floréal an 7....	6	25	5 myriagram. br.
———— de Vitriol, ou aigre.....................	Tarif de 1791....	10	20	5 myriagram. br.
HUITRES fraîches.............................	Tarif de 1791....	5	0	le 1000 en nombre.
———— marinées.............................	Tarif de 1791....	6	12	5 myriagram. br.
HYACINTHE.............................	Tarif de 1791....	8	16	5 myriagram. br.
J.				
JALAP.............................	Tarif de 1791...	4	8	5 myriagram. br.
JAIS brut.............................	24 nivôse an 5..		.....	Droit de balance.
———— ou Jayet, *autre que brut*..................	Tarif de 1791....	10	20	5 myriagram. br.
JARRETIÈRES en Soie et Coton..................	Tarif de 1791....	3	57	le kilogram. net.
JETONS. (*Mercerie*).............................	Tarif de 1791....	20	40	5 myriagram. br.
IMPÉRATOIRE.............................	Tarif de 1791....	1	53	5 myriagram. br.
INDIGO des Colonies. (*Voyez le Tarif des Denrées coloniales*).				
INSTRUMENS aratoires.............................	Tarif de 1791....	20	40	5 myriagram. br.
———— de Musique, *comme suit,*				
———— Fifres, Flageolets, Galoubets..............	Tarif de 1791....	0	63	la pièce.
———— Flûtes et Poches.........................	Tarif de 1791....	0	75	la pièce.
———— Cistres, Mandolines, Psaltérions, Tambours, Tambourins et Timpanons.	Tarif de 1791....	1	50	la pièce.
———— Alto, Violes, Bassons, Cors de Chasse, Guitarres, Serinettes, Serpens, Trompettes, Violons....	Tarif de 1791....	3	0	la pièce.
———— Clarinettes et Hautbois.....................	Tarif de 1791....	4	0	la pièce.
———— Vielles simples.........................	Tarif de 1791....	5	0	la pièce.
———— Basses et Contrebasses.....................	Tarif de 1791....	7	50	la pièce.
———— Epinettes, Orgues portatives et Vielles organisées..	Tarif de 1791....	18	0	la pièce.
———— Forte-Piano et Harpes.....................	Tarif de 1791....	36	0	la pièce.
———— Clavecins.............................	Tarif de 1791....	48	0	la pièce.
———— Orgues d'Eglises et Instrumens non dénommés...	Tarif de 1791....	12	0	par val. de 100 fr.
INSTRUMENS d'Astronomie, Chirurgie, Mathématiques, Navigation, Optique et Physique..................	Tarif de 1791....	10	0	par val. de 100 fr.
JOAILLERIE en Or. (*Ouvrages d'Orfévrie*)..........	Tarif de 1791....	10	0	par val. de 100 fr.
———— en Argent, *comme Argent ouvré*..........	Tarif de 1791....	12	24	le kilogramme net.
Ces droits ne doivent être perçus que sur la valeur de la monture. Loi du 12 Brumaire an 9.				
JONCS (Nattes de).............................	Tarif de 1791....	4	8	5 myriagram. br.
JONCS non montés, ou Cannes.....................	Tarif de 1791....	25	50	5 myriagram. br.

MARCHANDISES.	DATES DES DERNIÈRES LOIS.	QUOTITÉ DES DROITS.		POIDS, MESURES, VALEURS, SUR LESQUELS LES DROITS SONT PERÇUS.
J.		fr.	c.	
IPÉCACUANHA................................	Tarif de 1791....	15	30	5 myriagram. br.
IRIS de Florence............................	Tarif de 1791....	3	6	5 myriagram. br.
JUNCUS Odoratus...........................	Tarif de 1791....	9	18	5 myriagram. br.
JUS de Citron et de Limon.................	24 nivôse an 5...	....		Droit de balance.
———— de Réglisse........................	Tarif de 1791....	3	6	5 myriagram. br.
K.				
KAMINE mâle, ou Beurre de Pierre.........	Tarif de 1791....	3	6	5 myriagram. br.
KIRSCHWASSER	Tarif de 1791....	0	27	le litre.
L.				
LABDANUM naturel et non apprêté..........	Tarif de 1791....	6	12	5 myriagram. br.
———— liquide et purifié.................	Tarif de 1791....	22	95	5 myriagram. net.
LACETS de Fil.............................	Tarif de 1791....	51	0	5 myriagram. br.
———— en Soie et Coton.................	Tarif de 1791....	3	57	le kilogramme net.
LAINES en bourres.........................	24 nivôse an 5...	....		Droit de balance.
———— filées...........................	10 brumaire an 5.	....		*Prohibées.*
———— propres à la Tapisserie.........	10 brumaire an 5.	....		*Prohibées.*
———— non filées......................	24 nivôse an 5...	....		Droit de balance.
———— non filées, teintes.............	Tarif de 1791....	36	72	5 myriagram. br.
LAITON en Lingots et Mitraille.............	1 août 1792.....	....		Droit de balance.
———— ou Cuivre jaune, battu et laminé en Planches de toute dimension, gratté, noir et décapé.......	Tarif de 1791....	15	30	5 myriagram. br.
———— ou Cuivre jaune, ouvré.............	10 brumaire an 5.	....		*Prohibé.*
———— filé, ou Fil de Laiton noir........	Tarif de 1791...	1	2	5 myriagram. br.
———— filé en jaune....................	Tarif de 1791...	20	40	5 myriagram. br.
LANTERNES communes......................	Tarif de 1791...	20	40	5 myriagram. br.
LAPIS entalis.............................	Tarif de 1791...	2	4	5 myriagram. br.
LAQUE plate de Venise, et Laque Colombine sèche.....	Tarif de 1791...	2	55	5 myriagram. br.
———— liquide.........................	Tarif de 1791...	0	25½	5 myriagram. br.
LARD frais................................	24 nivôse an 5...	....		Droit de balance.
LAVANDE sèche (Fleurs de)...............	Tarif de 1791...	3	6	5 myriagram br.
LÉGUMES secs, de toute sorte..............	Tarif de 1791...	0	25½	5 myriagram. br.
———— verts...........................	24 nivôse an 5...	....		Droit de balance.
LEVAIN de Bière	22 août 1791....	3	0	par val. de 100 fr.
LIBRAIRIE en Langue étrangère ou savante.............	24 nivôse an 5...	....		Droit de balance.
———— en Langue françoise.............	Tarif de 1791...	6	12	5 myriagram. br.
LICHEN...................................	24 nivôse an 5..	....		Droit de balance.
LIE de Vin................................	24 nivôse an 5...	....		Droit de balance.
———— d'Huile, ou Faisse..............	Tarif de 1791...	4	59	5 myriagram. br.
LIÉGE en Tables, ou non ouvré.............	Tarif de 1791....	1	2	5 myriagram. br.
———— Ouvré........................	Tarif de 1791....	12	24	5 myriagram. br.
LIGNES à pêcher..........................	Tarif de 1791....	20	40	5 myriagram. br.
LIMAILLE d'Acier et d'Aiguilles............	Tarif de 1791. .	1	53	5 myriagram. br.
———— de Cuivre......................	24 nivôse an 5...	....		Droit de balance.
———— de Fer.........................	Tarif de 1791....	1	2	5 myriagram. br.
LIMES en Acier...........................	Tarif de 1791....	38	25	5 myriagram. br.
LIN cru, tuyé ou apprêté..................	24 nivôse an 5...	....		Droit de balance.
LINGE de Corps, comme Caleçons et Chemises, *dans une quantité relative au nombre d'Habits dont l'entrée est permis*.	24 nivôse an 5...	....		Droit de balance.
———— de Lit et de Table, à l'usage des voyageurs......	2 fructidor an 5..	10	0	par val. de 100 fr.

MARCHANDISES.	DATES DES DERNIÈRES LOIS.	QUOTITE DES DROITS.		POIDS, MESURES, VALEURS, SUR LESQUELS LES DROITS SONT PERÇUS.
		fr.	c.	
L.				
LINGE de Coton, ou de Fil et Coton, et Linge ouvré en Nappes, Serviette et Chemises...............	Tarif de 1791....	76	50	5 myriagram. br.
——— en Pièces, damassé ou autrement ouvré, de Chanvre et de Lin seulement........................	3 frimaire an 5...	30	60	5 myriagram. br.
——— vieux ou drille............................	24 nivôse an 5...	....		Droit de balance.
LINON et Batiste...........................	Tarif de 1791...	6	12	le kilogramme.
LIQUEURS et Ratafias de toute sorte.................	Tarif de 1791...	1	50	le litre.
——— des Iles. (*Voyez le Tarif des denrées coloniales*).				
LISTONNERIE en Soie et Coton, Filoselle et Fleuret.....	Tarif de 1791...	3	57	le kilogramme net.
Pour le surplus, voyez PASSEMENTERIE.				
LITHARGE naturelle et artificielle...................	Tarif de 1791...	1	2	5 myriagram. br.
LIVRES avec Gravures ou Estampes, *sont regardés comme Estampes, lorsque le texte ne sert qu'à expliquer celles-ci*...................	Tarif de 1791...	15	0	par val. de 100 fr.
——— en Langues étrangères ou savantes; *avec ou sans Gravures, lorsque ces dernières ne sont qu'accessoires*...................	24 nivôse an 5...	....		Droit de balance.
——— en Langue Françoise, *avec ou sans Gravures, lorsque ces derniers ne sont qu'accessoires*...	Tarif de 1791...	6	12	5 myriagram. br.
——— reliés...........................	1 août 1792.....	6	12	5 myriagram. br.
LOUPS. (dents de)......................	Tarif de 1791...	0	76½	5 myriagram. br.
LYS de Valée, ou Muguet.....................	Tarif de 1791...	1	53	5 myriagram. br.
M.				
MACIS............................	Tarif de 1791...	1	2	le kilogramme.
MACHEFER........................	24 nivôse an 5...	....		Droit de balance.
MAGNÉSIE.........................	Tarif de 1791...	61	20	5 myriagram. br.
MALHERBE, Herbe pour la Peinture..................	24 nivôse an 5..	....		Droit de balance.
MALLES...........................	Tarif de 1791...	20	40	5 myriagram. br.
MANCHONS........................	Tarif de 1791...	15	0	par val. de 100 fr.
MANGANÈSE.......................	24 nivôse an 5...	....		Droit de balance.
MANICORDIUM.....................	Tarif de 1791...	20	40	5 myriagram. br.
MANNE...........................	Tarif de 1791...	6	12	5 myriagram. br.
MARBRE..........................	Tarif de 1791...	1	0	les 34 décim. cub.
——— en Cheminées, scié ou travaillé.............	Tarif de 1791...	2	0	les 34 décim. bru.
MARC d'Olive........................	24 nivôse an 5...	....		Droit de balance.
MARCASSITE d'Or, d'Argent, de Cuivre.............	Tarif de 1791...	8	16	5 myriagram. br.
——— (Ouvrages de).....................	Tarif de 1791...	5	0	par val. de 100 fr.
MARLY de Soie.........................	Décision........	30	60	le kilogramme net.
MARQUETERIE. (Ouvrages de)...................	Tarif de 1791...	15	0	par val. de 100 fr.
MARRONS...........................	Tarif de 1791...	0	25½	5 myriagram. br.
MARUM. (Feuilles de).....................	Tarif de 1791...	2	4	5 myriagram. br.
MASQUES pour Bal.......................	Tarif de 1791...	20	40	5 myriagram. br.
MASSICOT...........................	Tarif de 1791...	9	18	5 myriagram. br.
MATELAS...........................	22 août 1791...	10	0	par val. de 100 fr.
MATIÈRES *servant à l'engrais des Terres*.............	24 nivôse an 5..	....		Droit de balance.
MATS pour vaisseaux......................	24 nivôse an 5..	....		Droit de balance.
MÈCHES soufrées, Soufre en Mèches et Mèches de Soufre..	22 messidor an 8.	10	0	par val. de 100 fr.
MÉCHOACHAM, ou Rhubarbe blanche..................	Tarif de 179'...	2	55	5 myriagram. br.
MÉDAILLES...........................	24 nivôse an 5...	....		Droit de balance.
MÉDICAMENS composés, (*comme Confection*).......	Tarif de 1791...	....		*Prohibés.*
MÉLASSES des Colonies. (*Voyez le Tarif des denrées coloniales*).				

MARCHANDISES.

M.

MARCHANDISES.	DATES DES DERNIÈRES LOIS.	QUOTITÉ DES DROITS fr.	QUOTITÉ DES DROITS c.	POIDS, MESURES, VALEURS, SUR LESQUELS LES DROITS SONT PERÇUS.
MERCERIE commune.	Tarif de 1791...	20	40	5 myriagram. br.
NOTA. *Voyez à la Législation, les articles dont elle se compose.*				
———— fine, *et autres non dénommées dans le présent Tarif.*	Tarif de 1791...	15	0	par val. de 100 fr.
———— en Soie, comme Bourses à Cheveux, Mouches et Mouchoirs de Soie.	Tarif de 1791...	6	12	le kilogramme net.
MERCURE précipité.	Tarif de 1791...	15	30	5 myriagram. br.
MÉTAL de Cloches.	Tarif de 1791...	18	36	5 myriagram. br.
MÉTIERS à faire Bas et autres Ouvrages.	Tarif de 1791...	15	0	par val. de 100 fr.
MEUBLES de toute sorte.	Tarif de 1791...	15	0	par val. de 100 fr.
MEULES de Moulin. { au-dessus d'un mètre 919 millimètres.	Tarif de 1791.....	7	50	la pièce.
au-dessous d'un mètre 919 millimètres, à un mètre 297 millimètres.	Tarif de 1791.....	5	0	la pièce.
et au-dessous d'un mètre 297 millimèt.	Tarif de 1791.....	2	50	la pièce.
———— à Taillandier. { d'un mètre 218 millimètres, à un mètre 383 millimètres.	1 août 1792.....	2	50	la pièce.
de 1079 millimètres à 920 millimètres.	1 août 1792......	1	75	la pièce.
de 907 millim. à 677 millim.	1 août 1792......	1	0	la pièce.
de 663 millim. à 541 millim.	1 août 1792......	0	40	la pièce.
de 528 millim. à 406 millim.	1 août 1792......	0	20	la pièce.
de 385 et au-dessous.	1 août 1792......	0	10	la pièce.
MEUM d'Athamante.	Tarif de 1791...	1	2	5 myriagram br.
MIEL.	Tarif de 1791...	3	6	5 myriagram. br.
MINE de Plomb noir.	Tarif de 1791...	0	$76\frac{1}{2}$	5 myriagram. br.
———— de Fer, brute et lavée.	24 nivôse an 5...	....		Droit de balance.
MINIUM.	Tarif de 1791...	0	$25\frac{1}{2}$	5 myriagram. br.
MODES (Ouvrages de).	Tarif de 1791...	12	0	par val. de 100 fr.
MOMIES.	24 nivôse an 5...	....		Droit de balance.
MONNOIES de Métal.	3 septembre 1792.	....		*Prohibées.*
MORILLES et Mousserons.	Tarif de 1791...	12	24	5 myriagram. br.
MORPHIL, ou dents d'Eléphant.	Tarif de 1791...	5	10	5 myriagram. br.
MORTIERS de Fonte et de Métal.	19 mai 1793....	....		Droit de balance.
MORUES.	4 complém. an 11.	10	0	5 myriagram. br.
———— (Langues, Noos ou Noves et Tripes de).	8 floréal an 11...	20	0	5 myriagram. br.
MOTTES à brûler.	24 nivôse an 5...	....		Droit de balance.
MOUCHES (Cantarides).	Tarif de 1791...	15	30	5 myriagram. br.
MOUCHOIRS de Coton, ou de Fil et Coton blanc.	9 floréal an 7....	50	0	5 myriagram. br.
———— teints ou imprimés.	Tarif de 1791...	137	70	5 myriagram. br.
———— rayés ou à Carreaux blancs, à Bordures de couleur, et fins.	Tarif de 1791...	306	0	5 myriagram. br.
MOULARD, ou Terre cimolée.	24 nivôse an 5..	....		Droit de balance.
MOULES de Boutons.	Tarif de 1791...	3	6	5 myriagram. br.
MOULINS à Café.	Tarif de 1791...	20	40	5 myriagram. br.
MOUSSE MARINE, ou Coraline.	Tarif de 1791...	2	4	5 myriagram. br.
MOUSSELINES rayées, unies, à Carreaux, brochées, et Fichus unis.	Tarif de 1791...	306	0	5 myriagram. br.
———— et Fichus brodés de toute sorte.	Tarif de 1791...	408	0	5 myriagram. br.
On répute Mousseline toute Toile de Coton, dont les 16 aunes anciennes, sur la largeur de 7 huitièmes, pèsent moins d'un kilogramme 47 décigrammes. Loi du 22 août 1791.				
MOUSSELINELLES.	10 brumaire an 5.	....		*Prohibées.*
MOUTARDE.	Tarif de 1791...	6	12	5 myriagram. br.

MARCHANDISES.	DATES DES DERNIÈRES LOIS.	QUOTITÉ DES DROITS.		POIDS, MESURES, VALEURS, SUR LESQUELS LES DROITS SONT PERÇUS
		fr.	c.	
M.				
MOUTONS....................................	24 nivôse an 5....			*Exempts.*
MUGUET, ou Lys de Vallée (fleurs de)...............	Tarif de 1791...	1	53	5 myriagram. br.
MULES ET MULETS...................	Tarif de 1791...	1	0	la pièce.
MUNITIONS de Guerre............................	19 mai 1793.....			Droit de balance.
———— navales, sauf les brais, Goudrons et Planches de Pin..	24 nivôse an 5...			Droit de balance.
MUSC..	Tarif de 1791...	30	60	le kilogram. net.
MUSCADE.......................................	Tarif de 1791...	2	4	le kilogram. net.
MUSIQUE gravée et papier de Musique................	Tarif de 1791...	15	0	par val. de 100 fr.
MYROBOLANS non confits...........................	Tarif de 1791...	3	57	5 myriagram. br.
———— Confits..................................	Tarif de 1791...	15	30	5 myriagram. br.
MYRRHE (Gomme de).............................	Tarif de 1791...	4	8	5 myriagram. br.
N.				
NACRE (non ouvré).............................	Tarif de 1791...	9	18	5 myriagram. br.
NANKIN venant des Pays neutres. *La pièce de 5 mètres* 94 *centimètres*............................	Tarif de 1791...	0	75	la pièce.
———— des Indes..............................	9 floréal an 7....	0	25	par mètre.
NANKINETTE....................................	10 brumaire an 5.			*Prohibées.*
NAPHE, ou Naphte..............................	Tarif de 1791...	1	53	5 myriagram. br.
NARD celtique, ou Spica celtica...................	Tarif de 1791...	3	6	5 myriagram. br.
———— indien, ou Spica nardi...................	Tarif de 1791...	10	20	5 myriagram. br.
NATTES de Jonc................................	Tarif de 1791...	4	8	5 myriagram. br.
———— de Paille, de Roseaux *et autres Plantes et Ecorces*.	Tarif de 1791...	1	2	5 myriagram. br.
NAVETS, (comme Légumes verts)..................	24 nivôse an 5...			Droit de balance.
NÉNUPHAR.....................................	Tarif de 1791...	0	$76\frac{1}{2}$	5 myriagram. br.
NERFS de Bœufs *et d'autres Animaux*.................	24 nivôse an 5...			Droit de balance.
NERPRUN......................................	24 nivôse an 5...			Droit de balance.
NIGELLE romaine (graine de).....................	Tarif de 1791....	4	59	5 myriagram. br.
NITRE...	Tarif de 1791...			*Prohibé.*
NOIR d'Espagne.................................	Tarif de 1791...	3	57	5 myriagram. br.
———— de Fumée, de Terre et de Corroyeurs..........	Tarif de 1791...	1	2	5 myriagram. br.
———— d'Ivoire.................................	Tarif de 1791...	15	30	5 myriagram. br.
———— de Teinturier, d'Allemagne, d'Os et de Cerf...	Tarif de 1791...	1	53	5 myriagram. br.
NOIX de Cyprès, de Galle et Vomiques...............	Tarif de 1791...	1	2	5 myriagram. br.
O.				
OCRE jaune et rouge.............................	Tarif de 1791...	0	$25\frac{1}{2}$	5 myriagram. br.
OCULI cancri..................................	Tarif de 1791...	4	8	5 myriagram. br.
ŒUFS de Volaille et de Gibier.....................	24 nivôse an 5...			Droit de balance.
OIGNONS.......................................	24 nivôse an 5...			Droit de balance.
———— de fleurs................................	24 nivôse an 5...			Droit de balance.
OLIBAN, ou Encens fin...........................	Tarif de 1791...	5	10	5 myriagram. br.
OPIUM...	Tarif de 1791...	10	20	5 myriagram. br.
OR brûlé.......................................	24 nivôse an 5...			Droit de balance.
———— en Ouvrages d'Orfévrerie....................	Tarif de 1791...	10	0	par val. de 100 fr.
———— en Feuilles, battu.........................	Tarif de 1791...	13	$11\frac{1}{2}$	l'hectogram. net.
———— trait, battu, en Paillettes ou Clinquant.........	Tarif de 1791...	3	$26\frac{1}{2}$	l'hectogram. net.
———— filé, ou Fil d'Or fin........................	Tarif de 1791...	2	45	l'hectogram. net.
———— faux, en Barres et en Lingots.................	Tarif de 1791...	36	72	5 myriagram. br.
———— faux, en Feuilles, Paillettes, Clinquant trait et battu.	Tarif de 1791...	71	40	5 myriagram. br.
———— faux, filé ou Fil d'Or faux...................	Tarif de 1791...	81	60	5 myriagram. br.

MARCHANDISES.

O.

MARCHANDISES.	DATES DES DERNIÈRES LOIS.	QUOTITÉ DES DROITS. fr.	c.	POIDS, MESURES, VALEURS, SUR LESQUELS LES DROITS SONT PERÇUS.
ORCANETTE	Tarif de 1791....	0	25 ½	5 myriagram. br.
OREILLONS.	24 nivôse an 5...			Droit de balance.
ORGE perlé ou mondé.	Tarif de 1791....	2	4	5 myriagram br.
ORNEMENS d'Eglise.	Tarif de 1791...	15	0	par val. de 100 fr.
OROBE (Graine et Semence d')	Tarif de 1791...	0	51	5 myriagram. br
ORPIMENT.	Tarif de 1791...	0	25 ½	5 myriagram. br.
ORSEILLE , même apprêtée.	24 nivôse an 5...			Droit de balance.
Os de Bœuf *et d'autres Animaux*	24 nivôse an 5...			Droit de balance.
———— de Seiche.	Tarif de 1791...	0	51	5 myriagram. br.
OSIER en Bottes.	24 nivôse an 5...			Droit de balance.
OUATTE de Coton.	Tarif de 1791...	30	60	5 myriagram. br.
OUTREMER.	Tarif de 1791...	15	30	le kilogramme.
OUVRAGES en Acier.	Tarif de 1791...			*Prohibés.*
———— en Cuivre ou Bronze.	Tarif de 1791...			*Prohibés*
———— en Bois , en Marbre et en Pierre.	Tarif de 1791...	15	0	par val. de 100 fr.
———— en Buis , Etain , Cuivre et Fer.	Tarif de 1791...	20	40	5 myriagram. br.
———— de Marqueterie.	Tarif de 1791...	15	0	par val. de 100 fr.
———— d'Osier.	Tarif de 1791...	7	65	5 myriagram. br.
———— de Modes.	Tarif de 1791...	12	0	par val. de 100 fr.
———— de Palme , de Jonc et de Paille.	Tarif de 1791...	6	12	5 myriagram. br.
———— à Pierres , de Composition , Marcassites *ou autres, montées sur Etain , Cuivre argenté ou doré, sur Or ou Argent.*	Tarif de 1791...	5	0	par val. de 100 fr.
———— en cuir , Maroquin et Peaux maroquinées , et en Souliers de Femmes.	10 brumaire an 5.			*Prohibés.*
———— en Peaux , *consistant en Culottes, Vestes, Gilets et Gants.*	10 brumaire an 5.			*Prohibés.*
———— de Bijouterie.	Tarif de 1791...	12	0	par val. de 100 fr.
———— d'Orfévrerie en Or , *qui comprend les Boîtes de Montres.*	Tarif de 1791...	10	0	par val. de 100 fr.
———— — en Argent.	Tarif de 1791...	12	24	le kilogramme net.

P.

MARCHANDISES.	DATES DES DERNIÈRES LOIS.	QUOTITÉ DES DROITS. fr.	c.	POIDS, MESURES, VALEURS, SUR LESQUELS LES DROITS SONT PERÇUS.
PALMA Christi , ou Catapuce.	Tarif de 1791...	3	6	5 myriagram. br.
PAILLE.	24 nivôse an 5...			Droit de balance.
———— (Nattes de) Roseaux *et autres Plantes*	Tarif de 1791...	1	2	5 myriagram. br.
———— d'Acier et de Fer.	Tarif de 1791...	0	25 ½	5 myriagram. br.
———— de Squenante.	Tarif de 1791...	10	20	5 myriagram. br.
PAINS à cacheter.	1 août 1792....	20	40	5 myriagram. br.
———— d'Epices.	Tarif de 1791...	3	6	5 myriagram. br.
———— de Navette . Lin et Colzat.	24 nivôse an 5...			Droit de balance.
PAPIER blanc , de toute sorte et Papier à Cautère.	1 août 1792.....	30	60	5 myriagram. br.
———— de Pâte grise , noir , bleu et Papier brouillard.	1 août 1792.....	18	36	5 myriagram. br.
———— Doré et argenté , uni et à Fleurs d'Or et d'Argent, marbré , à Fleurs , uni , peint en bleu , jaune , vert, rouge , imitant le Bois , *et autres qui se vendent à la main et non en rouleau.*	1 août 1791.....	36	72	5 myriagram. br.
———— tontisse , peint , *imitant le Damas, la Moire, le Gros-de-Tours, et toute autre Etoffe à dessin, etc. à ramage, d'une ou plusieurs couleurs, ou imitant l'Architecture, et servant à tapisser ou à décorer les appartemens, et qui se vendent en rouleau.*	1 août 1791.....	45	90	5 myriagram. br.

MARCHANDISES. P.	DATES DES DERNIÈRES LOIS.	QUOTITÉ DES DROITS.		POIDS, MESURES, VALEURS, SUR LESQUELS LES DROITS SONT PERÇUS.
		fr.	c.	
PAPIER de la Chine........................	Tarif de 1791....	91	80	5 myriagram. br.
PARAPLUIES de Toile cirée.................	Tarif de 1791....	0	75	la pièce.
PARASOLS de Taffetas.....................	Tarif de 1791....	2	0	la pièce.
PARCHEMIN neuf travaillé..................	Tarif de 1791....	6	12	5 myriagram. br.
———— neuf et brut, et en Rognures.........	24 nivôse an 5...	....		Droit de balance.
PAREIRA-BRAVA..........................	Tarif de 1791....	2	4	5 myriagram. br.
PARFUMS non dénommés au Tarif...........	Tarif de 1791....	51	0	5 myriagram. br.
PAS-D'ANE, ou Tussilage, *Fleur*.........	Tarif de 1791....	1	2	5 myriagram. br.
PASSEMENTERIE et Listonnerie, *telles que Galons, Ganses, Jarretières, Aiguillettes, Franges, Rubans et tous autres Ouvrages de Passementerie et Rubannerie.*				
———— en Or et Argent faux...............	Tarif de 1791....	53	0	le kilogram. net.
———— en Or et Argent fin.................	Tarif de 1791....	15	30	le kilogramme net.
———— en Soie avec Or et Argent fin.......	Tarif de 1791....	12	24	le kilogramme net.
———— en Soie sans Or ni Argent...........	Tarif de 1791....	7	65	le kilogramme net.
———— en Soie...........................	Tarif de 1791....	3	57	le kilogramme net.
———— en Coton.........................	Tarif de 1791....	3	57	le kilogramme br.
———— de Filoselle et Fleuret.............	1 août 1792.....	3	57	le kilogramme net.
PASSEPIERRE, ou Percepierre..............	Tarif de 1791...	0	76¼	5 myriagram. br.
PASTEL (Crayons de)....................	Tarif de 1791....	5	10	5 myriagram. br.
———— ou Guede.........................	24 nivôse an 5...	....		Droit de balance.
———— d'Ecarlate........................	24 nivôse an 5...	....		Droit de balance.
PATES. (*Vermicelli*)..................	Tarif de 1791....	5	10	5 myriagram. br.
———— d'Amande et de Pignons............	Tarif de 1791....	6	12	5 myriagram. br.
———— d'Italie..........................	Tarif de 1791....	5	10	5 myriagram. br.
———— de Papier ou Carton gris...........	24 nivôse an 5...	....		Droit de balance.
PATIENCE...............................	Tarif de 1791....	1	2	5 myriagram. br.
PATTES-DE-LION.........................	Tarif de 1791....	1	2	5 myriagram. br.
PAVÉS..................................	24 nivôse an 5...	....		Droit de balance.
PAVOT ROUGE, ou Coquelicot (Fleurs de).....	Tarif de 1791....	1	2	5 myriagram. br.
PEAUSSERIE (Ouvrages de)...............	10 brumaire an 5.	....		*Prohibés.*
PEAUX en vert et Peaux de Veaux sèches, en Poil......	24 nivôse an 5...	....		Droit de balance.
———— et Poils en masse et non filés, de Castor et de Loutre, de Lièvre et de Lapin..............	24 nivôse an 5...	....		Droit de balance.
———— pour Gants, Culottes ou Gilets............	10 brumaire an 5.	....		*Prohibées.*
———— tannées, corroyées, ou autrement ouvrées........	10 brumaire an 5.	....		*Prohibées.*
PEIGNES de Buis, de Corne et d'Os...........	Tarif de 1791...	20	40	5 myriagram br.
———— d'Ecaille........................	Tarif de 1791...	2	4	le kilogramme.
———— d'Ivoire.........................	Tarif de 1791...	1	55	le kilogramme.
PELLES de Fer..........................	Tarif de 1791...	20	40	5 myriagram. br.
PELLETERIES non apprêtées, comme suit :				
———— *Peaux* de Blaireaux, de Loutres, Loups de Bois et Cerviers, de Cygnes, de Chèvres Angora, de Carcajoux...........................	Tarif de 1791...	0	20	la pièce.
———— — de Chats-Cerviers, Chats-Tigres, Lions, Lionnes, Martes de toute espèce, Oies, Renards de toute espèce, Pekands, Veaux, Vaches et Loups marins..............	Tarif de 1791...	0	10	la pièce.
———— — de Chats-de-Feu, Chats sauvages, de Chiens et de Chikakois, Fouines, Genettes, Gredbes, Marmottes, Putois, Vizons....	Tarif de 1791....	0	5	la pièce.
———— — d'Ours et d'Oursins de toute couleur.......	Tarif de 1791....	0	25	la pièce.
———— — de Léopards, Panthères, Tigres et Zèbres..	Tarif de 1791....	0	50	la pièce.

MARCHANDISES.

P.

MARCHANDISES.	DATES DES DERNIÈRES LOIS.	QUOTITÉ DES DROITS. fr.	c.	POIDS, MESURES, VALEURS, SUR LESQUELS LES DROITS SONT PERÇUS.
PELLETERIE. *Peaux* d'Hermines de terre mouchetées, et Bervesky, Écureuils d'Amérique, Palmistes des Indes..........	Tarif de 1791....	0	2	la pièce.
—— de Petit-Gris et Écureuils de toute espèce....	Tarif de 1791....	0	1	la pièce.
—— d'Hermines blanches et Lasquettes..........	Tarif de 1791....	2	0	les 40 peaux.
NOTA. *Pelleteries ci-dessus dénommées, le double des droits à l'entrée lorsqu'elles seront apprêtées, à l'exception des Ours qui ne paient que le même droit.*				
—— d'Agneaux, *dites d'Astracan*, de Russie, de Perse et de Crimée..........	Tarif de 1791....	0	50	la pièce.
—— de Lapins, apprêtées..........	Décision........	0	10	la pièce.
—— de Lièvres, apprêtées..........	Tarif de 1791....	0	6	la pièce.
—— *Gorges* de Renards, de Martes et de Fouines....	Tarif de 1791....	0	2	la pièce.
—— *Queues* de Marte de toute espèce..........	Tarif de 1791....	0	2½	la pièce.
—— de Petits-Gris, d'Écureuils, d'Hermines, de Putois..........	Tarif de 1791....	0	25	le 100 en nombre.
—— de Renards, de Fouines, de Carcajoux, de Pékands, de Loups..........	Tarif de 1791....	0	1½	la pièce.
—— de Martes de Russie, de Canada, de Suède, d'Ethiopie, d'Agneaux d'Astracan, d'Hermines, de Lasquettes..........	Tarif de 1791....	5	0	le sac ou nappe.
—— de dos et ventre de Petits-Gris, d'Écureuils de toute espèce, Lapins de toute couleur, de Taupes, de Fouines, de Putois, de dos et ventre de Lièvres blancs, d'Hermine de terre, Mouchetées ou Beversky, Rats palmistes des Indes. d'Hamster, de dos, ventre et pattes de Renard..........	Tarif de 1791....	1	50	le sac ou nappe.
—— non dénommées, (*comme celles auxquelles elles seront assimilées*).				
—— ouvrée, en Manchons, Fourrures, etc..........	Tarif de 1791....	15	0	par val. de 100 fr.
PENNES, ou Paines de Laine et de Fil..........	24 nivôse an 5...	....		Droit de balance.
PERELLE, même apprêtée..........	24 nivôse an 5...	....		Droit de balance.
PÉRIGORD, ou Périgueux..........	24 nivôse an 5...	....		Droit de balance.
PERLES fausses..........	Tarif de 1791...	20	40	5 myriagram. br.
—— fausses ou fines, non montées..........	24 nivôse an 5...	....		Droit de balance.
PERRUQUES..........	Tarif de 1791...	2	0	la pièce.
PERSIL de Macédoine..........	Tarif de 1791...	5	10	5 myriagram. br.
PIEDS D'Elans..........	Tarif de 1791...	1	50	le 100 en nombre.
PIERRES à bâtir..........	24 nivôse an 5...	....		Droit de balance.
—— Arméniennes..........	Tarif de 1791...	10	20	5 myriagram. br.
—— de Choin, même taillées sans être polies..........	24 nivôse an 5...	....		Droit de balance.
—— de Choin, polies, en cheminées, etc..........	Tarif de 1791...	2	50	par val. de 100 fr.
—— à aiguiser..........	Tarif de 1791...	0	51	5 myriagram. br.
—— à Feu et à Fusil..........	Tarif de 1791...	2	4	5 myriagram. br.
—— de Mangayer..........	Tarif de 1791...	0	25½	5 myriagram. br.
—— à Plâtre..........	24 nivôse an 5...	....		Droit de balance.
—— Ponce..........	Tarif de 1791...	0	51	5 myriagram. br.
—— savonneuse..........	24 nivôse an 5...	....		Droit de balance.
—— de Touche..........	Tarif de 1791...	1	2	5 myriagram. br.
PIGNONS blancs..........	Tarif de 1791...	3	6	5 myriagram. br.
—— d'Inde..........	Tarif de 1791...	4	8	5 myriagram. br.

MARCHANDISES.	DATES DES DERNIÈRES LOIS.	QUOTITÉ DES DROITS.		POIDS, MESURES, VALEURS, SUR LESQUELS LES DROITS SONT PERÇUS.
P.		fr.	c.	
PIMENT, comme Poivre venant des Colonies. (*Voyez le Tarif des Denrées coloniales*).				
PIMENT.	Tarif de 1791...	15	30	5 myriagram. br.
PINCEAUX, *autres que de Cheveux et Poil fin.*	Tarif de 1791...	9	18	5 myriagram. br.
——— de Poil fin.	Tarif de 1791...	73	44	5 myriagram. br.
PIPES à fumer (*Mercerie*).	Tarif de 1791...	20	40	5 myriagram. br.
PIQUÉ et plaqué de toute sorte.	10 brumaire an 5.			*Prohibé.*
PIRESTRES.	Tarif de 1791...	2	55	5 myriagram. br.
PISTACHES cassées.	Tarif de 1791...	12	24	5 myriagram. br.
——— non cassées.	Tarif de 1791...	3	6	5 myriagram. br.
PIVOINE, (Racine et Fleur de).	Tarif de 1791...	3	6	5 myriagram. br.
PLAQUÉ et Piqué de toute sorte.	10 brumaire an 5.			*Prohibé.*
PLATRE.	24 nivôse an 5...			Droit de balance.
PLOMB brut et en Saumon.	Tarif de 1791...	3	6	5 myriagram. br.
——— à tirer et en Grenailles.	Tarif de 1791...	4	59	5 myriagram. br.
——— laminé et ouvré de toute autre manière.	Tarif de 1791...	9	18	5 myriagram. br.
PLUMES d'Autruches, d'Aigrette, d'Espadon, de Héron, d'Oiseau couronné, de Xomol, *et autres qui entrent dans le Commerce des Plumassiers, de première qualité.*	Tarif de 1791...	51	0	5 myriagram. br.
——— *idem,* apprêtées.	Tarif de 1791...	153	0	5 myriagram. br.
——— de qualité inférieure, *comme Petites Noires, Baliotes brutes, et de Vautour non apprêtées.*	Tarif de 1791....	20	40	5 myriagram. br.
——— *idem,* apprêtées.	Tarif de 1791....	51	0	5 myriagram. net.
——— à écrire, non apprêtées.	Tarif de 1791....	3	6	5 myriagram. br.
——— *idem,* apprêtées.	Tarif de 1791....	20	40	5 myriagram. br.
——— à Lit.	Tarif de 1791....	7	65	5 myriagram. br.
POIDS et mesures destinés à peser, mesurer suivant l'ancien usage.	18 germinal an 3.			*Prohibés.*
Les poids de fonte dont les anneaux sont brisés, ne sont pas compris dans la Prohibition. Décision du 26 prairial an 7.				
POIL, Ploc ou Duvet d'Autriche.	24 nivôse an 5...			Droit de balance.
——— de Cheval, ou Fil de Ploc.	Tarif de 1791...	2	4	5 myriagram. br.
——— de Chèvre, de Chameau, de Bouc et de Chevreau non filé.	24 nivôse an 5...			Droit de balance.
——— de Chèvre, filé.	14 frimaire an 9..	0	51	5 myriagram. br.
——— de Chien, filé.	24 nivôse an 5....			Droit de balance.
——— filé et en Echeveaux, (tout autre).	10 brumaire an 5.			*Prohibé.*
——— ou Soie de Porc et de Sanglier.	Tarif de 1791...	1	2	5 myriagram. br.
POIRÉ.	Tarif de 1791...	6	0	les 268 litres.
POISSON de mer, frais salé ou fumé venant de l'Etranger, *ou autres que ceux de la Pêche angloise.*	4 complém. an 11.	10	0	5 myriagram. br.
POIVRE à queue (*cubèbe*).	Tarif de 1791....	2	4	5 myriagram. br.
——— des Colonies *Voyez le Tarif des Denrées coloniales.*				
POIX grasse, Poix noire, Poix-Résine, ou Résine de Sapin.	Tarif de 1791....	0	$25\frac{1}{2}$	5 myriagram. br.
POLIGATA de Virginie, ou Seneka.	Tarif de 1791....	4	8	5 myriagram. br.
POLIUM-MONTANUM.	Tarif de 1791....	1	53	5 myriagram. br.
POLOZUM, ou Fonte verte.	Tarif de 1791...	12	24	5 myriagram. br.
POMMADES de toute sorte.	Tarif de 1791...	30	60	5 myriagram. br.
POMPHOLIX, ou Calamine blanche.	Tarif de 1791....	3	6	5 myriagram. br.
PORCELAINE commune.	Tarif de 1791....	81	60	5 myriagram. br.
——— fine.	Tarif de 1791....	163	20	5 myriagram. br.

MARCHANDISES.	DATES DES DERNIÈRES LOIS.	QUOTITÉ DES DROITS.		POIDS, MESURES, VALEURS, SUR LESQUELS LES DROITS SONT PERÇUS.
		fr.	c.	
P.				
PORTE-FEUILLES de Bazane	Tarif de 1791	20	40	5 myriagram. br.
—— de Maroquin	1 août 1792	15	0	par val. de 100 fr.
POTASSE	24 nivôse an 5			Droit de balance.
POTERIE de Terre, grossière	Tarif de 1791	1	53	5 myriagram. br.
POUDRE à poudrer	Tarif de 1791	6	12	5 myriagram. br.
—— de Chypre	Tarif de 1791	4	8	le kilogramme.
—— à tirer	13 fructidor an 5			*Prohibée.*
—— de Senteur	Tarif de 1791	45	90	5 myriagram. br.
POULIOT de Virginie	Tarif de 1791	1	2	5 myriagram. br.
POURPRE naturel et factice	Tarif de 1791	7	65	5 myriagram. br.
POZZOLANE	24 nivôse an 5			Droit de balance.
PRÉCIPITÉ ou Mercure	Tarif de 1791	15	30	5 myriagram. br.
PRESLE (Feuille de)	Tarif de 1791	0	25½	5 myriagram. br.
PRESSURE	24 nivôse an 5			Droit de balance.
PRUNES de Montbain ou Acaja	Tarif de 1791	1	2	5 myriagram. br.
Q.				
QUEUES de Martes, etc. (*Voyez* PELLETERIE)	Tarif de 1791	2	50	le 100 en nombre.
QUINCAILLERIE en Faulx, Faucilles, Scies, Vrilles, *et autres instrumens aratoires*	Tarif de 1791	20	40	5 myriagram. br.
—— En Fleaux de Balances, Limes communes et autres gros Ouvrages de Quincaillerie en Fer	Tarif de 1791	10	20	5 myriagram. br.
—— fine, comme Alénes, Broches, Carlets, Emporte-Pièce, et Limes en Acier	Tarif de 1791	38	25	5 myriagram. br.
—— en Cuivre	10 brumaire an 5			*Prohibée.*
QUINQUINA	Tarif de 1791	8	16	5 myriagram. br.
R.				
RACINES d'Alisari, d'Angélique, de Dictame, d'Ellébore, de Guimauve	Tarif de 1791	4	8	5 myriagram. br.
—— de Thimélée	24 nivôse an 5			Droit de balance.
RADIX, Dictami ou Dictame en feuilles	Tarif de 1791	2	4	5 myriagram. br.
RAISINS de Damas et de Corinthe	Tarif de 1791	1	2	5 myriagram. br.
RAMONETTES. (*Mercerie*)	Tarif de 1791	20	40	5 myriagram. br.
RAPATELLE ou Toile de Crin	Tarif de 1791	10	20	5 myriagram br.
RAPURE d'Ivoire	Tarif de 1791	5	10	5 myriagram. br.
RAQUETTES. (*Mercerie*)	Tarif de 1791	20	40	5 myriagram. br.
REDON	24 nivôse an 5			Droit de balance.
REDOUL (Feuilles de)	24 nivôse an 5			Droit de balance.
REGLISSE en Bois	Tarif de 1791	0	77½	5 myriagram. br.
REGULLE d'Antimoine	Tarif de 1791	4	8	5 myriagram. br.
—— d'Arsenic et de Cobalt	Tarif de 1791	4	8	5 myriagram. br.
—— d'Etain	Tarif de 1791	12	24	5 myriagram. br.
—— martial	Tarif de 1791	8	16	5 myriagram. br.
—— de Vénus	Tarif de 1791	20	40	5 myriagram. br.
—— d'Antimoine, en Poudre	22 août 1791	10	0	par val. de 100 fr.
RESINE de Jalap	Tarif de 1791	30	60	5 myriagram. br.
—— de Sapin	Tarif de 1791	0	25½	5 myriagram. br.
RHUBARBE blanche, ou Méchoacham	Tarif de 1791	2	55	5 myriagram. br.
RHUBARBE	Tarif de 1791	18	36	5 myriagram. br.
RHUE, (Feuilles de)	Tarif de 1791	1	2	5 myriagram. br.
RHUM	Tarif de 1791			*Prohibé.*

MARCHANDISES.	DATES DES DERNIÈRES LOIS.	QUOTITÉ DES DROITS.		POIDS, MESURES, VALEURS, SUR LESQUELS LES DROITS SONT PERÇUS.
R.		fr.	c.	
RICCIN..	Tarif de 1791....	4	8	5 myriagram. br.
ROCOU. (*Voyez le Tarif des Denrées coloniales*).				
ROGUES, ou Resures de Morue....................	24 nivôse an 5...	....		Droit de balance.
ROSES fines et communes.........................	Tarif de 1791....	5	10	5 myriagram. br.
ROSETTES..	Tarif de 1791....	1	2	5 myriagram. br
ROSNAS..	24 nivôse an 5...	....		Droit de balance.
ROSEAUX ordinaires et à l'usage des Toileries........	24 nivôse an 5...	....		Droit de balance.
ROTINS, ou Roseaux des Indes, pour faire Meubles....	Tarif de 1791....	3	6	5 myriagram. br.
ROUGE pour Femmes.............................	Tarif de 1791....	8	16	le kilogramme.
RUBANS de Fil écru et d'Étoupes....................	Tarif de 1791....	30	60	5 myriagram. br.
———— de Fil blanc.............................	Tarif de 1791....	51	0	5 myriagram. br.
———— de Fil teint..............................	Tarif de 1791....	71	40	5 myriagram. br.
RUBANS, Cordons et Tresses de Laine et Fil de Chèvre mêlés.	Tarif de 1791....	61	20	5 myriagram. br
RUBANS, ou Tresses en Poil de Chèvre, mêlés de Soie.	Tarif de 1791....	102	0	5 myriagram. br.
———— de Soie..................................	Tarif de 1791....	7	65	le kilogramme net.
RUCHES à Miel...................................	24 nivôse an 5...	....		Droit de balance.
S.				
SAFRAN...	Tarif de 1791....	4	59	le kilogramme net.
———— bâtard, ou Safranum......................	24 nivôse an 5...	....		Droit de balance.
SAFRE, ou Zaphre...............................	Tarif de 1791...	7	65	5 myriagram. br.
SAGU, ou Sagou.................................	Tarif de 1791...	10	20	5 myriagram. br.
SALEP, ou Salop.................................	Tarif de 1791...	30	60	5 myriagram. br.
SALPÊTRE..	13 fructidor an 5.	....		*Prohibé.*
Les Fabricants qui l'emploient comme Matière pre-mière, peuvent en tirer par Lorient, le Havre, Dunkerque, Anvers et Marseille. Arrêté du 27 pluviôse an 8				
SALSEPAREILLE...................................	Tarif de 1791....	6	12	5 myriagram. br.
SANDARAQUE....................................	Tarif de 1791....	6	12	5 myriagram. br.
SANG de Bouc, ou Bouquetin......................	Tarif de 1791....	7	65	5 myriagram. br.
———— de Dragon, de toute sorte..................	Tarif de 1791...	9	18	5 myriagram. br.
SANGLES pour Meubles, etc.......................	Tarif de 1791...	61	20	5 myriagram. br.
SANGUINE pour Crayons..........................	Tarif de 1791...	0	25½	5 myriagram. br.
SARRETTES, ou Sariette...........................	Tarif de 1791...	0	51	5 myriagram. br.
SASSAFRAS, ou Saxafras..........................	Tarif de 1791...	1	53	5 myriagram. br.
SAUGE...	Tarif de 1791...	1	2	5 myriagram. br.
SAVON blanc.....................................	8 floréal an 11....	12	0	5 myriagram. br.
———— noir......................................	8 floréal an 11....	9	0	5 myriagram. br.
SAVONETTES.....................................	Tarif de 1791...	40	80	5 myriagram. br.
SAXIFRAGE. (Graine ou Semence de)..............	Tarif de 179	1	53	5 myriagram. br.
SCABIEUSE.......................................	Tarif de 1791....	1	2	5 myriagram. br.
SCAMONÉE.............................).	Tarif de 1791....	51	0	5 myriagram. net.
———— (Résine de).............................	Tarif de 1791....	153	0	5 myriagram. net.
SEBESTES..	Tarif de 1791....	2	4	5 myriagram. br.
SEILLES, ou Squilles marines......................	Tarif de 1791....	0	76¼	5 myriagram. br.
SEL Ammoniac...................................	8 floréal an 11....	0	75	le kilogramme.
———— *par Vaisseau François venant directement d'Egypte*......	8 floréal an 11....	0	25	le kilogramme.
———— d'Epsum ou Duobus	Tarif de 1791....	3	6	5 myriagram. br.
———— de Glauber................................	Tarif de 1791...	3	6	5 myriagram. br.
———— de Nitre, de Quinquina, de Rhubarbe.........	Tarif de 1791...	....		*Prohibé.*

MARCHANDISES. S.	DATES DES DERNIÈRES LOIS.	QUOTITÉ DES DROITS.		POIDS, MESURES, VALEURS, SUR LESQUELS LES DROITS SONT PERÇUS.
		fr.	c.	
SEL de Saturne, de Tartre végétal, de Seignette et de Lait.	Tarif de 1791...	10	20	5 myriagram. br.
—— Volatil, de Corne de Cerf, de Vipere, de Carabé.	Tarif de 1791...	61	20	5 myriagram. net.
SEL (Pierre ou Crasse de).	7 ventôse an 5...	3	0	par val. de 100 fr.
SELLES, (comme Harnois).	10 brumaire an 5.			Prohibées.
—— de luxe.	Tarif de 1791...	15	0	par val. de 100 fr.
SEMEN d'Auci.	Tarif de 1791....	5	10	5 myriagram. br.
—— Cartami.	Tarif de 1791...	1	53	5 myriagram. br.
SEMENCE de Ben.	Tarif de 1791...	2	4	5 myriagram. br.
SEMENCES froides et médicinales.	Tarif de 1791...	3	6	5 myriagram. br.
SEMOULE.	15 therm. an 10..			Exempte.
SENÉ en Feuilles, Follicules ou Grabeau.	Tarif de 1791...	6	12	5 myriagram. br.
SENEKA, ou Poligata de Virginie.	Tarif de 1791...	4	8	5 myriagram. br.
SENEVÉ.	Tarif de 1791...	0	51	5 myriagram. br.
SERANS, Outils propres à peigner le Chanvre.	1 août 1792.....	20	40	5 myriagram br.
SERPENTINE, ou Serpentaire.	Tarif de 1791...	5	10	5 myriagram. br.
SERPES et Serpettes.	Tarif de 1791....	20	40	5 myriagram. br.
SESSELI de Marseille ou de Candie.	Tarif de 1791....	1	53	5 myriagram. br.
SIFFLETS d'Os et d'Ivoire.	Tarif de 1791....	20	40	5 myriagram. br.
SIMILOR, ou Tombac, non ouvragé.	Tarif de 1791....	7	65	5 myriagram. br.
—— ouvragé.	19 thermidor an 4.			Prohibé.
SIROPS non dénommés.	Tarif de 1791....	25	50	5 myriagram. br.
SIROP de Kermés.	Tarif de 1791....	5	10	5 myriagram. br.
SMALT, nommé improprement Azur en pierre, puisqu'il n'existe pas.	Tarif de 1791....	0	25½	5 myriagram. br.
SOIE en Cocons, et Bourres de toute sorte.	24 nivôse an 5...			Droit de balance.
SOIES Grèzes.	Tarif de 1791....	1	2	le kilogramme net.
—— Grèzes doubles, ou Doupions.	Tarif de 1791....	0	51	le kilogramme net.
—— ouvrées, en Poil, Trame, Organsin, et à coudre, crues.	Tarif de 1791....	2		le kilogramme net.
—— teintes et Fleurets.	Tarif de 1791...	3	4	le kilogramme net.
—— cardées (Fleuret ou Filoselle crus et Bourre de)..	Tarif de 1791...	0	82	le kilogramme net.
SOLDANELLE ou Choux de mer.	Tarif de 1791...	1	53	5 myriagram. br.
SON.	24 nivôse an 5.».			Droit de balance.
SORBEC.	Tarif de 1791...	18	36	5 myriagram. br.
SOUCHET, ou Cyperus de toute sorte.	Tarif de 1791...	1	2	5 myriagram. br.
SOUFFLETS, (Mercerie).	Tarif de 1791...	20	40	5 myriagram. br.
SOUFRE en Mèches, Mèches de Soufre.	22 messidor an 8.	10	0	par val. de 100 fr.
—— en Canons.	Tarif de 1791....	1	2	5 myriagram. br.
—— brut ou vif.	24 nivôse an 5...			Droit de balance.
SPALT.	24 nivôse an 5....			Droit de balance.
SPICA Celtica, ou Nard celtique.	Tarif de 1791....	3	6	5 myriagram. br.
—— Nardi, ou Nard indien.	Tarif de 1791....	10	20	5 myriagram. br.
SPODE.	Tarif de 1791....	2	4	5 myriagram. br.
SQUENANTE, ou paille de Squenante.	Tarif de 1791....	10	20	5 myriagram. br.
SQUINE, ou Esquine.	Tarif de 1791...	3	6	5 myriagram. br.
STAPHISAICRE.	Tarif de 1791...	1	53	5 myriagram. br.
STECAS, Sticade.	Tarif de 1791...	1	53	5 myriagram. br.
STIL de Grains.	Tarif de 1791...	6	12	5 myriagram. br.
STOCKFISCH.	5 complém. an 11.	4	0	5 myriagram. br.
STORAX, Calemite.	Tarif de 1791...	10	20	5 myriagram. br.
—— liquide.	Tarif de 1791...	3	6	5 myriagram. br.
—— rouge et en Pain.	Tarif de 1791...	4	8	5 myriagram. br.
STUC.	24 nivôse an 5...			Droit de balance.
SUBLIMÉ, doux et corrosif	Tarif de 1791....	15	30	5 myriagram. br.

MARCHANDISES.	DATES DES DERNIÈRES LOIS.	QUOTITÉ DES DROITS.		POIDS, MESURES, VALEURS, SUR LESQUELS LES DROITS SONT PERÇUS.
S.		fr.	c.	
SUCRE. *Voyez le Tarif particulier des Denrées coloniales.*				
SUCRE rafiné.................................	8 floréal an 11....	....		*Prohibé.*
SUIE de Cheminée.............................	24 nivôse an 5...	....		Droit de balance.
SUIF...	24 nivôse an 5...	....		Droit de balance.
SUMAC.......................................	24 nivôse an 5...	....		Droit de balance.
T.				
TABAC en Feuilles et en Côtes , *par Bâtimens françois.*	29 floréal an 10...	22	0	5 myriagram. net.
—— par Bâtimens étrangers......................	29 floréal an 10...	33	0	5 myriagram. net.
—— par terre.............................	29 floréal an 10...	....		*Prohibé.*
—— fabriqué , *par tous les Départemens*............	29 floréal an 10..	....		*Prohibé.*
Voyez pour le surplus à la Législation.				
TABLEAUX à Cadres ou Bordures , *sur l'estimation des Cadres ou Bordures seulement.*	Tarif de 1791...	15	0	par val. de 100 fr.
—— sans Bordures.............................	24 nivôse an 5....	....		Droit de balance.
TAFFIA. (*Voyez le Tarif des Denrées coloniales*).				
TALC , même de Moscovie, ou Mica.................	24 nivôse an 5...	....		Droit de balance.
TAMARIN......................................	Tarif de 1791...	2	55	5 myriagram. br.
—— ou Gourre confit avec le Sucre.................	Tarif de 1791...	15	30	5 myriagram. br.
TAMBOURS et Tamis, (*Mercerie*)..................	Tarif de 1791....	20	40	5 myriagram. br.
TAN (Écorce à)................................	24 nivôse an 5...	....		Droit de balance.
TANNESIE , ou Herbe aux Vers.....................	Tarif de 1791....	5	10	5 myriagram. br.
TAPIS anglois..................................	10 brumaire an 5.	....		*Prohibés.*
—— non anglois, savoir; de Fil et Laine..............	Tarif de 1791....	51	0	5 myriagram. br.
—— de Laine.............................	Tarif de 1791....	73	44	5 myriagram. br.
—— de Soie , ou mêlés de Soie.................	Tarif de 1791....	153	0	5 myriagram. br.
TAPISSERIES , façon d'Anvers et de Bruxelles...........	Tarif de 1791....	40	80	5 myriagram. br.
—— avec Or et Argent.............................	Tarif de 1791....	244	80	5 myriagram. br.
—— peintes.............................	Tarif de 1791...	45	90	5 myriagram. br.
—— de Cuir doré.............................	10 brumaire an 5.	....		*Prohibées.*
—— *toutes autres que celles ci-dessus*..............	Tarif de 1791....	122	40	5 myriagram. br.
TAPSIC noir et blanc.............................	Tarif de 1791....	1	2	5 myriagram. br.
TARTRE de Vin.................................	Tarif de 1791....	0	$76\frac{1}{2}$	5 myriagram. br.
TAUREAUX....................................	24 nivôse an 5...	....		*Exempts.*
TERRA-MERITA , ou Curcuma.....................	Tarif de 1791....	0	$25\frac{1}{2}$	5 myriagram. br.
TERRE d'Ombre , de Lemnos , Rouge rubrique..........	24 nivôse an 5...	....		Droit de balance.
—— Moulard , à Pipe et Sigillée.................	24 nivôse an 5...	....		Droit de balance.
—— verte.................................	Tarif de 1791...	1	2	5 myriagram. br.
TÉRÉBENTHINE commune.........................	Tarif de 1791...	1	$78\frac{1}{2}$	5 myriagram. br.
—— en Pâte ou en Essence......................	Tarif de 1791...	3	6	5 myriagram. br.
—— de Venise.................................	Tarif de 1791....	7	65	5 myriagram. br.
THÉ...	24 nivôse an 5....	25	0	5 myriagram. net.
THON mariné.................................	Tarif de 1791....	45	90	5 myriagram. br.
TIRE-BOUCHONS (*Mercerie*).....................	Tarif de 1791...	20	40	5 myriagram. br.
TISSUS de Laine et Fil teints......................	Tarif de 1791...	71	40	5 myriagram. br.
TOILES de Chanvre et de Lin , et Toiles à Voiles , écrues.	3 frimaire an 5..	25	50	5 myriagram. br.
—— blanches.................................	3 frimaire an 5..	30	60	5 myriagram. br.
—— préparées pour peindre......................	3 frimaire an 5..	25	50	5 myriagram. br.
—— de Coton , blanches , brochées , brodées ou rayées.	8 floréal an 11...	400	0	5 myriagram. br.
—— de Coton , ou de Fil et Coton , blanches.........	9 floréal an 7....	50	0	5 myriagram. br.
—— en Ecru.................................	9 floréal an 7....	40	0	5 myriagram. br.
—— teintes et peintes , *excepte celles ci-après*.......	Tarif de 1791....	137	70	5 myriagram. br.
—— à Carreaux , pour Matelas.....................	Tarif de 1791....	40	80	5 myriagram. br.

MARCHANDISES.	DATES DES DERNIÈRES LOIS.	QUOTITÉ DES DROITS.		POIDS, MESURES, VALEURS, SUR LESQUELS LES DROITS SONT PERÇUS.
J.		fr.	c.	
Les Toiles à Carreaux dont la Chaîne est de fil de Lin ou de Chanvre, et la Trame de fil de Coton, qui se fabriquent particulièrement en Suisse et servent à l'habillement des Femmes de la Campagne, ont été assimilées aux Toiles à Matelas, par une Décision du 7 pluviôse an 8.				
TOILES cirées de toute sorte	Tarif de 1791	20	40	5 myriagram. br.
———— de Crin, ou Rapatelle	Tarif de 1791	10	20	5 myriagram. br.
———— gommées, Treillis, Bougrans *et autres Toiles à Chapeaux, noires ou d'autres couleurs*	Tarif de 1791	15	30	5 myriagram. br.
———— Ajamis bleues du Levant	2 messidor an 5	15	30	5 myriagram. br.
———— de Nankin, *la Pièce de 5 mètres 94 centimètres*	Tarif de 1791	0	75	la pièce.
———— de Nankin des Indes	9 floréal an 7	0	25	par mètre.
TOMBAC, Similor, ou Métal de Prince et de Manheim, non ouvré	Tarif de 1791	7	65	5 myriagram. br.
———— ouvragé	19 thermidor an 4			*Prohibé.*
TORMANTILLE	Tarif de 1791	1	2	5 myriagram. br.
TOURBE	24 nivôse an 5			Droit de balance.
TOURNESOL en Pain, Pierre ou Morelle en Drapeaux	24 nivôse an 5			Droit de balance.
TOURS d'Horloges	22 nivôse an 7	10	0	par val. de 100 fa.
TOUTENAGUE, ou Zing	24 nivôse an 5			Droit de balance.
TRESSES, *comme les Rubans auxquels elles sont assimilées.*				
TRIPOLI	Tarif de 1791	0	51	5 myriagram. br.
TRUFFES fraîches	Tarif de 1791	18	36	5 myriagram. br.
———— sèches	Tarif de 1791	10	20	5 myriagram. br.
TUILES, ou briques	Tarif de 1791	0	75	le 1000 en nombre.
TURBIT	Tarif de 1791	5	10	5 myriagram. br.
TUSSILAGE, ou Pas-d'Ane	Tarif de 1791	1	2	5 myriagram. br.
TUTIE	Tarif de 1791	1	2	5 myriagram. br.
U.				
USNÉE	Tarif de 1791	1	2	5 myriagram. br.
V.				
VACHES	24 nivôse an 5			*Exemptes.*
VANILLE, ou Badille	8 floréal an 11	12	24	le kilogramme net.
VEAUX	24 nivôse an 5			*Exempts.*
VÉLIN	Tarif de 1791	6	12	5 myriagram. br.
VENDANGES	24 nivôse an 5			Droit de balance.
VERJUS	Tarif de 1791	12	24	les 268 litres.
VERMEIL	Tarif de 1791	10	20	5 myriagram. br.
VERMICELLI	Tarif de 1791	5	10	5 myriagram. br.
VERMILLON	Tarif de 1791	10	20	5 myriagram. br.
VERNIS de toute sorte	Tarif de 1791	20	40	5 myriagram. br.
VERRE d'Antimoine	Tarif de 1791	4	8	5 myriagram. br.
———— en grains	Tarif de 1791	20	40	5 myriagram. br.
———— de toute autre sorte	10 brumaire an 5			*Prohibé.*
Tout ce qui concerne la Lunéterie et l'Horlogerie est admis.				
VERRE cassé	24 nivôse an 5			Droit de balance.
———— de Moscovie	24 nivôse an 5			Droit de balance.
VERT-DE-GRIS, sec et en poudre	Tarif de 1791	7	65	5 myriagram. br.

MARCHANDISES.	DATES DES DERNIÈRES LOIS.	QUOTITÉ DES DROITS.		POIDS, MESURES, VALEURS, SUR LESQUELS LES DROITS SONT PERÇUS.
L.		fr.	c.	
VERT-DE-GRIS cristallisé..........................	Tarif de 1791....	10	20	5 myriagram. br.
——— humide...........................	Tarif de 1791....	3	6	5 myriagram. br.
——— de Vessie...........................	Tarif de 1791....	10	20	5 myriagram. br.
——— de Montagne...........................	Tarif de 1791....	7	65	5 myriagram. br.
VEZ-CABOULI..........................	Tarif de 1791....	3	6	Droit de balance.
VIANDE fraîche............................	24 nivôse an 5...			les 268 litres.
VINAIGRE............................	Tarif de 1791...	3	0	les 268 litres.
VINS en Futailles..........................	Tarif de 1791....	25	0	les 268 litres.
——————— importés depuis le fort Vauban jusqu'à la pointe septentrionale du Département du Bas-Rhin, sans emballage ou double fond...........................	5 fructidor an 6..	12	0	les 268 litres.
——————— par les frontières d'Espagne depuis Mont-Libre inclusivement, jusqu'à Saint-Jean-Pied-de-Port aussi inclusivement, y compris le Bureau d'Arneguy......	5 fructidor an 6..	12	0	les 268 litres.
VINS en Bouteilles, ou en doubles Futailles, ou en Futailles emballées, ou à double fond...................	Tarif de 1791...	60	0	les 268 litres.
VIORNE, ou Hardeau (Feuilles et Baies de)...........	Tarif de 1791...	1	2	5 myriagram. br.
VIPÈRES vivantes et sèches........................	Tarif de 1791...	5	0	le 100 en nombre.
VITRIOL blanc de Chypre.........................	Tarif de 1791...	7	65	5 myriagram. br.
——— bleu ou Couperose.........................	Tarif de 1791...	7	65	5 myriagram. br.
——— rubifié ou Calcantum.........................	Tarif de 1791...	2	29½	5 myriagram. br.
VOITURES, vieilles ou neuves, excepté celles servant aux Voyageurs.........................	10 brumaire an 5.			Prohibées.
VOLAILLE............................	24 nivôse an 5...			Droit de balance.
VOLANS............................	Tarif de 1791...	20	40	5 myriagram. br.
VRILLES............................	Tarif de 1791...	20	40	5 myriagram. br.
VULNÉRAIRES. (Herbes).	Tarif de 1791...	2	4	5 myriagram. br.
Y.				
YVOIRE.........................	Tarif de 1791...	5	10	5 myriagram. br.
Z.				
ZAPHRE, ou Saphre...........................	Tarif de 1791....	7	65	5 myriagram. br.
ZÉDOAIRE, ou Citouard......................	Tarif de 1791....	9	18	5 myriagram. br.
ZINC, ou Toutenague.........................	24 nivôse an 5...			Droit de balance.
ARTICLES OMIS.				
Ceux qui ont reçu quelque main-d'œuvre, paient....	22 août 1791....	10	0	par val. de 100 fr.
Les Drogueries............................	22 août 1791....	5	0	par val. de 100 fr.
Tous autres objets............................	22 août 1791....	3	0	par val. de 100 fr.

FIN du Tarif des Droits d'Entrée.

OBSERVATIONS

RELATIVES AUX TARIFS

DES DROITS D'ENTRÉE

ET

DE SORTIE.

Les perceptions des Douanes se faisant d'après le nouveau système des Poids et Mesures, nous les avons établies sur le mode qui se rapproche le plus de l'ancien usage : ainsi, pour simplifier les calculs, au lieu de compter par quintal décimal, nous avons établi le Droit par cinq myriagrammes, correspondant à-peu-près à l'ancien quintal, poids de marc.

Les 5 myriagrammes font donc en poids de marc... 102 livres 2 onces 2 gros 29 ½ grains.

Le Tableau des Poids et Mesures, qui se trouve à la fin de ce Volume, donne l'explication des autres dénominations systématiques, et indique leurs valeurs comparativement aux anciens Poids et Mesures, qui ont été supprimés par la Loi du premier Vendémiaire an 4.

A.
MARCHANDISES.

MARCHANDISES.	DATES DES DERNIÈRES LOIS.	QUOTITÉ DES DROITS.		POIDS, MESURES, VALEURS, SUR LESQUELS LES DROITS SONT PERÇUS.
		fr.	c.	
ACIER et Fer, *et Ouvrages composés uniquement de ces deux matières*	3 thermidor an 7.	o	25 ½	5 myriagram. br.
AGNEAUX	19 thermidor an 4.	....		*Prohibés.*
ALUN	24 nivôse an 5...	1	2	5 myriagram. br.
—— *par le Département de la Rhoër*	24 nivôse an 5...	o	51	5 myriagram. br.
AMIDON	15 prairial an 8...	....		*Prohibé.*
AMURCA, ou marc d'Olive	Tarif de 1791....	o	51	5 myriagram. br.
ANES et Anesses	Tarif de 1791....	o	25	la pièce.
ARCANSON, ou Brai sec. *Par Navire françois*	8 floréal an 11....	o	25	5 myriagram. br.
—— *par Navire étranger*	8 floréal an 11...	o	50	5 myriagram. br.
—— *par les Ports de la Méditeranée.*	23 fructidor an 11.	....		*Prohibé.*
ARDOISES. *Par les Départemens correspondans à ceux du Nord et des Ardennes*	1 août 1792.....	1	o	le 1000 en nombre.
ARGENT monnoyé	21 ventôse an 11.	....		*Prohibé.*
—— (toute espèce de matières d')	23 ventôse an 11.	....		*Prohibées.*
ARMES de Luxe, *telles que Pistolets, Fusils de Chasse, Epées et Couteaux de Chasse*	24 nivôse an 5...	o	50	par val. de 100 fr.
—— autres que de Luxe	19 thermidor an 4.	....		*Prohibées.*

B.

MARCHANDISES.	DATES DES DERNIÈRES LOIS.	QUOTITÉ DES DROITS.		POIDS, MESURES, VALEURS, SUR LESQUELS LES DROITS SONT PERÇUS.
BESTIAUX, *sauf les exceptions portées à leur lettre*	19 thermidor an 4.	....		*Prohibés.*
BEURRE. *Par les Départemens maritimes*	8 floréal an 11...	5	o	5 myriagram. br.
—— *par les Départemens réunis, le Mont-Blanc et l'Ain*	24 nivôse an 5...	o	51	5 myriagram. br.
—— *par les autres Départemens*	24 nivôse an 5...	2	55	5 myriagram. br.
BIJOUTERIE, (Ouvrages de)	24 nivôse an 5...	o	50	par val. de 100 fr.
BOEUFS	19 thermidor an 4.	....		*Prohibés,*
—— *pour l'Espagne et la partie de l'Helvétie qui confine au Mont-Terrible*	24 nivôse an 5..	1	51	la pièce.
BOIS	2 thermidor an 11.	....		*Prohibés.*
—— de Teinture, en Buches, Éclisses ou moulus	24 nivôse an 5...	4	o	par val. de 100 fr.
BONNETERIE	24 nivôse an 5....	o	51	5 myriagram. br.
BOUCS	19 thermidor an 4	....		*Prohibés.*
BOURRE de Soie cardée, *par Lyon*	8 floréal an 11....	o	30	le kilogramme.
—— *par Nice*	8 floréal an 11....	o	40	le kilogramme.
—— non cardée, *par Lyon*	8 floréal an 11...	2	20	le kilogramme.
—— *par Nice*	8 floréal an 11...	3	57	le kilogramme.
BOURRES et Plocs, de Bœuf, de Vache, de Cheval, de Cerf *et autres, excepté ceux des animaux dont la sortie est prohibée*	Tarif de 1791....	2	4	5 myriagram. br
BRAIS secs et gras. *Par Navire françois*	8 floréal an 11...	o	25	5 myriagram. br.
—— *par Navire étranger*	8 floréal an 11...	o	50	5 myriagram. br.
—— *par les Ports de la Méditerranée.*	23 fructidor an 11.	....		*Prohibées.*
BREBIS	19 thermidor an 4.	....		*Prohibées.*
BRONZE, ouvré	24 nivôse an 5...	o	51	5 myriagram. br.
BROU, ou Ecorce de Noix	Tarif de 1791....	1	53	5 myriagram. br.

C.

MARCHANDISES.	DATES DES DERNIÈRES LOIS.	QUOTITÉ DES DROITS.		POIDS, MESURES, VALEURS, SUR LESQUELS LES DROITS SONT PERÇUS.
CABLES	17 nivôse an 8...	....		*Prohibés.*

On excepte de la Prohibition ceux mis sur Navires étrangers, en remplacement de vieux, ou pour sûreté de la traversée.

MARCHANDISES.

C.

MARCHANDISES.	DATES DES DERNIÈRES LOIS.	QUOTITÉ DES DROITS. fr.	c.	POIDS, MESURES, VALEURS, SUR LESQUELS LES DROITS SONT PERÇUS.
CABRIS	19 thermidor an 4.			*Prohibés.*
CACAO, *sortant de l'Entrepôt pour passer par mer à l'étranger*	8 floréal an 11	7	0	5 myriagram. br.
CAFÉ. *A la même Condition que le Cacao*	8 floréal an 11	6	0	5 myriagram. br.
CAILLOU à Faïence ou Porcelaine	1 août 1792	0	25 ½	5 myriagram. br.
CARACTÈRES d'Imprimerie	12 germinal an 7.	2	4	5 myriagram. br.
CARTON gris, ou Pâte de Papier	Tarif de 1791			*Prohibé.*
—— en Feuilles	19 thermidor an 4.			*Prohibé.*
—— fin destiné à presser les Draps	8 vendém. an 12.	1	0	par val. de 100 fr.
CENDRES de toute espèce, *même celles d'Orfèvre lessivées*	Tarif de 1791			*Prohibées.*
CHAINES de Fer	9 floréal an 7	0	25	5 myriagram. br.
CHAIRS salées et Saucissons	5 frimaire an 9			*Prohibés.*
—— par les Basses-Pyrénées	*Décision*			Droit de balance.
CHANDELLES	24 nivôse an 5	1	27	5 myriagram. br.
CHANVRE, *par tous les Départemens*	30 fructidor an 11.			*Prohibé.*
CHAPEAUX de tout prix	24 nivôse an 5	0	5	la pièce.
CHARDON DE BOIS	Tarif de 1791			*Prohibé.*
—— Idem, *par les Deux-Néthes, la Meuse inférieure, et les autres pays conquis sur le Rhin, la Vallée de Lucelle et le pays de Gex*	19 thermidor an 4.	5	0	par val. de 100 fr.
—— DE TERRE, ou Houille, *par l'Escaut ou par mer.*	24 nivôse an 5	0	75	le tonneau de mer.
—— idem, *par terre*	24 nivôse an 5	1	2	le milier décimal.
CHARDONS à Draperie et Bonneterie	Tarif de 1791	3	6	5 myriagram. br.
CHATAIGNES	19 thermidor an 4.			*Prohibées.*
—— par le Mont-Blanc	*Arrêté*			Droit de balance.
CHAUX et Plâtre	19 thermidor an 4.	1	0	les 1565 kilogram.
CHEVAUX, Jumens et Poulains	19 thermidor an 4.			*Prohibés.*
CHÈVRES	19 thermidor an 4			*Prohibées.*
—— celles du Département des Pyrénées orientales, *pour l'Espagne, pendant six mois*	8 floréal an 11	0	35	la pièce.
CHEVRAUX	19 thermidor an 4.			*Prohibés.*
CHOCOLAT	24 nivôse an 5	0	25	5 myriagram. br.
CIRE blanche	24 nivôse an 5	0	51	5 myriagram. br.
—— jaune	24 nivôse an 5	5	10	5 myriagram. br.
CLOCHES, Clochettes	*Décision*	0	51	5 myriagram. br.
—— (Métal de)	27 ventôse an 6			*Prohibé.*
CLOUS de Fer	9 floréal an 7	0	25	5 myriagram. br.
—— de Cuivre, *comme cuivre laminé*	8 floréal an 11			Droit de balance.
COCHENILLE	24 nivôse an 5	0	51	5 myriagram br.
COCHONS, *par terre*	24 nivôse an 5	0	50	la pièce.
CORDAGES neufs, de Fabrique françoise, goudronnés et non goudronnés	8 floréal an 11			Droit de balance.
—— usés	19 thermidor an 4.			*Prohibés.*
CORDONNERIE, (Ouvrages de)	24 nivôse an 5	0	50	par val. de 100 fr.
CORNES de Bœuf, de Vaches, de Cerfs, de Snack, de Moutons, de Béliers *et autres communes*	Tarif de 1791	0	51	5 myriagram. br.
—— râpées ou Clapons	19 thermidor an 4.			*Prohibées.*
COTON filé	24 nivôse an 5	5	10	5 myriagram. br.
—— en Laine	19 thermidor an 4.			*Prohibé.*
COUPEROSE et Vitriol	19 thermidor an 4.	2	4	5 myriagram. br.
COUVERTURES de Laine	22 messidor an 8.	0	51	5 myriagram. br.
CUIRS secs, en Poil et en vert	19 thermidor an 4.			*Prohibés.*

MARCHANDISES.	DATES DES DERNIÈRES LOIS.	QUOTITÉ DES DROITS.		POIDS, MESURES, VALEURS, SUR LESQUELS LES DROITS SONT PERÇUS.
C.		fr.	c.	
CUIRS secs, *venus de l'étranger, peuvent être réexportés, dans les six mois de l'arrivée, en payant.*	24 nivôse an 5...	o	10	la pièce.
———— corroyés et fabriqués........................	26 vendém. an 11.	....		Droit de balance.
———— tannés, non corroyés........................	2 thermidor an 11.	....		*Prohibés.*
Par Décision du 8 Fructidor an 11, les Cuirs de Bœufs et de Vaches, préparés pour Semelles, peuvent être exportés.				
CUIVRE laminé, *pour doublage des Vaisseaux et à fonds de Chaudières, Barres à Chevilles, Clous de Cuivre rouge, durcis au gros Marteau, Clous de Cuivre allié, pour doublage et penture de Gouvernail*........................	8 floréal an 11...	....		Droit de balance.
CUIVRE et Laitons ouvrés, autres que ceux ci-dessus...	24 nivôse an 5..	2	4	5 myriagram. br.
———— non ouvrés........................	19 thermidor an 4.	....		*Prohibé.*
D.				
DERLE, ou Terre de Porcelaine........................	19 thermidor an 4.	o	51	5 myriagram. br.
DIAMANS et Pierreries (Monture des)................	12 brumaire an 6.	o	50	par val. de 100 fr.
Les Diamans et Pierreries ne sont assujettis qu'au droit de Balance.				
DRILLES ou vieux Linge........................	19 thermidor an 4.	....		*Prohibés.*
E.				
EAUX-DE-VIE........................	19 thermidor an 4.	o	25	les 268 litres.
———— *sortant du Port de Cette, soit pour la France, soit pour l'étranger, paieront un droit extraordinaire de*........................	4 floréal an 11...	3	o	les 268 litres.
ÉCAILLES d'Ablette........................	Tarif de 1791....	2	4	5 myriagram. br.
ÉCORCE à Tan........................	Tarif de 1791....	....		*Prohibée.*
———— *Idem*, par le Canton de Lure................	24 nivôse an 5...	1	2	12,500 quint. déc.
———— de Tilleul, pour cordages................	Tarif de 1791...	4	8	5 myriagram. br.
ENGRAIS de toute sorte, pour les Terres................	19 thermidor an 4.	....		*Prohibés.*
ESSENCE de Térébenthine........................	24 nivôse an 5...	o	25	5 myriagram. br.
ÉTAIN ouvré........................	24 nivôse an 5...	2	55	5 myriagram. br.
———— non ouvré........................	19 thermidor an 4.	....		*Prohibé.*
ÉTOFFES........................	24 nivôse an 5..	o	51	5 myriagram. br.
F.				
FARINES de toute espèce........................	19 thermidor an 4.	....		*Prohibées.*
FER BLANC........................	24 nivôse an 5...	1	27	5 myriagram. br.
FER en Gueuse........................	24 nivôse an 5...	2	55	5 myriagram. br.
———— ouvré de toute sorte........................	9 floréal an 7....	o	25	5 myriagram. br.
FERRAILLE et vieux Fer........................	Tarif de 1791...	....		*Prohibés.*
FEUILLES de Myrte, *et autres propres à la Teinture et aux Tanneries*........................	Tarif de 1791...	10	20	5 myriagram. br.
FILETS, (vieux)........................	19 thermidor an 4.	....		*Prohibés.*
FIL de Fer et d'Acier........................	9 floréal an 7....	o	25	5 myriagram. br.
———— de Linon et de Mulquinerie................	19 thermidor an 4.	....		*Prohibé.*

MARCHANDISES.	DATES DES DERNIÈRES LOIS.	QUOTITÉ DES DROITS.		POIDS, MESURES, VALEURS, SUR LESQUELS LES DROITS SONT PERÇUS.
		fr.	c.	
F.				
FIL de Lin et de Chanvre retors, *autre que de Mulquinerie*...	19 thermidor an 4.	1	27½	5 myriagram br.
—— simple...	Tarif de 1791...	10	20	5 myriagram. br.
FILOSELLE, Fleuret ou Bourre de Soie cardée, *par Lyon*...	8 floréal an 11...	0	30	le kilogramme.
—— *par Nice*...	8 floréal an 11...	0	40	le kilogramme.
FLEURET et Soie teints, *propres à la fabrication des Etoffes*...	8 floréal an 11...	....		*Prohibés.*
FOIN et Fourrages...	19 thermidor an 4.	....		*Prohibés.*
—— *par le pays de Gex*...	24 nivôse an 5...	0	51	par chariot.
FONTE...	9 floréal an 7....	2	55	5 myriagram. br.
FORCES à tondre les Draps...	19 thermidor an 4.	3	0	la pièce.
FOUETS...	24 nivôse an 5...	0	50	par val. de 100 fr.
FROMAGES...	24 nivôse an 5...	0	25	5 myriagram. br.
FUMIERS...	19 thermidor an 4.	....		*Prohibés.*
FUSTEL (Feuilles et Branches de)...	Tarif de 1791...	1	2	5 myriagram. br.
FUTAILLES vides ou en bottes...	Tarif de 1791...	....		*Prohibées.*
G.				
GAUDE, ou Herbe à jaunir...	3 thermidor an 11.	5	0	5 myriagram. br.
GÉNISSES...	19 thermidor an 4.	....		*Prohibées.*
GOMMES...	19 thermidor an 4.	5	10	5 myriagram. br.
GOUDRON, *par Navire françois*...	8 floréal an 11...	0	25	5 myriagram. br.
—— *par Navire étranger*...	8 floréal an 4...	0	50	5 myriagram. br.
—— *par les ports de la Méditerranée*...	23 fructidor an 11.	....		*Prohibé.*
GRAINE d'Avignon, ou graine jaune d'*usage en Teinture*...	Tarif de 1791...	5	10	5 myriagram. br.
—— de Jardin, de Mille ou Millet...	27 vendém. an 7.	1	53	5 myriagram. br.
—— de Treffle...	9 floréal an 7....	2	50	5 myriagram. br.
GRAINES grasses...	19 thermidor an 4.	....		*Prohibées.*
GRAINS de toute sorte, même la Graine de Vesse...	2 complém. an 7.	....		*Prohibés.*
GRAISSES d'Asphalte...	6 ventôse an 5...	....		Droit de balance.
—— de toute autre sorte...	19 thermidor an 4.	....		*Prohibées.*
GRAVELLE, ou Tartre de Vin...	Tarif de 1791....	3	57	5 myriagram. br.
GRENADIER (Ecorce de)...	Tarif de 1791....	1	27½	5 myriagram. br.
GROISIL, (autrement *Verre cassé*)...	Tarif de 1791....	....		*Prohibé.*
H.				
HARNOIS de Luxe...	24 nivôse an 5...	0	50	par val. de 100 fr.
HERBE de Maroquin...	Tarif de 1791...	1	53	5 myriagram. br.
—— propres à la Teinture, non dénommées...	Tarif de 1791...	5	10	5 myriagram. br.
HOUBLON...	9 frimaire an 9...	....		*Prohibé.*
HUILE de Graines, *par les Départemens réunis et les frontières de Terre*...	24 nivôse an 5...	1	27	5 myriagram. br.
—— *Idem*, et Huile de Noix et de Faine, *par les autres Départemens*...	19 thermidor an 4.	3	6	5 myriagram. br.
—— d'Olive et d'Amande...	19 thermidor an 4.	5	10	5 myriagram. br.
—— de Poisson...	8 floréal an 11...	1	25	5 myriagram. br.
HUITRES...	Tarif de 1791....	0	50	le 100 en nombre.

MARCHANDISES. I.	DATES DES DERNIÈRES LOIS.	QUOTITÉ DES DROITS.		POIDS, MESURES, VALEURS, SUR LESQUELS LES DROITS SONT PERÇUS.
		fr.	c.	
NDIQUE, *Pâte bleue qui se compose dans le Département du Doubs*	7 ventôse an 5...	....		*Prohibée.*
ARDINAGE	24 nivôse an 5...	0	10	5 myriagram. br.
L.				
LAINES filées propres à la Tapisserie	19 thermidor an 4.	10	20	5 myriagram. br.
—— filées, d'autre sorte	19 thermidor an 4.	25	50	5 myriagram. br.
—— non filées	19 thermidor an 4.	....		*Prohibées.*
—— non filées, étrangères, *réexportées dans l'année de l'arrivée*	24 nivôse an 5...	1	2	5 myriagram. br.
LAITON ouvré, autrement qu'en Planches	24 nivôse an 5...	2	4	5 myriagram. br.
—— non ouvré	19 thermidor an 4.	....		*Prohibé.*
LÉGUMES secs, de toute sorte	19 thermidor an 4.	....		*Prohibés*
—— verts	24 nivôse an 5...	0	10	5 myriagram. br.
LIE de Vin	Tarif de 1791....	1	2	5 myriagram. br.
LIÉGE non ouvré	24 nivôse an 5...	1	2	5 myriagram. br.
LIN, même peigné	19 thermidor an 4.	....		*Prohibé.*
LINGE vieux ou drille	19 thermidor an 4.	....		*Prohibé.*
LINON	24 nivôse an 5...	0	51	5 myriagram. br.
M.				
MALHERBE, Herbe propre à la Teinture	Tarif de 1791....	1	2	5 myriagram. br.
MARRONS	19 thermidor an 4.	....		*Prohibés.*
MATELAS, *comme composé de Laines non filées*	19 thermidor an 4.	....		*Prohibés.*
MATIÈRES d'Or et d'Argent	23 ventôse an 11.	....		*Prohibées.*
—— servant à l'engrais des Terres, *telles que Fumier, Colombine, Clapons, Cornes rapées et autres, (à l'exception du Plâtre, de la Terre de Marne et du Gyps, par le Département du Doubs seulement)*	19 thermidor an 4.	....		*Prohibées.*
—— *propres à la Fabrication du Papier et de la Colle, (à l'exception des Rognures de Papier qui ne servent qu'à faire le Carton)*	19 thermidor an 4.	....		*Prohibées.*
MELASSES des Colonies	24 nivôse an 5...	1	27	5 myriagram. br.
—— provenant de Sucres raffinés en France	28 fructidor an 8.	....		Droit de balance.
MERCERIE	24 nivôse an 5...	0	51	5 myriagram. br.
—— uniquement composée de Fer et d'Acier	3 thermidor an 7.	0	$25\frac{1}{4}$	5 myriagram. br.
MÉTAL de Cloches, *comme composé de Cuivre et d'Etain*	27 vendém. an 6.	....		*Prohibé.*
MÉTIERS pour les Fabriques	19 thermidor an 4.	....		*Prohibés.*
MEULES de Moulin. ⎰ au-dessus d'un mètre 949 millimètres.	8 floréal an 11......	30	0	la pièce.
⎱ au-dessous d'un mètre 949 millimètres, à un mètre 297 millimètres.	8 floréal an 11.....	20	0	la pièce.
⎱ et au-dessous d'un mètre 297 millimèt.	8 floréal an 11.....	10	0	la pièce.
MIEL	19 thermidor an 4.	1	$27\frac{1}{2}$	5 myriagram. br.
MINE de Fer, brute et lavée	Tarif de 1791...	....		*Prohibée.*

MARCHANDISES.	DATES DES DERNIÈRES LOIS.	QUOTITÉ DES DROITS.		POIDS, MESURES, VALEURS, SUR LESQUELS LES DROITS SONT PERÇUS.
		fr.	c.	
M.				
MINES de Plomb, mais non le Minium..............	19 thermidor an 4.	....	..	*Prohibées.*
——— METALLIQUES de toute autre sorte, excepté la Manganèse.........................	19 thermidor an 4.	....	..	*Prohibées.*
MORESQUES, ou restes de Soie, *par Lyon*............	8 floréal an 11...	0	40	le kilogramme.
——— *par Nice*..........................	8 floréal an 11...	0	60	le kilogramme.
MOUSSELINES...........................	24 nivôse an 5...	0	51	5 myriagram. br.
MOUTONS...........................	19 thermidor an 4.	....	..	*Prohibés.*
——— dépouillés de leur Laine, *pour l'Espagne*.......	24 nivôse an 5...	0	35	la pièce.
MULES et Mulets...........................	19 thermidor an 4.	....	..	*Prohibés.*
——— au-dessous d'un an, *pour l'Espagne et pour l'Helvétie par le Mont-Terrible*..............	19 thermidor an 4.	5	0	la pièce.
MUNITIONS de Guerre......................	19 thermidor an 4.	....	..	*Prohibées.*
——— navales...........................	19 thermidor an 4.	....	..	*Prohibées.*
N.				
NAVIRES...........................	19 thermidor an 4.	....	..	*Prohibés.*
——— MARCHANDS, *construits pour le compte espagnol.*	8 floréal an 11...	15	0	par tonneau.
NERFS de Bœufs *et autres Animaux*...............	Tarif de 1791...	4	59	5 myriagram. br.
NUMÉRAIRE...........................	21 ventôse an 11.	....	..	*Prohibé.*
O.				
OR monnoyé...........................	21 ventôse an 11.	....	..	*Prohibé.*
OREILLONS...........................	19 thermidor an 4.	....	..	*Prohibés.*
OS de Bœuf, Vache *et autres animaux*..............	Tarif de 1791....	0	51	5 myriagram. br.
OUATE de Coton...........................	19 thermidor an 4.	20	40	5 myriagram. br.
OUVRAGES en Acier et Fer.....................	9 floréal an 7....	0	25	5 myriagram. br.
——— de Bijouterie.....................	24 nivôse an 5....	0	50	par val. de 100 fr.
——— en Bronze.....................	24 nivôse an 5...	0	51	5 myriagram. br.
——— en Cuir, Maroquin, Peaux maroquinées et en Souliers de Femmes.....................	24 nivôse an 5...	0	50	par val. de 100 fr.
——— d'Orfévrerie, *y compris les Bottes de Montres.*	24 nivôse an 5...	1	0	par val. de 100 fr.
——— en Peaux, *consistant en Culottes, Vestes, Gilets et Gants*...........................	24 nivôse an 5...	0	51	5 myriagram. br.
P.				
PAINS, ou Tourteaux de Navette, Oliette, Rabette, Lin, Chènevis et Colzat.....................	8 floréal an 11...	2	0	5 myriagram. br.
PAPIER ordinaire.....................	24 nivôse an 5...	1	0	par val. de 100 fr.
——— fin et Papier mousse, à cartier et aux trois Lunes.	24 nivôse an 5...	0	50	par val. de 100 fr.
PARCHEMIN neuf et brut autre qu'en Bandes............	Tarif de 1791...	6	12	5 myriagram. br.
PASSEMENTERIE.....................	24 nivôse an 5...	0	51	5 myriagram. br.
PEAUX passées en blanc ou mégie, bronzées ou chamoisées...........................	24 nivôse an 5...	1	0	par val. de 100 fr.
——— de Loutre et Peaux sauvagines..............	24 nivôse an 5...	2	50	par val. de 100 fr.
——— de Castor, de Chevreuil, de Lièvre et Lapin, crues, *et autres non dénommées ci-dessus, à l'exception des Peaux de Chiens de mer*...	19 thermidor an 4.	....	..	*Prohibées.*
PENNES de Coton, de Fil et de Laine..............	Tarif de 1791...	....	..	*Prohibées.*

MARCHANDISES.	DATES DES DERNIÈRES LOIS.	QUOTITÉ DES DROITS.		POIDS, MESURES, VALEURS, SUR LESQUELS LES DROITS SONT PERÇUS
P.		fr.	c.	
PIERRES à Feu	8 floréal an 11...	2	0	5 myriagram. br.
——— à Fusil	19 thermidor an 4.	....		*Prohibées.*
PLATRE	19 thermidor an 4.	1	0	les 1565 kilogram.
PLOMB ouvré	24 nivôse an 5...	2	55	5 myriagram. br.
——— non ouvré, des Mines de Poullaouen, *par Morlaix*	9 thermidor an 10.	....		Droit de balance.
——— non ouvré, tout autre	19 thermidor an 4.	....		*Prohibé.*
POIL en Masse et non filé, de Castor, Chameau, Chèvre, Chevreau, Lapin, Lièvre et Loutre	Tarif de 1791....	....		*Prohibé.*
——— de Chien, même filé	19 thermidor an 4.	....		*Prohibé.*
POISSON frais	24 nivôse an 5..	....		*Exempts.*
——— de toute autre sorte	24 nivôse an 5...	0	51	5 myriagram. br.
POMMES de Terre	7 pluviôse an 8..	....		*Prohibées.*
POTASSE	Tarif de 1791....	....		*Prohibée.*
POUDRE à poudrer	27 pluviôse an 10.	....		*Prohibée.*
Q.				
QUINCAILLERIE	24 nivôse an 5...	0	51	5 myriagram. br.
R.				
RAISINS, *par les Départemens du Pô, de la Loire, de Maringo, de la Sezia, de la Stura et du Tanaro*	16 messidor an 11.	0	90	5 myriagram. br.
REDOUL (Feuilles de)	Tarif de 1791...	0	76½	5 myriagram. br.
RESINES du cru françois, *par Navires françois*	8 floréal an 11...	0	25	5 myriagram. br.
——— *par Navires étrangers*	8 floréal an 11...	0	50	5 myriagram. br.
RUBANS	24 nivôse an 5...	0	51	5 myriagram. br.
S.				
SALINS	19 thermidor an 4.	....		*Prohibés.*
SALPÊTRE	13 fructidor an 5.	....		*Prohibé.*
SELLES de luxe	24 nivôse an 5...	0	50	par val. de 100 fr.
SOIES à coudre, Grenadine, Rondelette et mi-Perlée des Départemens inférieurs de la République, *assimilées au Fil à coudre, le poids de chaque écheveau n'excédant pas trois décagrammes*	8 floréal an 11...	0	10	le kilogramme.
——— ouvrées, en Poil, Trame, Organsin et à coudre, écrues, *par Lyon*	8 floréal an 11...	6	0	le kilogramme.
——— *par Nice*	8 floréal an 11...	8	0	le kilogramme.
——— Rondelette ou Trame de Doupion, écrue, *par Lyon*	8 floréal an 11...	2	20	le kilogramme.
——— *par Nice*	8 floréal an 11...	4	0	le kilogramme.
——— à coudre, teintes, *par Lyon*	8 floréal an 11...	0	10	le kilogramme.
——— *par Nice*	8 floréal an 11...	0	20	le kilogramme.
——— teintes, *propres à la Fabrication des Etoffes*	8 floréal an 11...	....		*Prohibées.*
SOUFRE	24 nivôse an 5..	0	51	5 myriagram. br.
SUCRE brut, sortant de l'Entrepôt, pour passer *par mer* à l'étranger	8 floréal an 11...	4	50	5 myriagram. br.

MARCHANDISES.	DATES DES DERNIÈRES LOIS.	QUOTITÉ DES DROITS.		POIDS, MESURES, VALEURS, SUR LESQUELS LES DROITS SONT PERÇUS.
S.		fr	c.	
SUCRE Tête et Terré (comme ci-dessus)..............	8 floréal an 11...	7	50	5 myriagram. br.
NOTA. *Les Sucres raffinés en France jouissent d'une Prime. Voyez ce mot à la Législation.*				
SUIF...	19 thermidor an 4.	....		*Prohibé.*
SUMAC..	19 thermidor an 4.	5	10	5 myriagram. br.
T.				
TABAC en Feuilles et en Côte , *par les Départemens du Rhin*..	24 nivôse an 5...	0	76	5 myriagram. br.
———— *par les autres Départemens*.................	24 nivôse an 5...	0	25	5 myriagram. br.
———— fabriqué , *par tous les Départemens*...........	24 nivôse an 5...	0	25	5 myriagram. br.
TÉRÉBENTHINE en Pâte...........................	24 nivôse an 5...	0	25	5 myriagram. br.
TERRE de Marne................................	19 thermidor an 4.	0	51	les 2 milliers déc.
———— de Pipe.................................	19 thermidor an 4.	10	0	les 2 milliers déc.
TOILES de toute sorte............................	24 nivôse an 5...	0	51	5 myriagram. br.
TOURNESOL . ou Morelle en Drapeau.	Tarif de 1791....	1	27½	5 myriagram. br.
TOURTEAUX ou Pains de Navette , &c................	8 floréal an 11...	2	0	5 myriagram. br.
TOUTENAGUE , ou Zinc...........................	8 pluviôse an 9...	....		*Prohibé.*
V.				
VACHES...	19 thermidor an 4.	....		*Prohibées.*
———— *pour l'Espagne*...........................	24 nivôse an 5 ..	0	75	la pièce.
VEAUX , *par mer*..................................	19 thermidor an 4.	....		*Prohibés.*
———— de six mois et au-dessous , *par terre*..........	19 thermidor an 4.	0	50	la pièce.
VERMICELLI.......................................	24 nivôse an 5...	1	27	5 myriagram. br.
VIANDE fraîche , salée et fumée , *par mer*..............	19 thermidor an 4.	....		*Prohibée.*
———————— *par terre*..............	24 nivôse an 5...	0	51	5 myriagram. br.
VINAIGRE de Bierre , *par les Départemens de la Belgique*..	1 août 1792.....	2	0	les 268 litres.
———— de Vin , *paie comme les Vins et d'après les mêmes distinctions.*				
VINS , *par mer* , depuis Bayonne jusqu'à Saint-Jean-de-Luz..	Tarif de 1791....	1	0	les 268 litres.
———— par les Rivières de Garonne et Dordogne , *la valeur du Tonneau excédant* 200 *francs* , le rouge..	Tarif de 1791...	7	0	les 268 litres.
———— par les mêmes Rivières , le blanc.............	Tarif de 1791....	4	0	les 268 litres.
———— par les mêmes Rivières , *le prix du Tonneau étant au-dessous de* 200 *francs*............	24 nivôse an 5...	2	50	les 268 litres.
———— par la Charente-Inférieure et la Vendée , le rouge.	*Décision*	1	50	les 268 litres.
———— par les mêmes Rivières , le blanc..............	Tarif de 1791....	0	50	les 268 litres.
———— par la Loire-Inférieure , *du cru du Département.*	Tarif de 1791....	0	50	les 268 litres.
———— par la même Rivière , mais autre que du cru du Département...............................	Tarif de 1791....	2	0	les 268 litres.
———— par l'Océan , depuis la Rivière de Vilaine inclusivement , jusqu'à Anvers aussi inclusivement...	*Décision*	7	0	les 268 litres.
———— par les Bouches - du - Rhône , le War , les Alpes maritimes et la Corse	Tarif de 1791....	1	50	les 268 litres.
———— par l'Hérault et les Pyrénées orientales.	Tarif de 1791....	2	0	les 268 litres.
VINS , *par terre* , de Lillo à la ligne du Rhin............	*Décision*	7	0	les 268 litres.

MARCHANDISES.	DATES DES DERNIÈRES LOIS.	QUOTITÉ DES DROITS.		POIDS, MESURES, VALLEURS, SUR LESQUELS LES DROITS SONT PERÇUS.
		fr.	c.	
V.				
VINS, par le Haut et Bas-Rhin, et les Départemens qui ont le Rhin pour limites......................	*Décision*	1	25	les 268 litres.
———— par la Haute-Saone, le Doubs et le Jura.........	Tarif de 1791...	0	50	les 268 litres.
———— par l'Ain, le Léman et le Mont-Blanc..........	Tarif de 1791....	1	0	les 268 litres.
———— par la vingt-septième Division militaire..........	*Décision*	5	0	les 268 litres.
———— par l'Arriége et les Frontières d'Espagne.	Tarif de 1791....	1	50	les 268 litres.
VINS de Corse.................................	8 floréal an 11..	1	50	les 268 litres.
———— de Liqueur de toute sorte....................	Tarif de 1791...	6	0	les 268 litres.
———— en Bouteilles ou en doubles Futailles, ou dans des Futailles emballées ou à double fonds....	Tarif de 1791...	7	0	les 268 litres.
———— sortant du Port de Cette, soit pour la France ou pour l'étranger, paieront un droit extraordinaire de.	4 floréal an 11...	1	0	les 268 litres.
VITRIOL....................................	19 thermidor an 4.	2	4	5 myriagram. br.
Z.				
ZINC, ou Toutenague............................	8 pluviôse an 9...	....		*Prohibé.*

ARTICLES OMIS.

Les Marchandises et Denrées non comprises dans le présent Tarif, doivent seulement *le Droit de balance du Commerce* qui est de 25 centimes par 5 myriagrammes ou 15 centimes par valeur de 100 fr., au choix du redevable. *Loi du 24 nivôse an 5.*

FIN du Tarif des Droits de Sortie.

N. B. PENDANT l'impression de cet Ouvrage, le Gouvernement ayant rendu un Arrêté qui change la quotité des droits perçus sur les Cotons et Mousselines, nous le rapportons à son entier à la page 118 ci-après.

Arrêté relatif à l'Entrée et à la Sortie des Cotons , Mousselines, et Toiles de Fil et Coton.

Saint-Cloud , le 6 Brumaire an 12.

Le Gouvernement de la République, sur le rapport du Ministre de l'Intérieur , le Conseil d'Etat entendu, arrête :

par 5 myriagram.

Article premier. Les cotons en laine paieront, à l'Entrée et à la Sortie. o fr. 5o cent.

II. Les cotons filés , d'origine non prohibée, paieront, à leur entrée en France; savoir :

par kilogramme.

Jusqu'au n°. 3o et au-dessous.. 4 fr. o c.
Du n°. 31 à 6o.. 4 5o
Du n°. 61 à 100... 5
Du n°. 101 et au-dessus , indéfiniment............................ 6

III. Les toiles de fil et coton , les toiles de coton et mousseline, d'origine non prohibée , paieront, à leur entrée en France, en raison combinée du poids et de la longueur , dans la proportion suivante ; savoir:

Par mètre carré, autant de fois 5 centimes qu'il y aura de mètres carrés au kilogramme.

IV. Indépendamment du droit imposé par l'article précédent sur les toiles de fil et coton, et les toiles de coton blanches et mousselines, d'origine non prohibée, et que paieront pareillement les mêmes toiles peintes ou teintes en une seule ou plusieurs couleurs, les toiles peintes ou teintes en une seule couleur paieront en outre 5o centimes par mètre carré.

Les toiles peintes ou teintes en plusieurs couleurs paieront en outre , par mètre carré , un franc.

V. Ceux qui présenteront à l'introduction des cotons filés , des mousselines, des toiles de fil et coton ou de coton , blanches, teintes ou peintes , seront tenus d'indiquer , dans leurs déclarations au bureau d'entrée , les numéros des cotons filés , le nombre d'écheveaux , le nombre de pièces, celui des mètres contenus dans chaque pièce, ainsi que la largeur de chacune desdites pièces de mousselines, toiles de coton blanches, teintes ou peintes , sous les peines portées par les lois contre les fausses déclarations.

VI. Les droits perçus à l'entrée des toiles blanches pour impression , seront restitués lorsque ces mêmes toiles sortiront de France après avoir été imprimées.

VII. Les fils de coton, toiles de coton, fil et coton et mousselines, d'origine non prohibée , ne pourront entrer que par les ports et bureaux de Bordeaux, Lorient, le Hâvre , Anvers et Marseille, et par les bureaux de Mayence, Bourg-Libre, Verrières-de-Joux et Versoix.

VIII. Les ministres de l'intérieur et des finances , le grand-juge ministre de la justice , sont chargés de l'exécution du présent arrêté , qui sera inséré au Bulletin des lois.

Le premier Consul, signé B O N A P A R T E.

Par le premier Consul,

Le Secrétaire d'état, signé H. B. M a r e t.

SUR LES DENRÉES DES COLONIES FRANÇOISES.

Marchandises qui jouissent de l'Entrepôt.

Marchandises qui ne peuvent jouir de l'Entrepôt.

MARCHANDISES *Imposées par la Loi du 8 Floréal an 11.*	DROITS D'ENTRÉE.		DROITS DE Consommation.		TOTAL DES DROITS.	
	fr.	c.	fr.	c.	fr.	c.
CACAO .... les 5 myriag.	3	«	22	«	25	«
CAFÉ .... —idem.	3	«	22	«	25	«
CONFITURES....................... —idem.	«	75	7	25	8	«
MÉLASSE .... —idem.	«	75	7	25	8	«
POIVRE, *venant de Cayenne et des Colonies Françoises orientales sur navire françois* .... —idem.	«	«	15	«	15	«
SUCRE brut....................... —idem.	1	50	13	50	15	«
SUCRE tête et terré .... —idem.	2	25	22	75	25	«
Le Sucre terré paie un tiers à la réexportation.						
BOIS D'ACAJOU et de MARQUETERIE... les 5 myriag.	5	«	«	«	5	«
CARET, ou ÉCAILLE DE TORTUE .... —idem.	15	«	«	«	15	«
CASSE (la) .... —idem.	3	«	«	«	3	«
COTON .... —idem.	1	«	«	«	1	«
CUIRS secs et en poil........ .... le cuir......	«	25	«	«	«	25
GINGEMBRE (le)................ les 5 myriag.	3	«	«	«	3	«
INDIGO .... —idem.	5	«	«	«	5	«
LIQUEURS....................... le litre......	1	«	«	«	1	«
ROCOU .... les 5 myriag.	2	«	«	«	2	«
TAFIA.......................... l'hectolitre ..	10	«	«	«	10	«

 # TARIF DES DROITS D'ENTRÉE, N°. III.

SUR LES DENRÉES COLONIALES ÉTRANGÈRES.

MARCHANDISES *Imposées par la Loi du 8 Floréal an 11.*		DROITS D'ENTRÉE.	
		fr	c.
Bois d'Acajou et de Marqueterie................. les 5 myriag.		7	5o
Cacao.. .... —idem......		37	5o
Café............................... —idem......		37	5o
Caret, ou Écaille de tortue................. —idem......		22	5o
Casse............................... —idem......		4	5o
Coton........................... —idem......		1	5o
Cuirs secs en poil........................ par cuir.....		«	4o
Gincembre........................... les 5 myriag.		4	5o
Indico............................. —idem......		7	1o
Liqueurs .... le litre......		1	5o
Mélasse étrangère		*Prohibée.*	
Poivre .... les 5 myriag.		3o	«
Rocou........................... —idem......		3	«
Sucre brut........................... —idem......		22	5o
Sucre tête et terré........................ —idem......		37	5o

N°. IV. TARIF DES DROITS D'OCTROI DE LA VILLE DE PARIS.

OBJETS IMPOSÉS.	DROITS par l'Arrêté du 4 Compl. an XI.		POIDS ET MESURES.
BOISSONS.	fr.	c.	
Vins en tonneau	13	5o	l'hectolitre.
Vins en bouteille	o	16	la bouteille.
Vinaigre, Vin gâté, ou Lies claires	13	5o	l'hectolitre.
Vendange	9	o	l'hectolitre.
Cidre et Poiré	4	o	l'hectolitre.
Bierre, ...*à l'entrée*	4	o	l'hectolitre.
Bierre, ...*à la fabrication*	2	o	l'hectolitre.
Eaux-de-Vie, ou Esprits..*en tonneau*	25	o	l'hectolitre.
Eaux-de-Vie ou Liqueurs....*en bouteilles*	o	3o	la bouteille.
Il sera perçu à la distillation dans Paris, des Eaux-de-Vie de Grains, Riz, Mélasse, Vin, Marc, Cidre, ou autres substances, un droit égal à celui imposé aux entrées.			
COMBUSTIBLES.			
Bois dur	1	20	le stère.
Bois blanc	o	6o	le stère.
Charbon de bois	o	3o	la voie.
COMESTIBLES.			
Bœufs	18	o	la pièce.
Vaches	9	o	la pièce.
Veaux	3	6o	la pièce.
Moutons	o	6o	la pièce.
Porcs	3	6o	la pièce.
Viande à la main, Saucissons, Jambons et toute Chair-cuiterie	o	6	le kilogramme.
FOURRAGES.			
Foin et Luzerne	4	o	100 bot. de 5 kilog.
Paille	1	o	100 bot. de 5 kilog.
Avoine	o	5o	l'hectolitre.
ORGE ET HOUBLON.			
Orge	2	5o	l'hectolitre.
Houblon	3	o	les 5o kilogrammes.

Q

OBJETS IMPOSÉS.	DROITS par l'Arrêté du 4 Compl. an XI.		POIDS ET MESURES.
	fr.	c.	
MATÉRIAUX.			
Chaux...	1	20	l'hectolitre.
Plâtre cuit..	o	35	l'hectolitre.
Moellon brut......................................	o	60	le mètre cube.
Moellon piqué....................................	1	60	le cent en nombre.
Pierre dure et de libage.........................	1	60	le mètre cube.
Pierre à liais, Saint-Leu, Troussy et Vergelet.........	2	o	le mètre cube.
Chêne en brin, Bois de charpente en brin, grume ou écarris.	9	o	le stère.
Solives..	7	o	le stère.
Poteaux...	6	o	le stère.
Chevrons et Membrures...........................	5	o	le stère.
Planches de chêne, *de 3 centimètres d'épaisseur, sur 4 mètres de longueur*.....................	9	5o	les 100 mètres.
——— de chêne, *de 3 centimètres d'épaisseur, sur 3 mètres de longueur*....................	7	5o	les 100 mètres.
——— de chêne, *de 3 centimètres d'épaisseur, sur 2 mètres de longueur*....................	5	o	les 100 mètres.
——— de hêtre, sapin et autres de même matière, *sous dénomination de* Bois blanc..............	7	o	les 100 mètres.
Merrains, Panneaux, Courson et Parquet..........	7	o	les 100 mètres.
Bois de charonage... 1°..............................	8	o	par stère.
Bois de charonage... 2°..............................	16	o	les 100 pièces.

Ces Droits nouveaux sont les seuls qui se perçoivent actuellement, l'Arrêté du 4 Complémentaire an XI ayant réuni, sous la dénomination de *Droits additionnels*, ceux qui existoient anciennement, et l'augmentation qu'il établissoit en remplacement de la Contribution mobiliaire.

Les Lois des 24 Fructidor an 5 et 9 Vendémiaire an 6, ont réglé cette Taxe, dont quelques Articles ont été modifiés par la Loi du 7 Germinal an 8. Elle est perçue d'après le Tarif ci-après :

VOITURES NON SUSPENDUES.

CHARRETTES A DEUX ROUES, ATTELÉES DE CHEVAUX OU DE MULETS.

	fr.	c.
———— à un Cheval........ par 5 kilomètres.	0	10
———— à deux Chevaux........ — *idem*........	0	20
———— à trois Chevaux........ — *idem*........	0	30
———— à quatre Chevaux........ — *idem*........	0	40
———— à cinq Chevaux........ — *idem*........	0	50
Pour chaque Cheval au-dessus de cinq........ — *idem*........	0	60

CHARIOTS A QUATRE ROUES, ATTELÉS DE CHEVAUX OU DE MULETS.

Chariots Comtois.

	fr.	c.
———— à un Cheval........ — *idem*........	0	8

Chariots ordinaires.

	fr.	c.
———— à deux Chevaux........ — *idem*........	0	20
———— à trois Chevaux........ — *idem*........	0	30
———— à quatre Chevaux........ — *idem*........	0	40
———— à cinq Chevaux........ — *idem*........	0	50
———— à six chevaux........ — *idem*........	0	60
Pour chaque Cheval au-dessus de six........ — *idem*........	0	60
Pour chaque Bœuf ou Ane attelé à des Chariots ou Charrettes........ — *idem*........	0	5

VOITURES SUSPENDUES.

VOITURES A DEUX ROUES, ATTELÉES DE CHEVAUX OU MULETS.

	fr.	c.
———— à un Cheval........ — *idem*........	0	15
———— à deux Chevaux........ — *idem*........	0	30
———— à trois Chevaux........ — *idem*........	0	45

GONDOLES A DEUX ROUES, A PLUS DE QUATRE PLACES DANS L'INTÉRIEUR.

	fr.	c.
———— à deux Chevaux........ — *idem*........	0	30
———— à trois Chevaux........ — *idem*........	0	45

VOITURES A QUATRE ROUES, ATTELÉES DE CHEVAUX OU MULETS.

	fr.	c.
———— à un Cheval........ — *idem*........	0	15
———— à deux Chevaux........ — *idem*........	0	30
———— à trois Chevaux........ — *idem*........	0	45
———— à quatre Chevaux........ — *idem*........	0	60
———— à cinq Chevaux........ — *idem*........	0	85
———— à six Chevaux........ — *idem*........	1	20
Pour chaque Cheval au-dessus de six........ — *idem*........	0	60
Pour chaque Cheval ou Mulet monté........ — *idem*........	0	10
Pour chaque Cheval ou Mulet chargé, mené en lesse........ — *idem*........	0	5

Les Chevaux , Mulets et Bœufs employés comme *aides*, aux montées ou dans les mauvais pas, sont exempts de la taxe , lorsqu'ils sont reconnus être établis par un usage habituel et local.

Il sera diminué le tiers du Tarif, pour les Charrettes et Chariots montés sur des roues à jantes de 25 centimètres de large (9 pouces 3 lignes environ).

Il sera diminué moitié pour les mêmes Charrettes ou Chariots , lorsque leurs roues de derrière auront 5o centimètres (18 pouces 6 lignes environ) de voie , de plus que celles de devant.

Outre ces modifications , la Loi du 7 floréal an 8 rappelle les franchises et modérations qui , ayant été accordées par diverses Lois et Arrêtés, sont maintenus, et dont l'état suit ;

FRANCHISE. Elle est accordée pour les bêtes allant au pâturage ou en revenant. --- Les bêtes et voitures allant ou revenant pour l'exploitation des terres , ainsi qu'aux voitures de transport employées aux travaux d'entretien , réparation et confection des routes. --- Aux troupes de cavalerie marchant en corps. --- Aux gendarmes , officiers et soldats de toute arme , en uniforme et munis de feuilles de route. --- Aux ingénieurs des ponts et chaussées dans leurs tournées et pour le service. --- Pour les voitures uniquement chargées de grains ou farines et engrais. --- Aux citoyens, qui , domiciliés dans une commune , traversent les barrières qui y sont établies, pour certains usages habituels et journaliers, avec un cheval ou une voiture.

MODÉRATION. Elle est accordée aux cultivateurs dont le domicile n'est pas éloigné de plus de 20 kilomètres des communes qu'ils approvisionnent. Ils sont autorisés à ne payer que le droit réglé pour 5 kilomètres , et la même taxe au retour. --- Aux voitures uniquement chargées de mines , minérais et combustibles destinés pour les usines. La modération consiste dans le paiement du droit effectif ou proportionnel.

Une Loi du 29 floréal an 10 a fixé la quotité du poids des voitures employées au roulage et des messageries , voiture et chargement compris.

Pendant 5 mois , à compter du 15 brumaire au 15 germinal, ce poids devra être :

	myriagram.
Pour les voitures ou chariots à quatre roues...	45o
Voitures ou charrettes à deux roues..	25o
Voitures ou chariots à quatre roues , avec jantes de 25 centimètres de largeur.....	55o
Voitures ou Charrettes à deux roues, avec jantes de 25 centimètres de largeur....	35o

Pendant sept mois à compter du 15 germinal au 15 brumaire.

Voitures ou chariots à quatre roues...	55o
Voitures ou charrettes à deux roues..	375
Voitures ou chariots à quatre roues, avec jantes de 25 centimètres de largeur...	65o
Voitures ou charrettes à deux roues , avec jantes de 25 centimètres de largeur...	475

Les objets non divisibles et d'un poids supérieur au Tarif, pourront néanmoins être transportés par le roulage , sans donner ouverture à contravention, mais dans tout autre cas , les contrevenans seront condamnés à payer les dommages réglés par le Tarif suivant :

	fr.	c.
de 20 à 6o myriagrammes...	25	o
de 6o à 120 — *idem*..	5o	o
de 120 à 18o — *idem*..	75	o
de 18o à 24o — *idem*..	100	o
de 24o à 3oo — *idem*..	15o	o
Et au-dessus de 3oo — *idem*..	3oo	o

Cependant l'excès de chargement de vingt myriagrammes et au-dessous sera considéré comme tolérance , et n'entraînera aucune condamnation.

Établi par les Lois des 6 Fructidor an 4, 9 Frimaire an 5, et 7 Brumaire an 6.

Ce Droit auquel sont soumis les Commerçans, Artistes, et tous Citoyens exerçant quelque profession, est fixé pour chaque état en raison de la population des Communes, à l'exception cependant de quelques-uns qui paient uniformément dans quelque lieu que ce soit, et sont hors de classe.

1°. *Sans égard à la population,*

Les Banquiers..	500 fr.
Les Courtiers de Navires et de Marchandises, Entrepreneurs de Roulage, de Voitures publiques par terre et par eau...................................	200
Les Marchands forains, avec voitures...............................	40
Les Colporteurs, avec chevaux ou autres bêtes de somme.....................	30
Les Colporteurs avec balle, soit qu'ils soient domiciliés ou non...............	20

Les Entrepreneurs ou Directeurs de Spectacles ou autres amusemens publics, dans lesquels les Spectateurs paient leurs places......... } Une Représentation complète, établie d'après le nombre et le prix de chaque place.

2°. *Eu égard à la population, comme suit :*

COMMERCE, INDUSTRIE, ARTS ET PROFESSIONS.	De 100,000 âmes et au-dessus.	De 50,000 à 100,000.	De 30,000 à 50,000.	De 20,000 à 30,000.	De 10,000 à 20,000.	De 5,000 à 10,000.	Au-dessous de 5,000.
Première Classe.							
Les Négocians et Armateurs, — les Agens de Change et Courtiers, — les Commissionnaires de marchandises ; Les Entrepreneurs, Fournisseurs et Munitionnaires de la République ; — les Directeurs et Entrepreneurs d'établissemens de ventes à l'encan, — et les Directeurs d'Agences ou Bureaux d'Affaires ; — les Marchands de Charbon de terre en gros ; — les Marchands de Bois en chantier ou magasin, ou exploitant ventes dans les bois, forêts et plantations de la République, des Communes ou des particuliers ; — les Marchands de Bois de Marine. Les Marchands en gros, de Draperie, Mercerie, Soierie, Etoffes de Coton, Toilerie, Linons, Mousselines, Gazes, Dentelles, Acier, Fer et autres métaux, Quincaillerie, Vins, Liqueurs, Vinaigre, Epicerie, Droguerie, Cuirs et Peaux, — et les Marchands Tanneurs. Les Chiffonniers en gros.							
La première Classe paie.........	300 fr.	240 fr.	180 fr.	120 fr.	80 fr.	50 fr.	40 fr.

TARIF DU DROIT DE PATENTE,

Établi par les Lois des 6 Fructidor an 4, 9 Frimaire an 5, et 7 Brumaire an 6.

COMMERCE, INDUSTRIE, ARTS ET PROFESSIONS.	De 100,000 âmes et au-dessus.	De 50,000 à 100,000.	De 30,000 à 50,000.	De 20,000 à 30,000.	De 10,000 à 20,000.	De 5,000 à 10,000.	Au-dessous de 5,000.
SECONDE CLASSE.							
Les Notaires, Marchands en détail de Draperie, Etoffes en Soie, Toileries, Etoffes de Coton, Mousselines, s'ils en font leur principal commerce.							
Les Architectes, — Entrepreneurs de Bâtimens, — Constructeurs de Navires.							
Les Orfèvres, — Horlogers, — Bijoutiers, — Lapidaires, — Joailliers, — Distillateurs, — Confiseurs.							
Les Apothicaires-Pharmaciens, — Imprimeurs, — Brasseurs; — les Traiteurs, — Restaurateurs.							
La seconde Classe paie	100 fr.	80 fr.	60 fr.	40 fr.	30 fr.	25 fr.	20 fr.
TROISIÈME CLASSE.							
Les Marchands Merciers en détail. — Tapissiers, — Marchands Tailleurs, — Marchands Cordonniers, — Manchonniers, — Foureurs; — les Marchands en détail en Linons, Gazes, Dentelles, Drogueries et Teintures; — Amidonniers, — Tanneurs, — Corroyeurs, — Ciriers, — Chaircuitiers, — Pâtissiers, — Marchands de Vin, Liqueurs, Vinaigre; — Rôtisseurs, — Maîtres d'Hôtels garnis, — Marchands de Papier; — les Marchands de Chevaux et autres Bêtes de somme.							
Les Marchands de Bœufs, Vaches, Veaux, Moutons, Cochons.							
Les Maîtres de billards, — les Paumiers, — les Limonadiers, — Carossiers.							
Les Marchands de Laine, Fil et Coton, en détail.							
Les Marchands de Grains, autres que ceux de leur récolte.							
Les Huissiers, — les Huissiers-Priseurs, — les Détenteurs-Fermiers, ou Entrepreneurs de Bacs sur les fleuves et les rivières.							

Établi par les Lois des 6 Fructidor an 4, 9 Frimaire an 5, et 7 Brumaire an 6.

COMMERCE, INDUSTRIE, ARTS ET PROFESSIONS.	De 100,000 âmes et au-dessus.	De 50,000 à 100,000.	De 30,000 à 50,000.	De 20,000 à 30,000.	De 10,000 à 20,000.	De 5,000 à 10,000.	Au-dessous de 5,000.
Les Propriétaires de Bâtimens faisant le cabotage.							
Les Marchands Cartiers et Cartonniers.							
Les Pescurs-Jurés, — les Jaugeurs de Liquides.							
Les Fabricans d'Eau-de-Vie.							
Les Marchands de Rubans.							
Les Marchands de Comestibles, — les Aubergistes.							
La troisième Classe paie.........	75 fr.	60 fr.	45 fr.	30 fr.	25 fr.	20 fr.	15 fr.

QUATRIÈME CLASSE.

COMMERCE, INDUSTRIE, ARTS ET PROFESSIONS.	De 100,000 âmes et au-dessus.	De 50,000 à 100,000.	De 30,000 à 50,000.	De 20,000 à 30,000.	De 10,000 à 20,000.	De 5,000 à 10,000.	Au-dessous de 5,000.
Les Ebénistes, — Fripiers, — Marchands de Meubles, — Marchands de Bois n'exploitant point de ventes dans les bois, forêts et plantations de la république et des particuliers, et n'ayant ni chantiers ni magasins; — Marchands d'Écorces, Tan et Tourbe; — Serruriers, — Taillandiers, — Armuriers, — Couteliers, — Eperonniers, — Couvreurs, — Plombiers.							
Les Marchands en détail de Fer, Acier et autres métaux, Epicerie, Quincaillerie, Cuirs et Peaux; — Chapeliers, — Bonnetiers, — Loueurs de Chevaux et de Voitures suspendues, — Marchands de Papiers peints, — Marchands de Verres et Verroterie, de Porcelaine et Crystaux, Modes, Plumes peintes, Fleurs artificielles; — Perruquiers-Coëffeurs de Femmes, — Selliers, — Parfumeurs, — Libraires, — Officiers de Santé, — Dentistes, — Gantiers.							
Ceux qui tiennent des Bains publics, — les Marchands d'objets de curiosité, — les Mesureurs de Sel et Maîtres de Traçons.							
Les Marchands de Faïence, — les Fabricans de Couvertures de Soie, Coton ou Laine.							
Les Mesureurs de Toiles et autres Etoffes.							
Les Apprêteurs d'Etoffes, — les Marchands de Couleurs, — les Marchands de Boutons.							
La quatrième Classe paie.......	50 fr.	40 fr.	30 fr.	20 fr.	15 fr.	10 fr.	8 fr.

TARIF DU DROIT DE PATENTE,
Établi par les Lois des 5 Fructidor an 4, 9 Frimaire an 5, et 7 Brumaire an 6.

COMMERCE, INDUSTRIE, ARTS ET PROFESSIONS.	De 100,000 âmes et au-dessus.	De 50,000 à 100,000.	De 30,000 à 50,000.	De 20,000 à 30,000.	De 10,000 à 20,000.	De 5,000 à 10,000.	Au-dessous de 5,000.
CINQUIÈME CLASSE.							
Boulangers, — Meûniers, — Blatiers, — Cabaretiers, — Marchands de Tableaux et Gravures, en boutique; — Marchandes Lingères, — Batteurs et Tireurs d'Or, — Galonniers, — Tourneurs sur Métaux, — Tabletiers, — Layetiers, — Miroitiers, — Evantaillistes, — Lunetiers, — Bouchonniers.							
Luthiers, — Opticiens, — Marchands de Baromètres, — Facteurs d'Instrumens de Physique, d'Astronomie et de Mathématiques.							
Marchands de Briques, d'Ardoises, de Tuiles, de Plâtre, de Chaux et de Lattes.							
Les Constructeurs de Barques, Bateaux et Batelets.							
Les Ferblantiers, — Mégissiers, — les Charpentiers, — Charrons, — Bourreliers, — Menuisiers; — les Marchands de Chanvre, Lin et Filasse, de Résine, de Poudre à tirer; — les Marchands de Cordes et Cordages.							
Les Marchands de Chocolat, de Macaroni et autres Pâtes de même nature.							
Les Brossiers, — les Mariniers en chef, — les Déchireurs de Bateaux, — les Entrepreneurs de Vidanges, — les Boyaudiers, — les Entrepreneurs de Pavé, — les Entrepreneurs de Chaussées et Routes, — les Marchands de Musique et de Cartes de Géographie.							
Les Poëliers, — les Fumistes, — les Marchands de Cannes.							
La cinquième Classe paie.........	40 fr.	32 fr.	24 fr.	16 fr.	10 fr.	8 fr.	5 fr.
SIXIÈME CLASSE.							
LES Teinturiers, — Dégraisseurs, — Parcheminiers, — Imprimeurs en Taille-Douce, — Fourbisseurs, — Chaudronniers, — Potiers d'Etain, — Tonneliers, — Boisseliers, — Coffretiers-Malletiers, — Cordiers, — Rubanniers, — Fondeurs, — Doreurs, — Ar-							

Établi par les Lois des 6 Fructidor an 4, 9 Frimaire an 5, et 7 Brumaire an 6.

COMMERCE, INDUSTRIE, ARTS ET PROFESSIONS.	De 100,000 âmes et au-dessus.	De 50,000 à 100,000.	De 30,000 à 50,000.	De 20,000 à 30,000.	De 10,000 à 20,000.	De 5,000 à 10,000.	Au-dessous de 5,000.
genteurs, — Fruitiers en boutique, — Grainiers, — Herboristes, — Potiers de Terre, — Plâtriers, — Marbriers, — Marchands d'Eaux minérales, — Vanniers, — Arpenteurs, — Maréchaux Ferrans, — les Fabricans à Métiers pour leur compte, — Marchands de Tabac, Gibier et Volaille, et de Fourrages, de Salins et Potasse ; — les Crèmiers. Les Voiliers, — les Tondeurs et Friseurs de Laine, — les Nattiers, — les Lamiers. Les Carreleurs, — les Revendeurs, — les Restaurateurs de Tableaux, — les Marchands de Parasols, — les Bouquinistes, — les Distillateurs d'Eau forte, — les Fabricans de Colle, — les Laveurs de Cendres, — les Marchands de Peaux pour l'habillement et l'armement.							
La sixième Classe paie.........	30 fr.	24 fr.	18 fr.	12 fr.	8 fr.	5 fr.	4 fr.
SEPTIÈME CLASSE.							
Les Tailleurs, — Gainiers, — Brodeurs, — passementiers, — Tourneurs en Bois, — Graveurs sur métaux, — Balanciers, — Perruquiers, — Cordonniers, — Tisserands, — Vitriers, — Couturières, — Cloutiers, — Epingliers, — Marchands de Poisson frais et salé, de Sabots, de Sel ; — Tailleurs de Pierres, Férailleurs, — Vendeurs de Bierre, Cidre et Eau-de-Vie en détail ; — Conducteurs de Voitures pour le transport des Voyageurs ; — les Patachiers, — les Pompiers, — les Fontainiers, — les Voituriers et Bouviers pour le transport des Marchandises. Les Bimbelotiers ou Marchands de Jouets d'Enfans, — les Galochiers, — les Relieurs, — les Charbonniers et Marchands de Charbon de Terre en détail.							
La septième Classe paie.........	20 fr.	16 fr.	12 fr.	8 fr.	5 fr.	4 fr.	3 fr.

Celui qui fait différentes espèces de commerce, ou exerce diverses professions, n'est tenu de prendre qu'une patente, et il paie pour le commerce, industrie ou profession qui donne lieu au plus fort droit.

R

TABLEAU COMPARATIF
DES NOUVEAUX POIDS ET MESURES AVEC LES ANCIENS.

Dénomination systématique.	Noms synonimes.	Leurs subdivisions décimales.	Leurs rapports avec le mètre.	Valeurs en mesures et poids anciens.
Mesures itinéraires.				
MYRIAMÈTRE	— Lieue	10 *kilomètres*	= 10,000 mètres	environ 2 lieues et un quart.
KILOMÈTRE	— Mille		= 1,000 mètres	près d'un quart de lieue.
Mesures de longueur.				
DÉCAMÈTRE	— Perche	10 *mètres*	=	30 pieds, 9 pouces, 5 lignes.
MÈTRE	— Unité fondamentale des poids et mesures.	*faisant la dix millionnième partie du quart du méridien*		3 pieds — 0 — 11 lignes — $\frac{196}{1000}$, ou $\frac{101}{110}$ de l'aune de Paris.
DÉCIMÈTRE	— Palme	10 *centimètres*	= $\frac{1}{10}$ du mètre	0 pieds, 3 pouces, 8 lignes $\frac{11}{100}$.
CENTIMÈTRE	— Doigt	10 *millimètres*	= $\frac{1}{100}$ du mètre	0 — 0 — 4 — $\frac{41}{100}$
MILLIMÈTRE	— Trait		= $\frac{1}{1000}$ du mètre	0 — 0 — 0 — $\frac{44}{100}$
Mesures agraires.				
HECTARE	— Arpent	100 *ares carrés*	= 10,000 mètres carrés.	1 arpent, 95,802 perches carrées.
ARE	— Perche carrée.	100 *centiares*	= 100 mètres carrés	0 — 1,958 —
CENTIARE	— Mètre carré.		= 1 mètre carré	0 — 0,020 —
Mesures de capacité pour les liquides.				
DÉCALITRE	— Velte	10 *litres*	= $\frac{1}{100}$ du mètre cube	environ une velte un tiers.
LITRE	— Pinte	10 *décilitres*	= $\frac{1}{1000}$ du mètre cube	environ une pinte et $\frac{1}{14}$.
DÉCILITRE	— Verre		= $\frac{1}{10000}$ du mètre cube.	environ un neuvième de pinte.
Mesures de capacité pour les matières sèches.				
KILOLITRE	— Muid	10 *hectolitres*	= 1 mètre cube	6 setiers, 4 boisseaux, 14 litrons.
HECTOLITRE	— Setier	10 *décalitres*	= $\frac{1}{10}$ du mètre cube	0 — 7 — 11 —
DÉCALITRE	— Boisseau	10 *litres*	= $\frac{1}{100}$ du mètre cube	0 — 0 — 12 — $\frac{1}{10}$.
LITRE	— Litron		= $\frac{1}{1000}$ du mètre cube.	environ 1 litron et quart.
Mesures de solidité.				
STÈRE	—	10 *décistères*	= 1 mètre cube	[illegible] de la corde des eaux et forêts.
DÉCISTÈRE	— Solive		= $\frac{1}{10}$ du mètre cube	[illegible] de la même corde.
Poids.				
	— Millier	10 *quintaux*	= 1000 kilogrammes.	2,042 livres, 14 onces, 0 gros, 14 grains.
	— Quintal	10 *myriagrammes*	= 100 kilogrammes	204 — 4 — 4 — 59 —
MYRIAGRAMME	—	10 *kilogrammes*	= 10 kilogrammes	20 — 6 — 6 — 63 — $\frac{1}{2}$.
KILOGRAMME	— Livre	*poids d'un décimètre cube d'eau distillée.*		2 — 0 — 5 — 35 — $\frac{15}{100}$.
HECTOGRAMME	— Once	10 *décagrammes*	= $\frac{1}{10}$ du kilogramme	0 — 3 — 2 — 10 — $\frac{7}{10}$.
DÉCAGRAMME	— Gros	10 *grammes*	= $\frac{1}{100}$ du kilogramme	0 — 0 — 2 — 44 — $\frac{17}{100}$.
GRAMME	— Denier	10 *décigrammes*	= $\frac{1}{1000}$ du kilogramme.	0 — 0 — 0 — 18 — $\frac{83}{100}$.
DÉCIGRAMME	— Grain		= $\frac{1}{10000}$ du kilogramme.	0 — 0 — 0 — 1 — $\frac{83}{100}$.